인류의 세계사

A SHORT HISTORY OF THE WORLD
Herbert George Wells

허버트 조지 웰스

A short history of the world

생명의 탄생부터 세계대전까지
인류가 걸어온 모든 역사

인류의 세계사

이화북스

허버트 조지 웰스,
아인슈타인을 설득하다

'SF', 공상과학의 창시자라고 불리는 허버트 조지 웰스는 영국의 소설가이자 사회학자, 문명 비평가로 《타임머신》, 《투명인간》, 《우주전쟁》 등 200편이 넘는 저서를 남겼고 노벨문학상 후보에 네 번이나 올랐다. 《동물 농장》의 저자 조지 오웰은 그에게 큰 영향을 받았는데 웰스를 "너무 제정신이어서 현대 세계를 이해하지 못한다"고 묘사하기도 했다. 베르나르 베르베르도 허버트 조지 웰스의 작품을 사숙하며 소설과 과학을 익혔다고 말했다. 로켓공학의 아버지라 불리는 로버트 고다드는 웰스의 《우주전쟁》을 읽고 깊은 감명을 받아 우주개발에 뛰어들었다. 그는 인류 발전에 끝없는 비전을 제시했으며 어두운 진실을 예언했다.

제2차 세계대전이 발발하기 한 달 전인 1939년, 물리학자 실라르드 레오는 아인슈타인을 찾아갔다. 그는 두려웠다. 독일에서 망명한 유대인 과학자였던 그는 히틀러의 위험성을 잘 알고 있었다. 그는 아인슈타인에게 원자폭탄이 생겨나는 것은 시간문제이니, 최소한 히틀러보다는 빨리 만들어야 한다고 말했다. 하지만 아인슈타인은 원자 폭탄의 개발이 불가능하다고 믿었다.

실라르드는 허버트 조지 웰스의 SF소설 《해방된 세계》에 나온 아이디어로 아인슈타인을 설득한다. 이 소설에는 원자폭탄이 등장하는데 원자핵의 분열을 이용해 영원히 폭발하는 폭탄을 상상한 것이다. 원자 하나만의 붕괴가 아니라 원자가 다른 원자와 충돌하며 연쇄적인 반응을 일으킨다면 천문학적인 에너지를 발생시킬 수 있다는 아이디어였다. 그렇게 실라르드의 설득으로 기술적 한계로 핵무기는 불가능하다고 생각했던 아인슈타인도 원자폭탄의 가능성을 인정하게 된다. 그리고 아인슈타인은 루즈벨트 대통령에게 편지를 보낸다. 역사적인 맨해튼 계획의 시작이었다.

허버트 조지 웰스는 당대에 '세계에서 가장 위대한 예언가'로 불릴 정도로 통찰력과 영향력을 지닌 사상가였다. 하지만 세상은 그의 상상력을 뛰어 넘었다. 자신이 예측한 년도에 우려했던 제2차 세계 대전이 일어나고, 원자폭탄이 실제로 사용되는 것을 목격하자 말년에는 비관주의자가 되고 만다.

"우리가 전쟁을 끝내지 않는다면 전쟁이 우리를 끝낼 것이다. 모두들 그렇게 말하고, 수백만 명의 사람들이 동감하지만 아무도, 아무것도 하지 않는다. 우리는 미래를 만들어나가고 있다. 미래를 생각하지 않는 자의 운명은 그 미래에 압도당할 운명이다."

제2차 세계 대전이 일어나고 그는 자신의 책 개정판에 서문을 추가한다. "더는 할 말이 있는가? 이제는 내 묘비명밖에 없다. 내가 말했잖아, 이 바보들아.(I told you so. You damned fools.)"

아인슈타인은 인류 문명의 발전을 이해하기 위한 역사책으로 이 책을 추천하였다.(Education and World Peace, A Message to the Progressive Education Association, 23 November 1934) 저자는 역사를 살아가는, 살아가야만 했던 '사람'에 집중했다. 그리고 당시 사람들이 생각했던 사상, 철학, 종교와 치열한 고민들을 담았다. 웰스가 과학 소설로 유명했듯 세계사 역시 소설을 읽듯 단숨에 읽을 수 있게 썼다. 세계사의 단편이 아닌 전체적인 흐름 자체를 담았다. 웰스는 3권 분량의 『세계사 대계(The Outline Of History)』를 집필하여 당시 200만 부가 팔리며 노벨문학상 후보에 오른다. 이후 역사에 더욱 몰두한 그는 내용을 다듬고 간추려 『인류의 세계사(A short history of the world)』를 출간하였는데 대중을 상대로 한 최초의 한 권짜리 역사 책이었다. 특히 역사를 바라보는 웰스의 객관적인 통찰력으로, 초판 출간 당시 나치에 의해 금서로 지정되기도 하였다.

또한 이번 개정판 출간을 통해 편집 과정에서 현재까지 밝혀진 역사적 사실에 맞추어 몇몇 내용을 보완하고 200여 개의 시각 자료와 지도를 수록하여 세계사의 결정적 순간들을 담아냈다. 흔히들 과거를 알면 미래를 알 수 있다고 말한다. 여전히 세계 곳곳에서 분쟁이 진행 중인 현재의 시점에서, 웰스의 역사 이야기와 통찰력은 큰 울림을 준다.

인류의 위대한 모험을 함께하는 모든 독자들에게

Contents

일러두기

◇ 글의 이해를 돕기 위하여 덧붙인 글은 ┃ 이와 같이 표시하였습니다.

◇ 인명, 지명 등의 고유명사는 각 언어의 명칭을 살리는 것을 기준으로 삼아 국립국어원 외래어 표기법에 따라 표기하였습니다.

◇ 주요 인명과 지명은 영문명을 병기하였습니다.

◇ 책의 사진과 도표는 새롭게 삽입된 것입니다.

1장

생명의 탄생

01
진화의 역사

✦

  세계사는 여전히 미완성의 이야기이다. 몇백 년 전까지만 해도 우리가 알 수 있는 역사는 최근 3,000년 동안의 역사뿐이었다. 문자로 기록되기 전, 그 이전의 역사(선사시대)는 전설로 전해지거나 추측할 뿐이었다. 인간의 기억이 이어져 전해지기 이전에 살았던 생명에 대해 우리가 알고 있는 지식은 돌 속에 파묻힌 화석과 생명체들의 흔적들로부터 얻은 것들이다. 퇴적암에서 태고의 밀물과 썰물 자국, 비가 내린 흔적, 뼈, 발자국들이 발견된다.

  퇴적암은 한층 한층 깔끔하게 쌓이지 않는다. 구부러지고 휘어지고, 사람들의 손길이 탄 도서관의 책들처럼 뒤죽박죽 섞이게 된다. 지구 생명의 역사가 밝혀질 수 있었던 것은 이런 '바위의 기록'을 열심히 조사한 덕이다. 암석의 기록이 과거의 완전한 기록은 아니다. 껍질이나 뼛조각, 단단한 골격, 석회질 성분 등 역사에 기록되기 위해 무언가를 보유한 종만이 운 좋게 인류의 기록에 포함된다. 지구의 탄생 이후 엄청난 시간 동안 생명체의 흔적은 없었다.

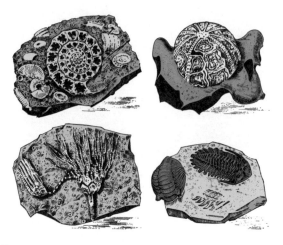

왼쪽 위 암모나이트, 아래 바다나리 | 오른쪽 위 성게 화석, 아래 삼엽충

지구의 역사

지구가 형성된 시점부터 갑작스럽게 생물들이 폭발적으로 등장하는 '캄브리아기 대폭발' 이전의 시기는 지구 전체 역사의 88%에 해당한다. 캄브리아 대폭발 이전의 화석은 매우 드물게 발견되는데 단단한 뼈나 껍질을 가진 생물이 살지 않았으며 지각 변동으로 대부분 파괴되었기 때문이다. 주로 박테리아와 산소를 만든 남세균 등의 화석이 산출되고 후기에는 해파리처럼 부드러운 몸을 가진 생물들의 화석이 산출된다(에디아카라 동물군). 지구의 46억 년 역사 중 삼엽충이나 공룡으로 잘 알려진 현생누대가 차지하는 기간은 1/9에 불과하다. 지구의 역사가 24시간이라면 인류의 역사는 단 3초 뿐이다.

고생대 캄브리아기 바다 절지동물 아노말로카리스와 오파비니아, 할루키게니아 등

　암석 기록들을 따라가다 보면 생명의 흔적들이 나타나기 시작한다. 삼엽충은 고생대를 대표하는 생물로 몸을 둥글게 말아 기어 다녔다. 해양 절지동물이 다양해졌으며 고생대 실루리아기에 바다의 녹조류가 최초의 육상식물로 출현한다.

　어느 날 갑자기 탄생해 지구에 떨어진 생명은 없다. 생명은 계속해서 성장해왔다. 생명을 구성하는 개체들은 무생물과는 구분되는 두 가지 특징이 있다. 다른 물질을 흡수해 자신의 일부로 만들 수 있으며, 자신을 복제할 수도 있다. 다시 말해 먹이를 섭취하고 번식한다. 생존 환경이 바뀌면 개체는 변화를 겪을 수밖에 없다. 새로운 환경에 더 잘 적응하는 개체는 더 오래 살고, 더 자주 번식한다. 이런 식으로 세대를 거듭하며 평균적인 종의 형질은 생존에 유리한 방향으로 변한다. '자연선택', '자연도태'라고 불리는 이 과정은 번식과 개별성이라는 사실에서 필연적으로 얻어지는 추론이다.

지질시대의 구분과 특징

연대: 백만 년

현생누대	신생대	현세 0.01	제4기	홀로세 플라이스토세
		2.6 5.3	네오기	플라이오세 마이오세
		34 56 66	팔레오기	올리고세 에오세 팔레오세
	중생대	145 200 251		백악기 쥐라기 트라이아스기
	고생대	298 359 419 443 488 542		페름기 석탄기 데본기 실루리아기 오르도비스기 캄브리아기
선캄브리아 시대 기원전 46억 년~ 기원전 5억 4200만 년				

02
최초의 물고기

✦

    고생대 오르도비스기의 암석에서 마침내 수영 능력을 갖춘 새로운 생명체들이 나타났다. 등뼈를 지닌 최초의 생명체, 어류이다. 어류는 척추동물의 시초이다. 데본기Devonian Period 에는 어류의 번성이 가장 뚜렷하여 이 시기를 어류의 시대라고도 부른다. 초창기 어류는 해변으로 떠밀려 올라가 말라 죽거나, 깊은 바다로 휩쓸려가 공기와 햇빛이

/ **데본기 바다를 묘사한 그림**

닿지 않는 곳으로 가라앉아 사라졌다. 뭍으로 밀려온 어류가 바로 말라 죽지 않으려면 외피와 껍질을 갖는 것이 유리했다. 생물이 처음 껍데기와 갑각을 갖게 된 이유는 포식자의 공격을 방어하기 위해서일 뿐만 아니라 수분 증발을 막으려는 목적 때문이었다. 수분 손실을 최소화하고 외부 충격으로부터 자신을 보호하며 몸을 지탱하도록 해주는 껍데기는 생존과 번식에 유리했다.

데본기에는 3m가량 되는 바다전갈과 같은 생물체가 최상위 포식자로 바다의 왕좌를 지켰다. 그 후 다양한 어류가 빠른 속도로 분화하고 번성하였다. 연골어류(상어, 가오리 등)와 경골어류(현재 일반적으로 말하는 물고기)가 진화했다. 이 물고기들이 물속에서 헤엄치고, 해조류 사이로 먹잇감을 찾아다니면서 서로 쫓고 쫓기며 바다에 새로운 생기를 불어넣었다.

지구의 생명이 출현한 이후 고생대 초에 이를 때까지 모든 생물은 바다에서 살았다. 고생대 초 바다에는 다양한 생물이 살았지만 육지는 황량했을 것이다. 분명한 사실은 식물이 먼저 육상으로 오른 후 동물이 뒤따랐다는 사실이다.

03
생명의 진화 - 바다에서 육지로

✦

물가 주변이나 해안 주변에서만 식물들이 보이던 실루리아기Silurian Period 와는 다르게 데본기에는 육상식물이 급격히 늘어났다. 식물에게도 기회가 온 것이다. 식물이 풀어야 할 첫 번째 문제는 엽상체(김, 미역 따위의 엽상 식물에서 전체가 잎과 같은 작용을 하는 기관)를 떠받칠 물이 없으니 잎이 햇볕을 받도록 지지할 튼튼한 지지체를 마련하는 것이었다.

두 번째 문제는, 이제는 가까운 곳에 물이 없으므로 습기 머금은 땅에서 물을 얻어야 한다는 것이다. 이 두 가지 문제를 한꺼번에 해결한 것이 관다발 조직이었다. 관다발이 식물을 지탱하고 뿌리에서 잎까지 물을 나르는 수로관 역할을 하게 되면서 갑자기 다양한 종류의 습지 식물들이 암석 기록에 등장한다. 또한 큰 나무에 붙어사는 이끼와 양치식물인 나무고사리 등 거대한 식물이 등장한다.

양서류란 양서류(兩棲類)라는 이름에서 알 수 있듯이 물과 뭍, 양(兩)쪽에서 서식하는 동물을 말한다.

공기 호흡에 적응하는 동물들

척추동물은 얕은 바다와 석호가 광대하게 펼쳐진 어류 시대 중후기에 비로소 물에서 뭍으로 퍼져나갔다. 시간이 흐르며 아주 다양한 종들이 뭍으로 기어올랐다. 동물들은 육지에서 생존하기 위해 공기 호흡에 적응했다. 이전까지 모든 동물은 물속에 녹아있는 공기를 흡입했다. 공기가 폐를 통과해 핏속으로 들어가려면 폐의 표면이 수분으로 촉촉해야 하므로 인간은 폐가 완전히 마르면 질식사한다. 공기 호흡에 적응하는 방법은 수분 증발을 막기 위해 아가미에 덮개를 덮거나, 몸속 깊은 곳에서 체액으로 수분을 유지하는 새로운 호흡 기관을 발달시키는 것이다. 척추동물의 조상 물고기들이 호흡에 사용하던 아가미는 육지에서 호흡하는 데 적합하지 않았다. 그래서 척추동물 조상 물고기의 부레는 몸속 깊숙이 자리한 새로운 호흡 기관, 허파로 발전했다.

오늘날의 개구리, 도롱뇽처럼 양서류는 물속에서 삶을 시작하고 아가미로 호흡했다. 그 후 물고기의 부레가 그렇듯, 양서류는 허파로 호흡하며 뭍으로 올라오고 아가미는 퇴화했다. 공기가 있는 육지에서 살 수 있지만, 알을 낳고 번식을 하려면 물가로 다시 돌아가야 한다. 이들은 틀림없는 육상 동물이었지만, 축축한 습지나 그 주변에서 살아야 했다. 초기에는 거대한 식물들도 양생식물이었다. 싹을 틔우려면 물속에 포자를 뿌려야만 했다. 하지만 점차 내륙 곳곳으로 서식지를 넓혀 갔고 데본기 후기에는 넓은 잎과 커다란 나무로 성장했다.

흥미로운 것은 불가피하게 공기 중에서 살아야 했던 생물들의 놀라운 적응 과정을 추적하는 일이다. 물고기의 눈은 물에 씻기도록 드러나 있지만, 고등 동물의 눈은 건조하지 않도록 눈꺼풀이나 눈물샘으로 보호받는다. 고막이 필요했던 이유도 공기를 울리는 소리의 미세한 진동을 감지하기 위해서였다.

04
공룡의 시대

⋮

❖

생명이 풍요롭던 석탄기Carboniferous Period 시기 이후 오랜 시간 동안 건조하고 한랭한 페름기 시기가 이어졌다. 그 많던 습지 식물도 사라졌다. 생명체는 어려운 시기의 역경을 딛고 교훈을 얻는 법이다. 지구의 기후는 여전히 예측할 수 없는 지각 변동 가운데, 중생대(기원전 2억 5,100만 년~기원전 6,600만 년)에 접어든다.

페름기 대멸종 Permian-Triassic extinction event

페름기에 일어난 대멸종으로 고생대와 중생대를 구분하는 기준이다. 석탄기에는 나무가 등장하여 육지에 숲을 이루었다. 그 결과 다량의 나무와 식물이 퇴적되면서 석탄이 형성되었다.

페름기에는 해양 생물의 96%, 육상 척추동물의 70% 이상이 멸종하는데 그 원인으로는 시베리아의 대규모 화산 분출 때문이라는 가설이 가장 유력하다. 시베리아 지역의 화산 폭발로 쌓였던 석탄이 연소하였고 이산화탄소를 대량으로 일으켰다. 이산화탄소가 유독물질과 함께 지구 온난화를 발생시켜 대멸종이 일어났다.

중생대에는 다시 온난 다습한 환경으로 돌아가게 되면서 새로운 종류의 동식물들이 자리를 잡는다. 이 시기에는 화석 기록을 통해 척추동물이 알을 낳은 흔적을 발견할 수 있다. 이때 알은 일정 기간 동안 물속에서 살아야 하는 올챙이로 부화하지 않고, 거의 성체에 가깝게 자란 후 부화한다. 그 결과 새끼는 부화하자마자 독립된 존재로 공기 중에서 살 수 있었다.

올챙이 시기를 거치지 않는 이 새로운 생명체는 바로 파충류이다. 동시에, 열매를 맺는 나무들이 진화하여 씨앗을 퍼트릴 수 있었다. 곤충의 종류도 다양해졌다. 파충류는 유리한 환경을 기다리며 곧 세상을 지배할 기회를 노리고 있었다. 석탄기의 대표주자 양서류가 쇠퇴하고 파충류가 번성하기 시작했다. 중생대를 파충류 시대라고도 부르는데, 파충류 종류가 놀랄 만큼 다양하게 번성했기 때문이다.

현재 지구에서 살아가는 파충류의 종은 그 수가 적고, 제한적이다. 하지만 당시에는 지금 우리가 알고 있는 파충류들보다 훨씬 더 많은 파충류가 있었다. 거대 바다거북과 육지 거북이 있었고, 커다란 악어, 도마뱀, 뱀도 많았다. 그 외에도 지금은 지구에서 완전히 사라진 멋진 생명체가 있었으니 바로 공룡이다. 당시 지구는 갈대나 큰 양치류 식물로 뒤덮여있었다. 초식 공룡은 무성한 식물을 뜯어 먹고 살았고, 중생대의 전성기가 되면서 공룡의 크기도 점점 커졌다. 어떤 공룡은 지구상에 존재했던 그 어떤 육상 동물보다 더 커져서 거의 고래만 했다.

거대 생명체들이 양치류와 정글에서 풀을 뜯으며 쫓고 쫓길 때, 지금은 사라지고 없는 또 다른 파충류 무리가 곤충들을 사냥했다. 앞다리가 박쥐처럼 발달한 파충류들은 처음에는 높은 곳에서 낙하산처럼

백악기 공룡

쇼니사우르스 바다에서 살았던 거대 파충류 어룡이다.

나뭇가지 사이를 날아다녔다. 바로 익룡이다. 하늘을 날아다닌 최초의 척추동물 익룡은 척추동물의 성장을 보여준다.

수장룡과 어룡과 같은 몇몇 파충류들은 다시 바다로 되돌아갔다. 하지만 이와 유사한 형태의 동물은 지금은 사라지고 없다. 통통하고 커다란 몸통에 지느러미가 있었으며 발이 달려 습지나 얕은 물 바닥을 기어 다녔다. 물 밑에서 먹이를 찾거나 물속에 몸을 숨기며 지나가는 물고기나 동물을 낚아챘다. 이것이 중생대 내내 생태계를 지배했던 육지 생물의 모습이었다. 그때까지 지구상에 존재했던 그 어떤 존재보다 크고 힘이 세고 활동 반경이 넓었다.

　바다에서도 새로운 생명체가 급격히 늘어났다. 대부분 둥그렇게 말리고 방처럼 생긴 껍데기 속에서 살았는데, 바로 암모나이트이다. 고생대에도 암모나이트의 조상이 있었지만, 이들의 황금시대는 중생대였다. 열대 바다에 사는 앵무조개가 이들과 가장 가까운 친척이다.

앵무조개는 멸종된 암모나이트와 같은 조상에서 진화하였다.

05
대멸종에서 살아남은 조류

$$\cdot\!\!\cdot\!\!\cdot$$

공룡은 뜨겁고 습한 열대 우림과 평원을 지배했다. 아직 꽃이 피지 않는 관목과 나무숲 사이로는 곤충들이 바쁘게 날아다녔고, 그 뒤를 쫓아 날아가는 익룡의 날개 퍼덕이는 소리와 울음소리가 숲을 가득 채웠다. 이때, 눈에 잘 띄지도 않고 개체 수도 적지만 한구석에서 힘을 키우며 인내하는 이들이 있었다. 그리고 그들의 인내는 태양과 지구의 따뜻한 미소와 관대함이 사라지게 되는 날 최고의 가치로 보상받게 될 것이다.

껑충껑충 뛰어다니던 체구가 작은 공룡 한 무리가 생존 경쟁에서 뒤처지고 쫓겨나 더 높은 산으로 밀려난 뒤, 추운 기후에 적응할 것인지 멸종할 것인지 갈림길에 서 있다. 고민에 빠진 이들에게 새로운 형태의 비늘이 발달하게 되었다. 비늘은 점점 길어지더니 이내 갈라져 깃털 모양이 되었다. 깃털 모양의 비늘이 서로 층층이 겹쳐져 어떤 파충류 외피보다도 효과적인 보온 외피를 만들어냈다. 덕분에 다른 생명은 살 수 없는 추운 지역에 침투할 수 있었다. 그런데 이러한 변화와 동시에 알을 보호하는 일이 큰 문제로 떠올랐다. 파충류 대부분은 알을 돌보지 않았다. 알의 부화는 그저 계절의 몫이었다. 하지만 이들은 추운 기후 속에서 나무의 둥지에서 알을 돌보고 자신의 체온으로 알을 따뜻하게 품는 습성을 가지게 되었다. 새들의 조상은 작은 체구와 뛰어난 열 보전 능력, 날개를 통한 이동의 용이성을 통해 백악기 대멸종에서 유일하게 살아남을 수 있었다. 나머지 공룡은 절멸했다.

시조새 파충류와 조류의 중간형에 해당하는 것으로서 파충류가 진화한 최초의 모습이다.

깃털의 최초의 용도는 보온을 위한 것이거나 순간적인 속도를 내기 위한 도구에 그치다가 점점 길어지면서 날아오르게 된 것으로 추측된다. 이들은 익룡들 틈에서 중생대 하늘을 날아다녔다. 하지만 중생대 조류는 종류도 다양하지 않았고, 수도 많지 않았다. 만일 우리가 전형적인 중생대로 시간 여행을 떠난다면, 익룡과 곤충은 구경할 수 있겠지만 몇 날 며칠을 걸어도 새 같은 생명체는 듣지도 보지도 못할 것이다. 그리고 또 하나 찾기 힘든 것이 있는데, 바로 포유류의 흔적이다. 최초의 포유류는 새라고 부를 만한 생명체가 처음 나타나기 전부터 이미 존재했겠지만, 너무 작고 외진 곳에 숨어있어 주목받을 수 없었다.

06
포유류의 전성기

이 엄청난 시간 동안 인간과 같은 지적 생명체가 지구를 목격했다면 따뜻한 햇볕과 번영은 얼마나 풍요롭고 영원해 보였을까? 그런데 불가사의한 우주는 영원할 것 같던 평화로움에 서서히 등을 돌리기 시작했다. 그때까지 생명이 누려온 행운은 그 수명을 다하고 있었다. 시대가 바뀌며 천만년에 또 천만년이 지났다. 기후는 극한으로 변해갔다.

그리고 암석 기록에 공백기가 등장하는데, 수백만 년에 달하는 기간 동안 많은 종이 멸종하고 후손을 남기지 않았다. 추위가 모두를 멸종시켰고 파충류 시대는 종료되었다. 이들의 최종적인 진화 상태도 혹독한 지구의 기후를 버티기에는 역부족이었다. 그리고 새로운 광경이 펼쳐진다. 새롭고 더 강한 동물군과 식물군이 지구를 차지한 것이다. 적막하고 황량한 풍경 속에서 새로운 생명의 이야기가 시작된다.

최초의 조류와 마찬가지로 최초의 포유류도 힘겹게 살아남아 추위에 적응했다. 이들도 비늘이 열을 보존하는 털로 진화했다. 또한 본질적으로는 비슷한 변이를 거쳐 포유류와 마찬가지로 정온동물(스스로 체온을 올리고 내릴 수 있는 능력이 갖추어진 종)이 되었다. 알을 지키고 품는 대신, 태아가 거의 다 성숙할 때까지 자신의 몸 안에서 보호했다.

> ### 백악기 대멸종 (K-Pg 대멸종)
> 백악기 대멸종은 기원전 6,600만년경 일어난 생물의 멸종 사건으로 공룡 멸종으로 잘 알려져 있다. 이는 중생대와 신생대를 가르는 기준이 된다. 노벨물리학상을 수상한 루이스 앨버레즈가 주장한 유카탄반도 소행성 충돌설이 그 원인이라고 추정된다.
> 약 6,600만 년 전 소행성 충돌로 인한 대규모의 충격파와 산성비 등이 전 세계를 덮쳤고 특히 대량으로 발생한 먼지가 대기권 상층부에 머물며 일으킨 빙하기가 멸종의 원인이 되었다.

지구에 찾아온 다음 시대는 신생대이다. 이 시기는 지각 변동과 화산 활동이 활발하게 일어났다. 알프스와 히말라야, 로키산맥, 안데스산맥의 줄기가 솟아올랐다. 대양과 대륙의 윤곽이 이동하며 자리를 잡았다. 세계 지도가 어렴풋이 지금과 비슷해지기 시작했다. 신생대 초기 지구의 기후는 가혹했다. 그러다 점차 전반적으로 따뜻해지더니 마침내 아주 풍요로운 시기가 도래했다. 신생대는 약 6,500만 년 전에 시작되어 현재까지 계속된다. 이제는 포유류가 전성기를 맞았다.

가장 근본적인 차이점은 정신적 활동이다. 조류와 포유류의 삶, 파충류의 삶을 본질적으로 구분 짓는 것은 부모와 새끼의 끊임없는 접촉이다. 거의 모든 파충류는 알을 돌보지 않고 스스로 부화하도록 내버려 둔다. 하지만 새로 등장한 포유류는 새끼를 보살피며 위험을 알리는 울음소리를 가르쳤다. 협력, 상호견제를 통해 서로 소통한다. 신생대 초기 포유류의 뇌는 공룡의 뇌 크기와 거의 비슷했다. 하지만 현대에 이르기까지 포유류의 뇌는 용량을 꾸준히 늘려갔다. 예를 들어, 신생대 초기에 등장한 티타노테리움이라는 생명체는 습성이나 생존 조건이 현대의 코뿔소와 아주 흡사한 것 같지만, 뇌의 용량에서는 현존하는 코뿔소의 10분의 1도 되지 않는다.

교감과 교류를 통해 얻어지는 이익은 아주 크다. 물론 파충류와 물고기도 떼를 지어 무리를 이루어 다녔다. 하지만 포유류는 다른 개체를 배려하기도 하고, 자신을 통제한다. 고통을 겪을 때는 울음소리나 몸짓으로 우리의 감정을 일깨운다. 이런 모습이 우리 인간을 닮았다. 그래서 포유류나 조류는 우리의 반려동물이 되기도 한다. 신생대가 전개되면서 동식물 군은 현재 지구에 서식하는 동식물 군과 점점 더 유사해졌다. 어설프고 크기만 큰 동물들은 사라졌다. 반면에 기린과 낙타, 말, 코끼리, 사슴, 개, 사자, 호랑이 같은 종들은 오늘날의 모습으로 꾸준히 진화했다.

2장

인류의 기원

01
유인원의 진화

동물학자들은 '포유류 강(綱)'을 몇 개의 '목(目)'으로 분류한다. 그중 최상위를 차지하는 것이 '영장목'인데 원숭이, 침팬지, 유인원, 인간을 포함한다. 본래 동물학자들의 이러한 분류는 해부학적 유사성을 근거로 한 것일 뿐 정신적인 특징은 고려되지 않았다. 여우원숭이와 원숭이 같은 영장류는 익사해서 퇴적물에 덮이는 경우가 드물기 때문에 많은 화석을 남기지 못했다. 그래서 이들의 화석은 드물게 발견된다.

신생대 중반(플라이오세), 이미 턱뼈와 정강이뼈 등 인류와 유사한 특성을 가진 유인원(오스트랄로피테쿠스)들이 등장했다. 이들은 유인원과 인류의 중간 형태를 가졌는데 아프리카 대륙에서 서식했다.

직립 보행을 하기 시작한 원시 인류는 두 손이 자유로워졌다. 그리고 도구를 이용하기 시작했다. 똑똑한 누군가가 망치나 무기로 사용하려고 일부러 끝을 뾰족하게 떼어낸 석기와 부싯돌이 출토되었다. 인도네시아 자바섬 퇴적층에서 머리가 크고 직립 보행을 했던 생명체의 두개골과 뼈, 치아가 출토되었다. 이 주인공이 바로 호모 에렉투스Homo erectus 에 해당하는 자바원인이다.

인류의 진화 과정

오스트랄로피테쿠스 ➔ 호모 하빌리스 ➔ 호모 에렉투스 ➔
호모 하이델베르겐시스 ➔ 호모 네안데르탈렌시스 ➔ 호모 사피엔스

인류는 어느 순간에 갑자기 진화하여 지금에 이른 것이 아니라,
한 종에서 다양한 종으로 나뉘고, 서로 공존한 끝에 남은 종이
살아남아 지금에 이르게 되었다.

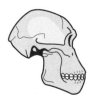   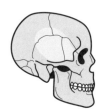

　오스트랄로피테쿠스　　　　호모 에렉투스　　　　　네안데르탈인　　　　　호모 사피엔스

　또 다른 발견은 하이델베르크의 한 모래밭에서 발견된 투박한 아래
턱뼈였다. 하이델베르크인(호모 하이델베르겐시스)은 더는 어설픈 돌을
사용하지 않았다. 상당한 기술로 날카롭게 만든 석기들을 사용했다.
이전 인류인 호모 에렉투스가 단순히 주먹 도끼, 몽둥이 같은 원시적
인 형태의 무기들을 썼다면 이들이 발명한 것은 훨씬 진보된 (창과 같
은) 본격적인 무기였다. 다음 장에서는 인류의 조상 중 가장 특이한 존
재인 네안데르탈인을 살펴보자. 완전하지는 않지만 거의 인류에 가까
운 존재이다.

02
네안데르탈인이 남긴 유전자

    네안데르탈인Homo neanderthalensis은 제4기 플라이스토세에 등장했다. 불도 이용했고, 추위를 피해 동굴에서 살았으며, 동물 가죽을 옷처럼 걸쳤다. 이들은 낮은 이마를 가지고 있었으며 수십만 년 동안 유럽에서 살았다. 당시 기후와 지형은 현재와 매우 달랐다. 유럽은 영국과 독일, 러시아까지 얼음으로 덮여 있었다. 영국과 프랑스를 가르는 해협도 없었고, 지중해와 홍해는 호수들이 흩어져 있는 골짜기였다.

네안데르탈인은 조개껍데기를 잠수하여 채집했고 도구로 이용했다.

스페인과 유럽 전역은 황량한 고지대였다. 매머드와 코뿔소, 거대한 황소와 순록 같은 동물들이 남유럽의 추운 스텝 지대(나무 없이 풀만 무성한 평원 지역)를 지나 이동했다.

네안데르탈인 상상화

네안데르탈인

유전학자 스반테 페보는 네안데르탈인과 현생 인류(호모 사피엔스)가 유전적으로 교배했음을 밝혀냈다. 그는 이를 주축으로 하는 연구의 결과로 2022년, 노벨 생리학·의학상을 받았다.

연구에 의하면 현대인의 몸에는 2% 정도의 네안데르탈인 유전자가 남아있다고 한다. 네안데르탈인은 혹독한 환경에서 적게 먹고도 생존할 수 있도록 몸에 비교적 간단하고 빠르게 지방을 축적했는데, 이는 현대인의 몸속에 남아 현대인의 비만과 당뇨 문제를 일으키는 유전자로 남아있다. 네안데르탈인은 호모 사피엔스와 함께 약 3만 년 전까지 유럽과 아시아에서 공존하다가 멸종되었다.

03
호모 사피엔스

그런데 기후가 점점 따뜻해지고, 남쪽에서 유사한 인종이 네안데르탈인의 세계로 넘어왔다. 지능이 더 높고, 뛰어난 기술을 가지고 있었으며, 말을 하며 서로 협력하던 이들은 네안데르탈인이 활동하던 지역과 동굴을 차지했다. 같은 먹잇감을 두고 다투던 중 다툼이 일어나 이 새로운 인종이 우위를 차지했을 것이다. 남쪽에서 건너와 네안데르탈인을 도태시킨 이 인종은 우리와 혈통이 같은 현생 인류, '호모 사피엔스'이다. 이로써 인류의 역사가 시작된다. 호모 사피엔스는 생존 시기가 겹치는 네안데르탈인과의 경쟁에서 승리하고 현생 인류인 호모 사피엔스의 조상이 되는 데 성공했다.

우리와 분명히 계통이 같은 인류의 흔적과 징표 중 지금까지 과학계에 알려진 가장 오래된 것들은 프랑스와 스페인에서 출토되었다. 미래에는 모든 유적을 철저히 조사할 만큼 연구자가 많아지고, 현재 고고학자는 접근할 수 없는 나라들도 탐험하는 날이 오게 될 것이다. 따라서 우리는 초기 현생 인류에 대해 섣불리 결론지어서는 안 된다. 이제 껏 드러난 자료보다 시대가 더 앞선 현생 인류의 유물이 아시아나 아프리카 혹은 지금 바다 아래로 잠긴 지역에 있을지도 모른다.

아프리카의 화석들

화석 기록을 통해 지금도 인류의 출현 시기는 앞당겨지고 있다. 아프리카에 남았던 인류 중 새로운 도구를 사용하는 기술을 터득한 집단에서 현대인(호모 사피엔스)이 출현하였다. 그동안 현대인의 출현 시기는 20만 년 전으로 알려졌었는데, 2017년 아프리카의 모로코에서 산출된 화석 기록을 바탕으로 현대인의 출현 시기가 약 30만 년 전이었다는 연구 결과가 발표되어 사람들을 놀라게 했다.

구석기 말이 되어서야 비로소 인류는 아메리카 대륙으로 넘어갔다. 지금은 베링 해협이 아시아 대륙과 아메리카 대륙 사이를 가르고 있지만, 당시에는 육지로 연결되어 있었다.

1868년 프랑스에서 처음 발견된 크로마뇽인의 화석은 유럽에서 발견된 가장 대표적인 호모 사피엔스 화석이다. 구석기 시대, 유럽에 등장한 현생 인류는 크로마뇽인이다. 이들은 키가 크고 지능도 높았다. 키 180cm를 넘는 남자의 골격도 발굴되었다. 크로마뇽인은 조개에 구멍을 뚫어 목걸이를 만들고, 자신들의 모습을 그림으로 그렸다. 뼈나 돌을 깨서 거기에 그림을 새겼다. 동굴의 부드러운 벽이나 널찍한 바위에 짐승 그림을 그리기도 했다. 이 시기에 인류의 창조력은 급격한 발전을 보인다. 네안데르탈인의 도구보다 훨씬 더 작고 정교한 도구들이 다양하게 제작되었다. 이들은 사냥꾼이었고, 협동하여 덫을 놓아 매머드도 사냥했다.

프랑스의 고고학자 가브리엘 드 모르티예Gabriel de Mortillet 는 이 시기에 출토된 뼈로 만든 바늘에 대해 이렇게 이야기했다. "이것은 아이들의 작품이 아니다. 이것은 예술의 어린 시절이다."

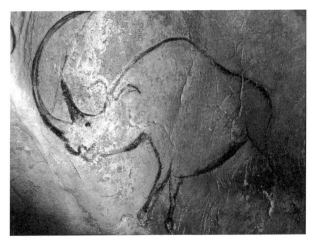

현존하는 가장 오래된 동굴 벽화 구석기 시대 프랑스 쇼베–퐁다르크 동굴

원시 인류의 사고방식

한 가지 아주 흥미로운 상상을 해보자. 인류의 모험이 시작된 시절에 살던 느낌은 어떤 기분이었을까? 씨를 심거나 농작물을 수확하지 않고 이리저리 떠돌며 사냥하던 방랑의 시대에, 그 까마득한 옛날에 인류는 어떤 생각을 했을까? 인간의 생각을 문자로 기록하기 훨씬 전

이기 때문에 우리가 이 질문에 답할 방법은 오로지 추론과 어림짐작일 뿐이다. 과학자들은 아주 다양한 방법으로 원시인의 정신세계를 재구성하려 노력했다. 정신분석학은 아이들이 감정적인 충동이나 자기중심적인 이기심을 어떻게 사회적 삶의 요구에 맞춰 자제하고 조절하고 감추는지 분석했다.

아마 원시인의 사고방식은 어린아이와 매우 비슷했을 것이다. 마음속으로 상상한 그림들을 연결해 사고하는 것이다. 원시인은 상상하거나 자연스럽게 떠오른 이미지에서 어떤 감정을 느끼고는 그 감정에 따라 움직였을 것이다. 체계적 사고는 인간의 경험 중에서 비교적 늦게 발달한 능력이다. 체계적 사고는 원시 인류의 삶에서 그리 큰 역할을 하지 못했다. 지금도 진정으로 자신의 생각을 통제하고 정리하는 것은 어려운 일이다. 여전히 삶의 대부분을 이끄는 것은 상상과 열정이다.

04
신석기시대 – 인간의 삶

신석기 빗살무늬토기

농경은 신석기 시대에 시작되었다. 수렵, 채집하던 조상들이 사용했던 뗀석기 외에도 돌을 갈아 만든 간석기가 사용되었다. 바구니를 만들고, 식물의 섬유질을 이용해 거친 천을 짰다. 토기도 만들기 시작했다. 인류는 문명의 새로운 장을 열었다. 이들이 익힌 기술과 동물, 식물을 활용하는 방법은 모방과 습득을 통해 멀리 퍼져나갔다. 기원전 1만 년 무렵이 되자 인류 대부분이 신석기 수준에 도달했다.

아마 우리는 땅을 갈고 씨를 뿌려 작물을 수확하고, 곡식을 탈곡하고, 빻는 일이 당연한 단계겠거니 생각할 것이다. 지구가 둥글다는 것이 상식인 것처럼 말이다. '그밖에 뭘 할 수 있겠어?' 사람들은 이렇게 물을 것이다. 하지만 지금 우리가 당연한 것으로 여기는 추론이나 행동들도 2만 년 전 인류에게는 전혀 당연한 것이 아니었다. 원시인들은

신석기 가락바퀴

터무니없고 불필요한 노력과 오해들을 거듭하며 무엇이 효과적인지를 배웠다.

지중해 어느 지역에서 야생 밀이 자라고 있었다. 누군가는 그 씨를 갈아 음식을 만드는 법을 깨달았을 것이다. 한참 후에야 비로소 씨를 뿌리는 법을 배웠을 것이다. 씨를 뿌리는 것보다 수확이 먼저였다. 원시인들은 계절에 대해 아주 대략적인 감각만 가지고 있었기 때문에 언제 씨앗을 뿌리는 것이 최적의 순간인지 알 수 없었다. 1년이라는 시간에 대한 개념도 없었을 것이라는 추측은 나름대로 근거가 있다. 최초의 연대기는 태음월(초승달이 된 때에서 다음 초승달이 될 때까지의 시간)로 기록되었다. 바빌로니아력에서는 계절의 변화를 맞추기 위해서 13번째 달(윤달)을 넣었는데 파종 시기를 계산하려 한 흔적을 볼 수 있다.

신석기 시대, 최초의 농경민이 과연 별자리를 관찰했을까? 그보다는 방랑하던 목동들이 별을 관찰하고 방향을 가늠하는 나침반 용도로 사용했을 가능성이 더 클 것이다. 하지만 별자리를 활용해 계절을 점치는 방법을 알게 되자, 별은 농사에 아주 중요한 요소가 되었다. 그들은 별이 어느 쪽으로 치우쳤는지 관찰해서 농사를 위한 제물을 바치기도 했다. 원시인이 별을 숭배하고 신화를 만드는 것은 필연적인 결과였다.

사람들은 인간 생활에 영향을 끼치는 강, 산, 바위 등 자연물에 영혼이 깃들어 있다고 생각했다(애니미즘). 그래서 자연의 위대한 힘을 찬미하고 재해가 일어나지 않기를 빌었다. 또한 신적인 존재를 불러들이는 능력을 지닌 무당의 주술적 힘을 믿었다(샤머니즘). 한편, 사람이 죽어도 그 영혼은 사라지지 않는다고 생각하여 죽은 조상을 숭배하고 제사를 지내기 시작했다(영혼 숭배). 또한 호랑이, 곰 등 동물이나 큰 나무 등을 부족의 수호신으로 생각하여 숭배하였다(토테미즘).

지식과 경험이 풍부한 사람, 제물 의식과 별자리에 대해 알고 있는 사람은 주요한 인물이 되었다. 부정과 불결함에 대한 두려움, 이런 것들을 정화하는 의식은 늘 존재했다. 초기의 신관은 종교인이라기보다는 응용 과학자였다. 이 시대의 과학이라는 것은 경험에 기초한 것이기 때문에 오류가 많았다. 하지만 그들의 주된 기반은 지식이었고 주된 임무가 실제적이고 실용적이었다는 사실만은 변하지 않는다. 이렇게 신석기 공동체가 확산되었다.

제군들, 이 피라미드 위에서 4천 년의 역사가 우리를 내려다보고 있다
나폴레옹 보나파르트, 1798년 이집트 원정 피라미드 전투 시작 연설

3장

문명의 발생,
고대 국가의 출현

01
메소포타미아 문명

어떤 의미에서는 과거에 현재보다 오히려 더 넓고 다양한 무대가 있었다. 이미 기원전 5000년경 무렵에 나일강 유역의 비옥한 땅에서 신석기가 시작되었고 문명화된 공동체가 나타났다. 메소포타미아 지방에서는 기원전 1만 년 전보다도 일찍 신석기가 시작되었다. 당시에는 유프라테스강과 티그리스강이 서로 분리된 채 페르시아만으로 흐르고 있었는데 이 두 강 사이, 비옥한 땅에 수메르인이 기원전 3500년경 최초의 도시를 건설했다. 비슷한 시기 기원전 3200년에 이집트의 위대한 역사도 출발하고 있었다.

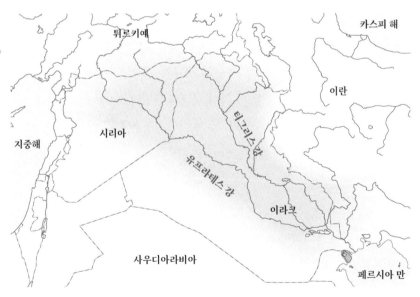

메소포타미아 문명 지역의 현재 지명

메소포타미아 문명Mesopotamian Civilization 은 서아시아의 티그리스강과 유프라테스강 사이의 중심 지역에서 발흥한 역사상 세계 최초의 문명이다. 그리스어로 '강들의 사이'라는 뜻인 'Μεσοποταμία' 라는 말에서 유래하였다. 수메르인은 청동기 사용법을 발견했고, 흙벽돌로 탑처럼 높고 거대한 신전을 세웠다. 이 지역에서 나오는 점토는 아주 부드러웠는데, 수메르인이 그 흙으로 점토판을 만든 덕분에 수메르 쐐기문자가 오늘까지 전해지게 되었다. 소와 양, 염소, 나귀(야생 나귀를 후에 당나귀로 길들였다)가 있었으며 양털로 짠 옷을 입었다.

수메르의 도시 국가들은 고유의 왕조와 신관을 모신 최초의 독립 국가였지만, 간혹 한 도시가 다른 도시 일대를 병합하고 시민들에게 일종의 세금을 걷은 적도 있었다. 이라크 동남부의 고대 도시에서 발굴된 아주 오래된 비석에는 수메르의 도시 우루크Uruk라는 기록이 등장한다. 이것이 밀집된 인구를 가진 세계 최초의 도시에 관한 기록이다. 우리는 우루크 시대 이전까지의 기록을 남긴 문자가 없어서 이를 '선사 시대'라고 부른다. 하지만 우루크 시대에 쐐기문자의 발명이 이루어지면서 드디어 '역사 시대'의 막이 열리게 되었다.

삶을 지배한 것은 신전이었다. 수메르의 신전은 꼭대기에 올라가서 별을 관찰할 수 있는 거대한 탑이었다.

이라크 우르의 지구라트

메소포타미아 문명 사회상

메소포타미아 일대는 계급주의적인 사회였다. 수렵 채집인의 단계에서는 계급이 없었지만 농경 사회에서 잉여생산물의 존재, 부의 편중이 일어나며 본격적인 계급 분화가 발생한다. 계급의 맨 꼭대기에는 왕과 왕족들이 있었다. 이들은 신들의 후계자로 대접받으며 사치스러운 삶을 살았다. 그 아래에는 신관 계급이 있었다. 신관 계급은 신전에서 신을 모실 수 있는 유일한 자들이었다.

사람들의 일상은 이집트나 수메르나 아주 흡사했을 것이다. 메소포타미아 사회는 농업 기반의 사회였다. 풍요는 최고의 미덕이었다. 사람들은 농작물을 심고 수확하기에 가장 좋은 시기를 알아야 했고 이러한 날짜들을 축제로 기념했다. 평상시에는 시민 대부분이 수로를 파서 관개 농업을 했다. 화폐는 사용하지 않았고 필요도 없었다. 물물 교환으로 충분했기 때문이다.

02
문자의 발달

처음에 문자는 그저 그림을 간략하게 줄인 것에 불과했다. 사실 인류가 무언가 쓰기 시작한 것은 이미 신석기 이전이었다. 동굴 벽화가 그 예다. 암벽화에는 사냥하는 모습이 많았는데 대부분 인간의 모습을 간략하게 그린 것이었다. 머리와 팔다리를 생략하고 직선 하나에 수평선 한두 개로 인간을 묘사한 예도 있었다. 이러한 그림이 압축된 그림문자로 바뀌는 것은 어려운 일이 아니었다. 수메르인이 그린 기호는 쐐기 모양이었는데 이 문자를 설형문자(쐐기문자)라 부른다.

수메르인의 쐐기문자 (기원전 2500년경)

문자로 발전하는 중요한 단계는 사물의 모양을 있는 그대로가 아니라 비슷하게 그리는 것이다. 쐐기문자는 처음에는 대상을 그대로 그렸다가 그 형상을 상징화하는 추상적인 형태로 변화하였다. 수메르 언어는 음절이 모여 뜻을 전달하는 언어였다. 음절문자의 경우에는 해당 언어에서 사용되는 음절의 수만큼 글자 수가 필요하게 되므로 그 수가 줄어드는 방향으로 발전하였다. 수메르 언어는 단어를 음절 단위로 그림을 그려서 기록하기에 아주 용이했다.

	00	10	20	30	40	50
0		⟨	⟨⟨	⟨⟨⟨	⫢	⫢⟨
1	⌐	⟨⌐	⟨⟨⌐	⟨⟨⟨⌐	⫢⌐	⫢⟨⌐
2	⌐⌐	⟨⌐⌐	⟨⟨⌐⌐	⟨⟨⟨⌐⌐	⫢⌐⌐	⫢⟨⌐⌐
3	⌐⌐⌐	⟨⌐⌐⌐	⟨⟨⌐⌐⌐	⟨⟨⟨⌐⌐⌐	⫢⌐⌐⌐	⫢⟨⌐⌐⌐

아카드어 숫자 표현 고대 수메르어에서 유래한 쐐기 문자

중국에서도 상형 문자가 발달했다. 중국은 기원전 1200년경부터 상형 문자인 갑골문을 사용했다. 갑골 문자(甲骨文字)는 거북이의 배껍질(甲)이나 동물의 뼈(骨)에 새겨졌기에 갑골문이라고 부르며, 한자의 원형이다. 갑골에 군사, 자연재해, 제례를 지내는 방식과 날짜를 기록했다.

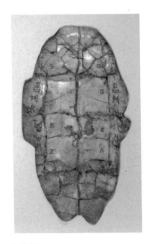

빛 광 光

사슴 록 鹿

말 마 馬

춤 무 舞

갑골문

이집트의 상형 문자도 비슷한 발전 과정을 거쳤다. 이집트 상형문자
가 유럽과 중동 각지로 전파되고 변화되며 그 지역의 고유 문자가 되
었기에 거의 대부분의 문자는 이집트 상형문자를 먼 기원으로 둔다.
음절로 말하는 방식에 서툴던 외국인들이 이 그림 문자를 배우고 사용
하면서 발달시키고(페니키아 문자) 단순화해 마침내 알파벳 문자로 발
전시켰다.

고대 이집트 상형 문자

페니키아인들은 지중해에서 교역으로 먹고 살며 세계 각지에 진출했는데 이때 고대 이집트에서 이집트 상형문자를 배웠고, 이것이 페니키아 문자로 발전했다. 페니키아 문자는 이집트 상형문자처럼 상형문자의 일종이었으나 점차 표음문자가 되어갔다. 그리스인들은 페니키아인들과 교류하면서 페니키아 문자를 배웠고, 이를 변형하여 최초의 알파벳인 그리스 문자를 만들었다.(알파벳이라는 이름은 그리스 문자 첫 번째 글자인 알파 α와 두 번째 글자인 베타 β를 이은 단어에서 기원하였다.)

문자의 발명은 사회의 발전에 아주 중요한 역할을 했다. 계약과 법률, 율법을 기록할 수 있었기 때문이다. 이전 사회보다 더 큰 국가로 성장할 수 있었던 것도 문자 덕분이다. 문자 덕분에 지속적인 역사적 자각이 가능했고, 인간의 시야와 목소리를 뛰어넘어 먼 곳까지 왕의 명령을 전달하고 퍼뜨릴 수 있었다. 흥미로운 점은 고대 수메르에서 인장이 널리 사용됐다는 것이다. 왕이나 귀족, 상인이 멋지게 인장을 조각해서 권위를 내세우고, 점토판 문서에 찍었다. 6,000년 전 문명은 이토록 인쇄 기술과 가까이에 있었다. 딱딱하게 굳은 점토판은 영구히 보존되었다. 메소포타미아에서는 아주 오랫동안 편지와 많은 기록을 쉽게 부서지지 않는 타일에 적었다. 덕분에 우리는 귀중한 지식의 재발견을 할 수 있게 되었다.

03
이집트와 바빌로니아

이집트의 신전은 거대한 단층 건물이었다. 수메르에서는 신의 후계자인 왕이 가장 위대한 존재였지만, 이집트에는 살아있는 현인 신, 바로 파라오가 있었다. 그 시절 백성들의 하루하루는 뜨거운 햇살 아래 힘든 일상으로 매일 똑같았다. 신관은 관습에 따라 내려오는 율법으로 사람들을 통치하고 별과 달을 보고 파종 시기를 결정했다. 사람들은 일을 하고 사랑을 나누고 죽어갔다.

파라오는 자신들의 무덤을 엄청난 규모로 건설했다. 바로 기자의 피라미드들이다. 그중 제일 큰 피라미드는 높이가 140m를 넘고, 사용된 돌의 총 무게 만 488만 3,000t에 이른다. 이 모든 돌(약 300만 개)을 나일강을 따라 배로 운반하고 나르는 과정에서 주로 동원된 것은 인간의 노동력이었다. 틀림없이 이집트 사람들의 삶은 전쟁보다도 피라미드 건설로 더 피폐해졌을 것이다.

쿠푸의 피라미드 이집트 최대의 피라미드라 불리는 쿠푸의 대피라미드가 기원전 2560년에 146m 높이를 달성한 이후로 인류는 무려 3871년 동안 이보다 높은 구조물을 짓지 못했다. 기원후 1311년에 이르러서야 높이 160m인 영국의 '링컨 대성당' 첨탑을 지음으로써 이 수치를 넘어섰다.

초기 문명이 형성되던 먼 옛날, 세상에는 완전히 정착하지 못하고 떠돌던 종족들도 많았다. 유럽의 삼림지대 외진 곳에서 사냥과 목축을 하며 살던 북유럽 인종도 있었고 동아시아의 스텝 지대에 살던 훈족도 있었다. 이들은 말을 길들이며, 계절에 따라 이동하며 살았다.

시리아와 아라비아 사막에는 셈족이 살았다. 이들은 양과 염소, 나귀를 몰고 목초지를 떠돌았다. 초기 문명과 접촉한 최초의 유목민이 바로 이 셈족이었다.

셈족

셈족은 현재 이라크·이스라엘·시리아·아라비아반도·북아프리카 등지에 살고 있다. 셈족은 알파벳과 유일신 사상을 전 세계에 전파했다. 유대교·기독교·이슬람교 같은 주요 종교는 셈족에게서 유래했다.

이들은 무역상이자 약탈자였다. 그중에서 좀 더 용감한 상상력을 가진 지도자가 나왔고, 마침내 이들은 정복자가 되었다. 기원전 2350년 무렵 셈족의 지도자인 사르곤(기원전 2350~기원전 2294 재위)이 수메르 땅 전부를 정복한 후, 페르시아만부터 지중해에 이르는 세상을 통치했다. 사르곤은 메소포타미아 지역을 처음으로 통일한 인류 최초의 제국인 아카드 제국의 초대 제왕이다. 그의 백성인 아카드인은 수메르 문자를 배웠고, 수메르 언어를 공식 언어로 채택했다.

그가 세운 제국은 2세기 후 쇠퇴했고, 또 다른 셈족인 아모리인이 점차 수메르를 장악했다. 그들은 작은 도시 바빌론을 수도로 정하고, 스스로 자신을 바빌로니아 제국 제1왕조라 칭했다. 바빌로니아 제국은 제6대 왕인 함무라비라는 위대한 왕에 의해 강대국이 되었는데(기원전 1750), 그가 바로 역사상 최초의 법전인 함무라비 법전을 만든 인물이다. 소규모의 셈족인 히브리인도 있었다. 이들은 이후 역사에서 대단히 중요한 문학 작품을 저술하게 된다. 역사와 시를 집대성한 이 작품은 다름 아닌 히브리 성경이다. 또한 바빌로니아인들은 천문 현상이 주기적이라는 것을 인식하고 수학적으로 파악한 최초의 민족이었는데, 21년에 걸친 금성의 주기 변화를 기록해놓았을 정도이다.

함무라비 (기원전 1792~기원전 1750 재위)
바빌로니아의 6대 왕인 함무라비는 탁월한 능력으로 작은 마을 바빌론을 거대한 도시로 확장시켰다. 중앙집권제를 확립했고, 법과 제도를 일원화하며 나라의 기틀을 잡았다.

바빌론 유적지 이라크 고대 도시 유적으로 2019년 유네스코 세계문화유산으로 지정되었다.

함무라비 법전 법전 윗 부분의 부조

함무라비 법전

눈에는 눈, 이에는 이. 어떤 사람이 다른 사람의 눈을 멀게 했다면
그 자신의 눈알을 뺄 것이다(제196조). 그가 다른 사람의 이빨을 부러뜨
렸다면 그의 이도 부러뜨릴 것이다(제200조).

셈족 계열의 민족은 이집트도 침투하여 고대 이집트 역사상 최초로 이집트 문명을 지배한 외부 정복자 세력이 되기도 했다. 이집트인들에게는 말을 타고 싸우는 유목민족들이 처음이었기에 쉽게 정복되고 말았다. 그렇게 셈족은 파라오를 배출할 수 있었다.

이집트인은 셈족 왕들의 지배를 절대 반기지 않았다. 이집트는 기원전 1500년 무렵 마침내 외국인들을 내쫓는다. 고대 이집트의 역사는 무려 3000년이 넘는 기간의 역사이다. 고대 이집트의 통일 왕조는 크게 고왕국, 중왕국, 신왕국의 세 시기로 나뉜다.

한때 번영하던 이집트 중왕국은 셈족의 침략으로 멸망했고 곧이어 이집트 부활의 시대, 신왕국 시대가 이어졌다. 신왕국 시대는 이집트 제국이라 불릴 정도로 그 부유함이 정점을 이루었던 시기였다. 예속과 전쟁을 거친 이집트는 군사주의로 가득 차 있었고, 파라오는 공격적인 정복자가 되었다. 그렇게 이집트는 아시아에 대한 지배력을 유프라테스강까지 확대했다.

이집트는 모세와 경쟁한 파라오라 알려진 역사상 가장 강력한 파라오, 람세스 2세(기원전 1290~기원전 1223 재위)가 66년이나 통치한 신왕국 제19왕조 시절에 번영을 누렸다. 이집트의 피라미드가 지어지고도 이미 1000년의 역사가 흘렀다. 이미 그 시절에도 피라미드는 고대 유적 취급을 받았고, 유명한 관광지였다. 여기에 멋진 새 건물이 추가되었다. 카르나크와 룩소르의 대신전이 이 시기에 지어졌다.

그러나 아시리아인에게 정복당하고, 남쪽의 에티오피아인에게 정복되는 등 이집트 역사에도 암울한 시기가 있었다. 바빌론이 장악하고 있던 메소포타미아에서 아시리아인이 일시적으로 주도권을 잡아 한때

아부심벨 대신전 람세스 2세 건설

이집트를 정복했다. 이 시기, 군대는 이미 강력한 군단을 거느리고 있었다. 비록 전쟁이나 영광의 순간에만 제한적으로 사용됐으나, 중앙아시아로부터 전해진 말(馬)이 고대 문명까지 퍼졌기 때문이다.

아시리아인은 신아시리아 제국을 세웠고 기원전 745년, 티글라트 필레세르 3세가 바빌론을 정복한다. 당시 히타이트족(메소포타미아 북부)이 처음 철을 발명한 후 아시리아에 철 제련법을 전하였다. 티글라트 필레세르 3세의 왕위를 찬탈한 사르곤 2세는 군대를 철기로 무장시켰고 신아시리아 제국을 최고의 강대국으로 만들었다. 사실 사르곤 2세의 본명은 사르곤이 아니었다. 바빌로니아를 정복한 후 바빌로니아인과 결속하기 위해 2000년 전, 아카드 제국을 세운 사르곤 1세의 이름을 차용한 것이었다.

그 후 사르곤 왕조의 제4대 왕 아슈르바니팔이 유다, 이스라엘, 이집트 등 지역을 평정하여 전성기를 이룬다. 아슈르바니팔은 왕 개인의 장서와 명상을 위하여 역사상 최초의 도서관을 설립한다. 이 도서관에는 메소포타미아에서 고대 수메르 시대 때부터 기록해 온 30,000개의 문자와 문학 작품 점토판들이 소장되어 있었다. 이 점토판은 역사적으로 아주 귀중한 장서가 되었다.

그러나 신아시리아 제국은 아슈르바니팔 사후에 왕위 계승을 놓고 내전을 벌이다 국력이 급속하게 약해졌다. 이틈을 탄 이집트는 아시리아인들을 몰아냈다. 한편 서아시아에 거주하던 셈족계 유목민족 칼데아인들은 아시리아의 수도 니네베를 멸망시켰고(기원전 612) 신바빌로니아 제국(칼데아 제국)을 건국한다.

신바빌로니아 제국이라 불린 칼데아 제국은 네부카드네자르 2세(성경에 등장하는 느브갓네살) 때 전성기를 누린다. 신바빌로니아 제국은 67년(기원전 626~기원전 539) 동안 불안정하기는 했지만 번영했다. 마지막으로 신바빌로니아 제국의 군주를 지낸 나보니두스는 고고학 연구를 후원했다. 연구자들이 사르곤 1세(메소포타미아 지역을 처음으로 통일한 인류 최초의 제국인 아카드 제국의 초대 제왕)의 즉위 일자를 밝혀내자 이를 기념하여 기념비에 새겼다. 나보니두스(기원전 556~기원전 539 재위)는 달, 태양, 금성 등 수많은 신에게 기도하고 신전을 건립하여 제국을 중앙집권화하려고 노력했으나 실패하였다. 바빌론에서는 바빌로니아인들의 주신인 마르두크(세계를 창조한 신. ☀☽ 수메르어로 태양의 아들)를 섬겼는데 이들의 반감을 불러 일으켰기 때문이다. 이후의 역사는 페르시아 제국으로 이어진다.

이집트와 메소포타미아에는 공적 기록들, 이야기, 시, 개인적인 서신 등 아주 풍부한 자료가 남아있다. 그 자료들을 통해 우리는 바빌론이나 이집트 부유층의 삶을 알 수 있다. 그들은 이미 현대인의 편안하고 유복한 삶과 다름없이 세련되고 사치스러웠다. 멋진 가구와 장식으로 아름답게 꾸민 집에서 격식 있게 살았다. 호화로운 옷과 보석을 걸치고 축제를 열었다. 음악을 즐기기도 했다.

이집트의 제19왕조 시절, 중국은 황제가 다스리는 상왕조 시대였다. 느슨하게 결합한 제국을 신관인 왕이 다스렸다. 고대 상왕조 황제들의 주된 임무는 하늘에 제사를 지내고 제물을 바치는 것이었다. 상 왕조 시절 제작된 아름다운 청동기가 아직도 남아있다. 그런 청동기가 제작되기 수 세기 전부터 이미 상나라에는 황하강 유역에서 황하 문명이 발달하고 있었다.

상나라 (商)
중국의 고대 국가로 기원전 1600년에서 기원전 1046년까지 존재하였다. 중국 최초의 국가로 인정받고 있다. 당시 오늘날의 은허에 도읍을 두고 있었기에 은나라라고도 불린다.

04
유목민족 – 생존과 번영의 다양한 길

　인류가 농사를 짓기 위해 정착하고 도시 국가를 형성한 곳이 메소포타미아와 나일강 주변만은 아니었다. 농사에 물을 댈 수 있고 안정된 식량 공급이 가능하다면 어디든 정착 생활을 할 수 있었다. 인도(인더스 문명)와 중국(황하 문명)에서도 인간의 삶은 비슷하게 발전하고 있었다. 유럽의 물고기가 풍부한 호수 지역에서도 정착 생활이 시작됐다. 그들은 이미 오래전부터 수상가옥을 짓고 살며 낚시와 사냥으로 농사 대신 생계를 유지하고 있었다. 하지만 대부분의 지역은 정착 생활에 적합하지 않았다. 땅이 거칠거나, 숲이 우거지거나, 너무 건조해서 그 시기 인간이 지닌 도구와 과학 수준으로는 살아남기 어려웠다. 정착 생활을 하려면 안정적인 물 공급과 따뜻한 기후가 필요하다. 이런 조건이 충족되지 않으면 인간은 계절마다 풀을 찾아다니는 목동이나 사냥꾼처럼 떠돌아다니며 살아야 했다.

넓은 강 유역에서 농경 문명이 형성되는 동안, 또 다른 생활 방식인 유목 생활도 발전하고 있었다. 유목민은 농사를 짓는 이들보다 척박한 환경을 더 잘 견뎌냈다. 유목민에게는 신전도 없었고 조직화된 신관 계급도 없었다. 하지만 그렇다고 해서 삶의 방식이 열등했다고 생각해서는 안 된다. 자유로운 유목인의 삶이 농경민의 삶보다 더 풍요로운 면도 많았다. 그들은 자립적이었다. 여기저기 옮겨다니며 산길과 암석 지대를 넘나들다 보니 정착민보다 광석에 대해서도 더 많이 알게 되었다. 유목민은 금속에 대해 여러 가지 지식을 갖고 있었고 청동은 물론, 철 제련법도 알게 되었다.

한편 정착한 사람들은 천을 짜고 질그릇을 빚는 등 필요한 물건을 많이 만들었다. 농경과 유목, 이 둘 사이에 일어나는 어느 정도의 약탈과 교역은 피할 수 없었다. 하지만 이들이 훔친 품목에 닭은 없었을 것이다. 원래 야생 닭이었던 가금류는 기원전 1500년경 이전에는 사육되지 않았기 때문이다. 닭은 본래 식용으로 길러지지 않았다. 기원전 9~10세기 유럽에 들어온 닭은 이국적인 희귀동물로, 상징적인 동물이었다. 현대인이 고대 이집트와 바빌로니아 최고의 도시들을 방문했다면 아주 중요한 음식을 그리워했을 것이다. 그곳에는 닭과 달걀이 없었다.

해상민족

인류가 처음으로 '배'를 이용한 것은 지금으로부터 2만 5,000~3만 년 전이다. 신석기 사람들은 통나무에 의지한 뗏목으로 첨벙거리며 물을 건넜다. 이집트와 수메르에서는 바구니에 가죽을 덧대고 틈을 덮은 배를 이용했다. 뒤이어 통나무의 속을 파서 좌석을 만든 통나무배도 등장했다. 물개 가죽으로 카약을 만들기도 했다. 그리고 자연스럽게 작은 돛단배로 발전하게 되었다.

노아의 방주 전설은 그 옛날 배를 만들어낸 성취를 기억하기 위한 것이고, 마찬가지로 대홍수 이야기도 지중해 분지의 범람을 기억하기 위한 전설이 아닐까 싶다. 피라미드가 세워지기 아주 오래전부터 홍해에는 배들이 있었다. 물고기를 잡기 위한 배들이었다. 어떤 배들은 무역과 해적 활동을 하기 시작했다. 특히 물자가 풍부하지 않던 시기에 배 여행이라는 것은 귀족과 군주들의 특권이었다. 최초의 배들이 모험을 떠난 커다란 호수는 잔잔한 바람이 일거나 아주 고요했기 때문에 돛은 그저 장식품이었다.

4장

고대 철학과 사상

소크라테스 동상 (Athens academy)

01
유대인의 역사

✤

    이제 유대인에 대해 이야기할 차례가 되었다. 히브리인들은 기원전 1000년 훨씬 이전에 유대 땅에 정착했다. 이들의 수도는 예루살렘이었다. 히브리인이 세계사에서 중요한 이유는 바로 이들이 남긴 기록 덕분이다. 세계사와 법전, 지혜, 시, 소설, 정치적 이야기를 담은 이 기록은 바로 구약성경이라고 부르는 히브리 성경이다. 이 기록이 역사에 등장한 때가 기원전 5세기이다.

    사울(기원전 1047)이 이스라엘 국왕 자리에 오르며 이스라엘 왕국의 역사가 시작되었다. 이스라엘 왕국은 철기 시대, 가나안 지역에 자리를 잡았다. 성경에 따르면 기원전 10세기 다윗과 솔로몬 치하에서 이스라엘 왕국은 최전성기를 이룬다. 그러나 솔로몬 이후 이스라엘은 유다 왕국과 이스라엘 왕국으로 분열되어 파괴와 추방에 시달렸다. 결국 유다 왕국은 바빌로니아에 정복되었고 유대인들이 바빌론에서 포로로 잡혀있는 동안(바빌론 유수, 기원전 597) 유대교가 크게 발전하게 된다.

유대인이 전통을 지킬 수 있었던 것은 바빌론에서 그들의 문학인 성경을 정리한 덕분이었다. 바빌론 유수기 동안 유대인은 고난과 고통으로 민족일치를 강화했고, 유대교를 정립하였다. 이 기간 동안 경전을 정리하여 구약 성서의 기초를 만들었다.

포로들의 대이동 James Tissot

　성경을 관통하는 사상은 매우 고무적이며 든든한 힘을 주는 사상이었다. 유대인은 그 사상을 붙잡고 2,500년 동안 역경과 모험, 억압을 버틸 운명이었다. 당시 이웃 나라에서는 하늘과 달, 태양 등을 신으로 숭배했는데 하나님이라는 유일신이 신관이나 희생 제물보다 훨씬 높다는 유대인의 생각은 새로운 사상이었다. 유대인은 아브라함의 하나님이 예루살렘을 다시 세우고 특별한 민족으로 자신들을 선택했다고 믿었다. 히브리 예언자들은 그때까지 인류를 속박했던 맹목적인 희생과 충성에 맞서 자유로운 양심에 호소하고 개인의 도덕성에 호소한 새로운 세력이었다.

02
고대 그리스

❖

　유대인들이 자신의 전통을 발전시키는 동안 그리스의 전통도 부상하고 있었다. 그리스의 철학자들은 지적 모험심과 새로운 방법으로 인간 정신을 단련하고 있었다. 고대 그리스에도 음유 시인과 이야기꾼들이 있었다. 이들의 공연은 사회적 연대를 유지하는 중요한 연결고리였다. 위대한 서사시인 호메로스의 《일리아스》와 《오뒷세이아》는 고대 그리스어로 쓰인 가장 오래된 서사시이다. 《일리아스》는 트로이 전쟁(기원전 12세기경) 당시 두 영웅이던 헥토르와 아킬레우스 사이의 끝없는 갈등, 피할 수 없는 운명을 묘사한 대서사이다. 《오뒷세이아》는 트로이 전쟁의 영웅 오뒷세우스가 자신의 고향으로 돌아가는 긴 여정에서 겪은 모험담을 그린 것이다.

　두 서사시가 기록된 시기는 문명이 앞선 이웃에게 알파벳을 배운 기원전 8세기였지만, 그 서사는 훨씬 이전부터 존재하여 구전된 것으로 추정된다. 하지만 당시 그런 시인이 정말 있었는지, 그가 이 서사시들을 창작했는지는 여전히 학자들의 논쟁이 이어지고 있다. 그 논쟁에 우리까지 끼어들 필요는 없다. 중요한 것은 기원전 8세기에도 그리스에는 자신들만의 서사시가 있었다는 사실이다. 또한 서사시는 정체성과 단결, 연대감을 가지게 해주는 그리스인 공동의 자산이었다.

> **호메로스** Homer (기원전 800?~기원전 750)
> 《오뒷세이아》는 아직도 의견이 분분하지만, 일반적으로 저자는 호메로스로 전해져 내려오고 있다. 호메로스는 세계 문화에 많은 영향을 준 위대한 시인이다. 그의 대서사시들은 《성경》과 더불어 서양 문명의 근원이며 문학은 물론 철학, 미술, 음악, 언어, 정치 등 수많은 학문과 예술에 영향을 끼쳤다.

기원전 7세기 무렵이 되자, 그리스에는 새로운 도시(폴리스polis)들이 세워졌다. 그중 주요 도시가 아테네와 스파르타, 코린토스, 사모스, 밀레토스이다. 이미 지중해, 흑해 해안가, 이탈리아 남부, 시칠리아에도 그리스의 식민지가 존재하여 그리스 문명의 흔적을 남겼다. 이탈리아반도 남부를 통틀어 마그나그라이키아(대 그리스)라고 부를 정도였고, 프랑스의 마르세유까지 진출하였다.

넓은 유프라테스강이나 나일강처럼 주요 중심지가 있거나 큰 평원이 있는 지역들은 공동의 국가체제 아래로 모이는 경향이 있다. 이집트의 도시와 수메르의 도시가 하나의 통치 체제로 합쳐진 것처럼 말이다. 하지만 그리스는 여러 개의 섬과 협곡, 산으로 분리되어 있었다. 특히 그리스 본토 지역은 산지가 많고 평야는 적은 지형이다. 그러므로 역사적으로 고대 그리스는 수많은 작은 공동체로 나뉘어 통합될 징조가 전혀 보이지 않았다. 인종적으로도 다양했으며 출신지도 다양했다. 이러한 도시 국가 체제는 당시 세계의 여러 나라에서 왕국이나 제국이 형성되었던 것과는 대비되는 고대 그리스만의 특징이다.

고대 그리스 폴리스 지도 코린토스는 그리스 신화에서 아프로디테의 도시였고 아폴론 신전이 있었다. 사모스는 에피쿠로스와 피타고라스가 태어난 곳이다. 밀레토스는 현재는 튀르키예 지방이다. 밀레토스 지역에서 형성된 밀레토스 학파는 탈레스가 창시하였는데, 그리스 최초의 철학 학파이다.

그리스 도시 국가들은 지리적 환경상 독립적이었으며 이해관계에 따라 필요할 때는 동맹을 맺었으나 통일된 국가를 형성하려는 의지는 없었다. 그런데도 그리스 전체를 하나의 공동체로 묶은 것이 있었으니 4년마다 올림피아의 제우스 신전에서 열리던 체육대회였다. 올림픽 경기가 전쟁과 불화를 완전히 없앨 수는 없었지만, 그동안은 모든 도

올림피아 제우스 신전 올림픽은 고대 그리스의 올림피아(Olympia)에서 제우스 신에게 바치는 제사였다. 제사에 포함된 행사인 운동 경기들이 근대 올림픽의 상징적 기원이 되었다.

시 국가 사이에 전쟁은 중단되고 휴전협정을 맺었다.

기원전 7세기에서 기원전 6세기에는 그리스 도시 간 교역의 중요성이 커졌고, 문명의 질도 높아졌다. 그리스에는 웅장한 신전이 있었지만, 사제들은 이전 세계의 도시에서처럼 위대한 전통의 중심이 아니었다. 지도자와 귀족 가문이 있었지만, 신처럼 군림하던 군주는 없었다. 그리스의 정치 체제는 귀족 가문들이 서로를 견제하는 귀족정치에 가까웠다. 민주정 이전의 아테네는 집정관과 아레이오스 파고스 회의 Areopagos (고대 아테네의 정치기구)를 중심으로 이루어진 귀족정이었다. 민주정에서는 시민 누구나 정치에 참여했고 의회에 참석할 수 있었지만 모두가 시민은 아니었다. 그리스의 민주정은 누구나 투표권을 갖는 오늘날의 '민주주의'와는 달랐다. 그리스의 많은 민주정 국가에서 노예나 여성, 외국인처럼 참정권이 없는 사람들은 참정권이 있는 사람들만큼이나 많았다.

최초의 철학자들

이전까지 지식을 탐구하거나 기록하고, 삶과 존재의 비밀을 탐구하는 것은 신관이나 사제의 숭고한 특권이었다. 그런데 기원전 6세기경 그리스에는 신관도 아니면서 이 세상이 어디에서 왔으며 그 운명은 어찌 될지 등 세상의 진정한 본질을 탐구하던 이들이 있었다. 밀레투스학파의 탈레스와 아낙시만드로스, 에페소스의 헤라클레이토스가 그들이다.

인류의 역사는 본질적으로 사상의 역사이다. 철학자들은 우리가 사는 세상에 대해 날카로운 질문을 했고 기존의 답변(신화로써 세계를 설명하는 방식)이나 회피적인 답변을 거부했다. 이렇듯 기원전 6세기에 등장한 그리스의 탐구자들은 세계 최초의 철학자이자 '지혜를 사랑한 사람들'이었다.

여기서 주목할 점은 기원전 6세기가 인류 역사에서 아주 중요한 시기였다는 점이다. 기원전 6세기에 그리스 철학자들이 우주, 그리고 우주 속에서의 인간의 위치를 연구하기 시작했고, 석가모니가 인도에서 가르침을 전했다. 공자와 노자가 중국에서 가르침을 전한 시기도 바로 이때였다. 기원전 6세기에 지중해에서 태평양 연안에 이르기까지 인간의 정신이 활기차게 움직이고 있었다.

03
페르시아 제국

❖

    그리스인들이 자유로운 지적 탐구에 몰두하는 동안, 페르시아에서는 아케메네스 왕조가 그때까지 세상에 존재했던 모든 제국을 압도하는 대제국을 건설하였다. 바로 페르시아 제국Persian Empire 이다. 페르시아 제국은 이란의 고대 왕조로 인류 역사상 최초의 거대 제국이다. 중화권 전체를 통일한 진시황과 비교 해보면 약 250년 앞서는 것이었다. 페르시아 제국의 창건자 키루스 2세(기원전 600~기원전 530)는 메디아, 리디아, 바빌로니아 등 중동 및 소아시아(오늘날 튀르키예 영토에 해당하는 반도) 지역 강대국을 정복하며 페르시아 제국의 기틀을 다진다. 그가 기원전 539년 신바빌로니아 제국을 정복할 때 바빌로니아인들은 이미 나보니두스를 싫어했기 때문에 그의 군대는 아무런 저항 없이 바빌론을 점령하였다. 바빌로니아 정복은 역사적으로도 상당히 중요한 의미가 있는데, 바빌론에 잡혀있던 유대인들이 이스라엘로 돌아갈 수 있었기 때문이다.

    성경에 나오는 내용을 보면, 당시 나보니두스의 아들 벨사자르가 축제를 즐기고 있었는데 갑자기 사람의 손이 나타나 벽에 글을 쓰기 시작했다. 벨사자르는 이때 예언자 다니엘(구약성경 다니엘서)을 불러 해석하라고 명령했다. 그러자 다니엘은 '하나님이 바빌로니아 제국을 페르시아 제국에게 주셨다'라는 예언을 하였다. 성경은 그날 밤 벨사자르가 살해되었다고 전한다. 나보니두스는 포로로 잡혔다. 그렇게 메디아의 속국에 불과했던 페르시아는 이집트까지 정복하면서, 메소포타미아 문명을 통일한 세계적인 대제국으로 거듭난다.

제3대 군주인 다리우스 1세(기원전 550~기원전 486)때에는 당시 세계 최강국의 번영을 이끌었다. 거대한 페르시아 제국이 탄생할 수 있었던 이유는 당시 말과 기병, 전차, 포장도로가 있었기 때문이다. 그 이전에는 나귀와 황소, 낙타가 가장 빠른 운송 수단이었다. 페르시아의 군주들은 새로운 제국을 지키기 위해 거대한 도로를 건설했다. 또한 화폐를 사용하기 시작하여 교역과 교류가 활발하게 이루어졌다. 다리우스 1세는 그리스의 섬들도 하나씩 정복해나가기 시작했다. 마침내 기원전 490년 아테네를 공격했다. 그리스는 기원전 6세기 이후 번영해왔고 식민지도 갖고 있었다. 한편 동방에서 페르시아도 제국을 형성하여 팽창해 나가고 있었기 때문에 충돌은 불가피했다.

마라톤의 유래

스파르타는 아테네와 함께 가장 강력한 폴리스였으며 서로의 적국이었다. 하지만 페르시아가 아테네를 정복하기 위해 진군하자 아테네는 다급히 스파르타로 전령을 보내 그리스인들이 야만인의 노예로 전락하는 일을 방관하지 말아 달라고 간청했다. '마라톤marathon'의 기원이 된 이 전령은 채 이틀 만에 160km가 넘는 험준한 지역을 달렸다. 스파르타는 즉각 파병에 동의했다. 하지만 사흘째 되는 날 아테네 북쪽, '마라톤'이라는 지명을 가진 곳에 도착한 페르시아 원정대는 아테네군과의 전투에서 대패했다. 스파르타 군대가 아테네에 도착했을 때, 이미 페르시아 군사들의 시신은 전장을 뒹굴고 있었다. 페르시아 군대는 이미 퇴각하고 없었다. 페르시아의 1차 아테네 공격은 이렇게 끝이 났다. 다리우스 1세는 얼마 지나지 않아 사망했고, 후계자인 아들 크세르크세스 1세(기원전 486~기원전 465 재위)가 뒤를 잇는다.

크세르크세스는 대규모의 군대를 이끌고 10년 후 다시 그리스 원정 길에 나선다. 기원전 480년, 스파르타의 왕 레오니다스가 이끄는 소규모의 군대가 테르모필레의 좁은 협곡에서 페르시아 대군을 막아선다(테르모필레 전투, 영화 《300》의 주제가 되는 전투이다).

그리고 스파르타 군대는 수적 열세로 영웅적인 전투 끝에 전멸했다. 하지만 이들은 페르시아 군대에 엄청난 손실을 입혔다. 주변 도시 국가들은 페르시아에 항복하였고 아테네는 불길에 휩싸였지만 시민들은 도시를 버리고 모두 달아난 상태였다. 그러나 그 후 예상치 못한 승전보가 울리고 그리스 해군은 페르시아 함대를 공격해 격퇴한다(살라미스 해전). 겁을 먹은 크세르크세스는 퇴각한다. 남겨진 병사들도 그리스 함대에 쫓기다 전멸하였다.

페르시아와의 전쟁이 끝나고 그리스 도시 대부분이 자유를 찾았다. 서양 최초의 역사책인 헤로도토스Herodotos 의 《역사》에 이 모든 상황이

테르모필레 전투

자세하고 생생하게 담겨있다. 헤로도토스는 정확한 사실관계를 파악하고 정확성을 검증하여 《역사》에 기록하기 위해 바빌론과 이집트를 방문했다. 앞서 이야기한 페르시아의 정복 이야기도 헤로도토스가 남긴 기록을 기반으로 전해진 것이다. 그는 여행지에서 만난 자들의 증언을 토대로 글을 써 내려갔다. 그리스와의 전투 패전 이후 페르시아는 혼란에 빠졌다.

04
소피스트와 소크라테스

＋

    페르시아의 패배 이후 150년 동안 그리스 문명이 아주 화려하게 빛났다. 역사적으로는 아테네와 스파르타를 중심으로 하는 펠로폰네소스 동맹 사이에 벌어진 치열한 다툼(펠로폰네소스 전쟁, 기원전 431~기원전 404)으로 그리스는 분열되었다. 그리고 기원전 338년 마케도니아 왕국이 사실상 그리스의 지배자가 되었다. 하지만 이 기간에 그리스인의 사상과 창의력, 예술적 능력은 이후 모든 역사에서 인류가 본받을 만한 수준에 올랐다.

    이러한 정신적 활동의 중심은 아테네였다. 자유로운 영혼의 소유자인 페리클레스(기원전 495~기원전 429)는 30년 넘게 아테네를 이끌며 전쟁으로 잿더미가 된 도시를 재건했다. 오늘날 아테네의 아름다운 유적들은 대부분 페리클레스의 위대한 노력이 남긴 결과물이다. 그는 파르테논 신전을 건축을 계획했고 예술과 문학을 장려했다. 페리클레스의 영향력은 그의 사후까지 이어졌고, 펠로폰네소스 전쟁으로 그리스의 평화가 위협받고 있을 때도 사라지지 않았다. 시인과 철학자, 교육자들이 아테네에 모여들었다. 아낙사고라스는 태양과 별들에 관한 최초의 과학적 설명을 소개했다. 어두운 미래와 암담함은 사람들의 마음을 좌절시키지 않았다. 오히려 정신적인 욕구를 촉진시켰다. 민주정에서는 토론의 기술이 중요했다. 결정을 내리는 주체는 왕이나 신관이 아니라, 시민 혹은 지도층이었다. 그 결과 웅변 능력이나 논쟁 능력이 중요해졌고, 소피스트라는 교육자 계층이 생겨 젊은이들에게 토론 기술을 가르쳤다. 하지만 아무리 말솜씨가 좋아도 지식이 없으면 이성적 사유가 불가능한 법이다. 토론 문화의 발달과 소피스트의 활동은 자연스럽게 사고 방법론, 타당성에 대한 논쟁으로 이어졌다. 그렇게 철학이 시작되었다.

소크라테스

아테네 출신 소크라테스(기원전 469?~기원전 399)는 소피스트들의 궤변에 빠지는 사람들의 모습을 지켜보며 그들의 논쟁을 비판했다.

인간은 만물의 척도이다. 결국 어떤 것들이 나에게 나타나는 대로 그것들은 나에게는 그렇게 존재하며, 어떤 것들이 당신에게 나타나는 대로 당신에게 그렇게 존재하는 것이다.

소피스트 프로타고라스

소크라테스의 가르침을 받는 알키비아데스 François-André Vincent (1776)

> 다른 사람의 판단이 옳은 지 그른 지를 파악할 수 없다면, 그리고 오로
> 지 각 개인만이 자신의 세계에 대한 판단을 내릴 수 있고 그가 판단한
> 것이 항상 참되고 옳다고 한다면 어떻게 프로타고라스가 다른 사람보
> 다 현명한 사람이라는 말이 성립할 수 있겠는가?
>
> 소크라테스

소크라테스는 유능하고 파괴력 있는 철학가로 떠올랐다. 그는 어떤
행동이 선한 것인지에 대한 '참된 앎'을 중요시하였고 똑똑한 젊은이들
이 소크라테스 주위로 모여들었다. 결국 소크라테스는 기원전 399년,
사람들의 정신을 현혹했다는 죄목으로 처형된다. 하지만 유죄 판결로
처형된다고 해서 소크라테스의 사상을 막을 수는 없었다. 소크라테스
의 제자들이 그의 가르침을 이어받은 것이다.

《소크라테스의 죽음》 Jacques-Louis David (1787)

　소크라테스의 제자 플라톤(기원전 428?~기원전 347?)은 아카데메이아의 숲에서 철학을 가르치기 시작했다. 플라톤은《국가론》에서 이상적인 국가에 대해 논하며 최초로 유토피아에 관한 글(이데아론)을 남긴다. 현존하는 그 어떤 공동체보다도 더 나은 공동체를 세우려는 시도였다. 이러한 시도는 이전까지 의심 없이 사회적 전통과 관습을 수용하고 지켜왔던 인간 정신에 전례 없는 대담함을 보여준다. 플라톤은 인류에게 분명히 말했다.

　자신을 괴롭히는 사회적, 정치적 병폐들을 바꿀 수 있는 의지와 용기가 주어졌을 때, 바꾸려는 의지와 용기만 있다면 우리는 충분히 그것들을 통제할 수 있다. 숙고하고 해결하려고 노력한다면 우리는 지금과 다르게 더 현명한 방식으로 살아갈 수 있다. 우리는 자신의 힘을 깨닫지 못하고 있다.

　그러나 이 모험적인 플라톤의 가르침은 아직도 인류 공통의 지혜로

스며들지 못하고 있다.

> 지혜는 정의로운 국가와 정의로운 인간, 모두에게 필수적인 덕이다. 지혜는 영혼에서 이성과 관련된 덕이고 기개와 관련된 덕은 용기, 욕구와 관련된 덕은 절제이다.
>
> 플라톤

플라톤 사후, 그의 제자 아리스토텔레스(기원전 384~기원전 322)가 철학적 사고를 이어받았다. 아리스토텔레스는 마케도니아 스타게이로스 출신으로, 그의 부친은 마케도니아 왕의 어의였다. 아리스토텔레스는 왕의 아들인 알렉산더 대왕을 가르쳤다. 사고방식에 관한 아리스토텔레스의 사상은 논리학의 수준을 높였고, 중세 스콜라 철학자들이 고대의 문제를 다시 꺼내 들었을 때까지 1,500년 이상 논리학은 아리스토텔레스의 수준을 뛰어넘지 못했다. 기원전 4세기에 철학 사상가들이 등장하면서 과거 추상적이고 원시적인 사고방식 대신에 삶에 대한 비판적인 사고방식이 자리를 차지했다.

> 신중하게 행해진 인간의 모든 행위는 그 특성상 어떤 목적을 추구하는 행위이다. 우리가 어떤 행위를 통하여 추구하는 몇몇 '목적'들은 그 이상의 다른 어떤 목적을 얻기 위해 필요한 '수단'이기도 하다. 인간이 추구하는 여러가지 목적 중에서 가장 궁극적인 목적은 행복이다.
>
> 아리스토텔레스

05
알렉산더 대왕

⁜

    그리스는 기원전 431년~기원전 404년 동안 계속된 펠로폰네소스 전쟁으로 황폐해졌다. 그 사이 그리스 북부에서는 마케도니아가 서서히 문명을 발전시키고 있었다. 기원전 359년 야망이 크고 능력이 뛰어났던 필리포스 2세가 이 작은 나라 마케도니아의 왕위에 오른다. 필리포스는 어린 시절 이웃 도시 국가의 침략으로 그리스에서 볼모로 지냈다. 그곳에서 그는 철저히 그리스식 교육을 받았다. 그는 분명 그리스가 단결하여 아시아를 정복할 수 있다는 헤로도토스의 견해(철학자 이소크라테스Isocrates도 같은 생각이었다)를 알고 있었을 것이다.

    당시 마케도니아는 위태로운 상태였다. 필리포스는 우선 군대를 재정비했다. 말이 끄는 전차와 함께 근접전을 펼칠 보병대를 양성했다. 필리포스는 보병이 밀집대형으로 전투를 벌이게 했다. 이것을 마케도니아식 팔랑크스라고 한다. 또한 기사와 말을 탄 귀족들도 대형을 이뤄 싸울 수 있도록 훈련하여 기병대를 창설했다. 필리포스와 그의 아

팔랑크스(Phalanx) 전술

들 알렉산더 대왕이 전투에서 중요하게 사용한 전략은 기병대의 돌격이었다. 팔랑크스가 적군의 정면을 공격하는 동안 기병대는 적진의 측면을 공격하고 들어가 후방을 공격했다.

새로운 군대를 거느린 필리포스는 마케도니아의 국경을 확장했다. 그는 카이로네이아 전투(기원전 338)를 통해 아테네와 그 동맹국들을 무찌르며 그리스 전체를 정복했다. 하지만 필리포스는 암살당하고 만다. 알렉산더 대왕의 어머니인 올림피아스가 암살을 사주한 것으로 추측되고 있다. 필리포스는 아들 알렉산더 대왕의 반대를 무릅쓰고 올림피아스와 이혼하였는데 필리포스가 두 번째 아내를 맞아들임으로써 올림피아스의 질투를 샀던 것이다.

필리포스는 아들의 교육에 남다른 공을 들였다. 가장 위대한 철학자였던 아리스토텔레스를 아들의 가정교사로 삼았을 뿐만 아니라 18세밖에 되지 않았던 아들에게 지휘관을 맡겨 전투 경험도 쌓게 했다. 카이로네이아 전투 당시 겨우 18세였던 알렉산드로스(기원전 356~기원전 323)는 기병대를 지휘했다. 덕분에 20세의 나이에 왕위에 즉위한 알렉산드로스, 알렉산더 대왕은 그 즉시 아버지의 임무를 이어받아 페르시아 원정을 성공적으로 추진할 수 있었다.

알렉산더 대왕 이탈리아 폼페이 카사 델 파우노 유적 벽면

알렉산더 대왕은 2년 동안 마케도니아와 그리스에서 입지를 확립한 후, 기원전 334년 아시아로 넘어가 페르시아군을 무찌르며 많은 영토를 차지했다. 알렉산더 대왕은 해안을 따라 전진했다. 그는 페르시아를 정복한 것에 모자라, 가자 지구를 침략하고 이집트를 정복하여 이집트의 파라오가 되었다. 기원전 326년에는 지금의 파키스탄을 지나 인더스강 하류까지 침투하여 인도로 들어갔다. 인더스강에서 인도 북서부에 위치했던 왕조의 왕 포루스와 격전을 벌였다. 마케도니아 군대

히다스페스 전투
마케도니아 왕국군과 인도 제후 연합군의 전쟁에서 인도의 전투 코끼리를 묘사한 모습 (기원전 326)

는 이곳에서 처음으로 코끼리 부대를 마주했지만, 이들을 물리쳤다.

 인도 원정에서 돌아온 알렉산더 대왕은 자신이 정복한 거대 제국을 하나로 통합하려고 노력했다. 알렉산드로스는 새로운 백성들의 마음을 얻기 위해 페르시아 군주처럼 옷을 입고 왕관을 썼다. 이 일로 그는 마케도니아 사람들의 질타를 받게 되었다. 그러자 마케도니아와 페르시아 사람들을 융합시킨다는 명목으로 마케도니아 장교들과 페르시아나 바빌론 여인들의 결혼을 주선했다. 이때 결혼한 페르시아 여자와 마케도니아 남자의 수는 무려 10,000명에 이르렀다고 전해진다. 하지만 알렉산드로스는 생전 계획했던 통합을 완수하지 못했다. 결국 그는 바빌론에서 술을 마신 후 열병에 걸려 기원전 323년에 33세의 젊은 나이로 세상을 떠났다.(현대에 가장 유력하게 받아들여지는 학설은 인도 원정에서 말라리아에 감염되어 죽었다는 설이다.)

알렉산드로스가 사망하자 방대했던 제국은 곧바로 산산조각이 났다. 알렉산더 대왕은 영토를 정복한 후에 통치를 통해 안정을 꾀하기 전 그저 점령만 한 상태로 세상을 떠나게 되었다. 그 후 알렉산더 대왕 휘하의 장군들이 서로 제국을 장악하겠다며 나눠 갖게 되었다. 알렉산더 휘하의 장군이었던 셀레우코스가 인더스 강에서 에페수스까지 옛 페르시아 제국 땅의 대부분을 차지했고, 또 다른 장군인 프톨레마이오스는 이집트를, 안티고노스는 마케도니아를 장악했다. 그 중 행운의 인물은 프톨레마이오스였다. 프톨레마이오스 왕조는 이집트를 300년 넘게 지배하는데 마지막 왕은 클레오파트라 7세(기원전 69~기원전 30)였다.

제국의 나머지 지역은 불안정한 상태가 지속되었다. 그리고 마침내 서쪽에서 새로운 세력이 등장한다. 곧 이야기하게 될 로마 공화정 세력이 등장해 알렉산드로스 제국의 조각들을 하나하나 정복한 다음 새롭고 더 견고한 제국으로 통합한다.

06
알렉산드리아의 도서관

　알렉산더 대왕 이전에 이미 그리스인들은 상인과 예술가, 관리, 용병으로 페르시아 제국이 점령한 대부분 지역에 퍼져있었다. 페르시아 왕가의 분쟁에서도 크세노폰(소크라테스의 제자. 그가 집필한 《키루스의 교육》은 호메로스의 《일리아스》와 함께 알렉산더의 애독서였다)의 지휘 아래 1만 명의 그리스 용병 부대가 활약했을 정도였다. 이들이 바빌론에서 그리스로 귀환하는 과정을 서술한 책이 크세노폰의 《아나바시스》이다. 이 책은 아직까지도 군사학의 고전으로 꼽힌다.

　알렉산더 대왕은 고대 그리스 역사상 가장 넓은 영토를 개척한 사람이다. 하지만 단지 군사적인 업적으로 끝난 것이 아니다. 알렉산더의 정복, 그리고 단명한 탓에 그의 제국을 휘하 장군들이 분할하면서 그리스인과 그리스 언어, 풍습, 문화가 빠르고 폭넓게 세계로 침투했다. 멀리 중앙아시아와 인도 북서부에서 그리스의 흔적이 발견되는 것도 그 덕분이다. 그리스는 인도 예술에도 지대한 영향을 주었다. 그의 정복 전쟁으로 인한 동서양의 문화적, 경제적 교류로 인해 탄생한 세계시민주의, 헬레니즘Hellenism 문화는 전 세계에 큰 영향을 주게 된다. 이제 지식 활동의 선두 주자는 아테네에서 알렉산드리아로 넘어왔다. 알렉산드리아는 알렉산더 대왕이 이집트에 자신의 이름을 붙여 세운 신도시였다.

알렉산더 대왕은 아리스토텔레스의 연구에 많은 돈을 지원했다. 알렉산더 대왕의 후계자인 프톨레마이오스 1세(기원전 305~기원전 285 재위)는 과학을 위해 영구적인 기부를 한 첫 인물이었다. 그는 학문과 예술의 여신 뮤즈에게 바치는 학술원을 알렉산드리아에 설립했는데, 이것이 알렉산드리아 무세이온Mouseion(알렉산드리아 도서관)이다. 2~3세대에 걸쳐 알렉산드리아에서는 대단한 과학 연구 결과들이 나왔다. 지구의 크기를 측정해 지름을 계산한 에라토스테네스와 유클리드, 원뿔곡선론을 발표한 아폴로니우스, 지구와 달 사이의 거리를 측정하고 별자리표와 항성 목록을 처음으로 만든 히파르코스, 최초로 증기기관을 고안한 헤론 등 과학의 선구자들이 배출되었다.

하지만 그러한 성과는 계속 이어지지 않았다. 무세이온은 '왕립' 대학이었다. 아리스토텔레스의 제자이자 친구였던 프톨레마이오스 1세가 파라오였을 때는 유지되었지만, 프톨레마이오스 왕조는 후기로 갈수록 점점 이집트화 되었다. 곧 이집트 신관과 이집트의 종교 상황에 지배되어 무세이온은 1세기 후부터 쓸 만한 성과를 거의 내놓지 못했다.

프톨레마이오스 1세는 새로운 지식의 발견을 위해 알렉산드리아 도서관에 백과사전 같은 지혜의 보관소를 세우고자 했다. 그저 단순한 보관소가 아니라 책을 필사해 판매하는 기관이었다. 그는 당시 모을

알렉산드리아 도서관의 상상화 19세기 독일의 화가 Otto von Corvin이 고고
학 자료를 토대로 재현했다.

수 있었던 거의 모든 문헌을 수집하였고 필경사들은 도서관에 상주하
며 계속해서 책을 필사했다. 오늘날 우리가 누리는 지적 과정의 시초
가 된 것이 당시 이곳이었다. 이곳에서는 지식의 체계적인 수집과 보
급이 이루어졌다. 이 작업의 가치를 생각해본다면 무세이온이 시대를
얼마나 앞서간 것인지 알 수 있다.

하지만 지식을 연구하고 보급하는 작업은 악조건 속에서 이루어졌
다. 귀족계급이던 철학자들과 상인, 기능공 사이에는 사회적 차별이
있었다. 당시 유리 세공사와 금속 세공사가 아주 많았는데, 이들과 철
학자의 교류는 전혀 이루어지지 않았다. 유리 세공사는 아름다운 구

슬과 유리병을 만들었지만, 실험용 플라스크나 렌즈는 만든 적이 없었다. 금속 세공사도 무기와 보석 장신구는 만들었지만, 화학 연구용 저울은 제작하지 않았다. 철학자는 원자나 사물의 본질에 관해 사색했을 뿐이고 실용적인 것은 생각하지 못했다. 헤론이 증기기관을 고안했지만 물을 끌어 올리거나 배를 모는 등 실용적인 용도로는 응용되지 못했다.

아에올리스의 공(Aeolipile) 고대 이집트 알렉산드리아의 수학자 헤론이 발명한 인류 역사상 최초의 증기기관. 물그릇에 있는 물을 끓이면 파이프를 타고 올라가 분출되는 증기에 의해 회전하는 구형 장치이다.

의학 분야를 제외하면 과학을 실용적으로 응용한 분야가 거의 없었다. 실용적 응용에 관한 관심과 흥미가 없었기에 지적 호기심이 충만한 프톨레마이오스 1세와 2세가 세상을 떠나자 그 추진력도 사라졌다. 무세이온이 발견한 지식들은 르네상스 시기에 과학적 호기심이 되살아날 때까지 대다수 사람에게 알려지지 않았다.

또한 도서관도 책의 발전에는 도움이 되지 못했다. 종이는 중국의 발명품이었고 9세기가 되어서야 비로소 서양으로 전해졌다. 중국에서 제지법이 전해지기 전까지 유럽에서 책을 만들 유일한 재료는 두꺼운

양피지와 파피루스 두루마리뿐이었다. 파피루스 껍질은 동그랗게 말아서 보관했기 때문에 앞뒤로 읽기 아주 불편했고 자료를 찾아보기도 쉽지 않았다. 알렉산드리아는 많은 책을 발행했지만, 널리 보급할 수 있는 책은 아니었고 부유한 유력 계층만이 접할 수 있었다. 지식의 빛은 눈부시게 밝았지만, 사람들 눈에는 보이지 않았다. 언젠가 세상을 바꿀 과학의 씨앗이 땅에 뿌려진 것도 모른 채 시간은 옛 방식대로 흘러갔다.

07
불교와 석가모니

✢

    다시 3세기를 거슬러 올라가, 우리는 아시아의 모든 종교적 사상을 혁명적으로 변화시킨 위대한 한 스승에 주목해야 한다. 바로 석가모니이다. 그는 만물은 불이라고 주장한 헤라클레이토스가 사물의 본질을 탐구하며 사색에 빠져있던 때와 거의 같은 시기에 인도 바라나시에서 제자들에게 가르침을 전했다. 이들은 모두 같은 시기인 기원전 6세기에 이 세상에 존재했지만 서로 알지 못했다.

    기원전 6세기는 사실 전체 인류 역사에서 가장 놀라운 시기 중 하나였다. 세계 각지에서 인간이 왕권과 신관, 제물의 전통에서 깨어나 아주 날카로운 질문을 던지고 있었다. 2만 년의 유아기를 거쳐 비로소 인류가 청소년기에 도달한 것 같았다.

    고타마 싯다르타(석가모니)는 히말라야 기슭의 작은 지역을 다스리던 나라의 왕의 아들로 태어났다. 싯다르타는 정원과 숲이 있는 안락한 궁전 안의 생활이 모든 인간의 삶인 줄 알았다. 그러던 어느 날 갑자기 엄청난 생각이 그를 사로잡았다. 그는 어느 날 성문을 나와 병든 노인을 보고는 인생의 무상함을 느꼈다. 태어나 병에 들고 죽어야 하는 생로병사의 운명에 사색에 잠겼다. 질병과 죽음에 대한 의식과 불안감, 그 어떤 것으로도 만족할 수 없는 행복에 대한 갈증이 싯다르타를 엄습했다. 그리고 당장의 안락하고 맹목적인 삶을 버리고 더욱 깊은 삶의 진실을 추구하기로 마음먹는다. 그는 사랑하는 사람들, 아내와 아들을 남겨두고 출가한다.

그는 출가를 마음먹고 아주 멀리 말을 타고 달려가 어느 강가에 도착했다. 그리고 누더기를 걸친 사람과 옷을 바꿔 입었다. 세상 모든 인연을 벗어던진 싯다르타는 현자들이 머무는 빈디야 산맥으로 향했다. 그곳에서는 수많은 스승이 토끼굴 같은 동굴에 거주하며 이따금 마을로 내려와 구전으로 지식을 전해주었다. 싯다르타는 수행을 시작했다. 그는 곧 이치에 통달했지만, 지성은 그에게 깨달음을 주지는 못했다. 자신이 찾는 문제의 답을 찾으려 애썼지만 뜻대로 되지 않자 그는 선인들을 찾아 나섰다.

싯다르타는 바르가바 선인에 대한 소식을 듣고 찾아가 가르침을 청했는데 그들은 고행주의자들이었다. 고행자들은 극도의 금욕과 금식, 불면, 고행과 같은 육체적인 고통으로 힘과 지식이 얻어진다고 믿었다. 싯다르타는 그들의 생각이 맞는지 시험해보기로 한다. 그는 5명의 제자와 숲으로 들어가 금식하며 뼈를 깎는 고행에 몰입한다. 그의 명성은 마치 하늘에 걸린 종이 울리는 종소리처럼 퍼져나갔다. 하지만 스스로는 진리를 터득했다는 확신을 얻지 못했다. 그는 쇠약해진 몸을 이끌고 이리저리 거닐며 생각에 잠기다가 갑자기 의식을 잃고 쓰러

첫 설법을 하는 석가모니 475년경 굽타 불상
사르나트 고고학 박물관 소장

졌다. 다시 정신을 차린 싯다르타는 고행의 방식으로 진리를 추구하는
것이 얼마나 터무니없는 일인지 깨닫는다.

　고행을 중단하라는 싯다르타의 말에 충격을 받고 실의에 빠진 제자
들은 바라나시로 돌아갔다. 싯다르타는 홀로 세상을 떠돌았다. 그는
보리수 아래에 앉아 깊은 생각에 잠긴 채 낮과 밤을 꼬박 새우던 중 갑
자기 눈앞이 환해지는 느낌을 받았다. 삶이 명백하게 보이는 느낌이었
다. 그러고는 자신이 깨달은 것을 세상에 전하기 위해 자리에서 일어
났다. 그의 가르침은 젊은 시절 자신이 품었던 질문에서 출발했다. '왜
나는 진정으로 행복하지 않을까?' 그것은 탈레스와 헤라클레이토스가
우주에 대한 문제에 도전할 때 보여주었던 '(자아와는 관련 없는) 외적인'

호기심과는 전혀 다른 질문이었다.

그는 자신을 망각하지 않았다. 오히려 자아에 집중하고 자아를 없애려(무아 無我) 노력했다. 그는 모든 고통이 개인의 탐욕에서 비롯된다고 생각했다. 사람이 자신의 욕망을 극복하지 못하면 인생은 괴로움이 되고 비통하게 끝난다. 식욕과 성욕 등 온갖 감각적 쾌락에 대한 욕망, 개인적이고 이기적인 영생에 대한 욕망, 세속적인 재산과 명예 등 성공에 대한 욕망. 삶의 고통과 번민에서 벗어나려면 이런 욕망을 모두 극복해야 한다. 욕망을 극복하고 자아가 모두 사라질 때 비로소 영혼이 고요해지고 해탈과 열반에 이를 수 있다. 불교의 가르침은 중요한 것을 세상에 남겼다. 해탈의 경지는 상상하기 어려울 정도로 높은 것이다. 인간의 충동은 너무 강해서 인류는 석가모니의 단순한 삶에 만족하지 못했다.

사성제 팔정도

석가모니가 6년의 고행 끝에 도를 깨닫고 설법한 것이 사성제 팔정도이다. 산다는 것은 괴로운 것이다. 이것이 고제(苦諦)다. 괴로움은 왜 생기는가? 갈애와 집착에서 생긴다. 이것이 집제(集諦)다. 집착과 갈애를 멸하면 고(苦)가 멸하고 고가 멸하면 해탈하여 열반의 세계에 도달한다. 이것이 멸제(滅諦)다. 해탈과 열반은 인간의 이상적인 상태로 번뇌와 고통이 없는 상태이다. 그렇다면 어떻게 하여 해탈의 경지에 이르며, 고를 멸하는 방법이 무엇인가? 여기에는 팔정도 즉, 여덟 가지의 올바른 길이 있다. 이것이 도제(道諦)다.

팔정도는 고를 멸하게 하는 여덟 가지의 올바른 실천덕목으로, 모든 것을 바르게 보는 정견, 바르게 생각하는 정사, 바르게 말하는 정어, 옳게 행동하는 정업, 올바른 생활을 하는 정명, 올바르게 노력하는 정정진, 올바로 사념하는 정념, 올바른 선정으로 정신을 통일하는 정정을 말한다. 이 팔정도를 실천하여 번뇌와 고행에서 벗어나 해탈의 경지에 이를 수 있게 된다.

08
공자와 노자

✦

    기원전 6세기는 인류의 청소년기가 시작되는 무렵이었다. 그 경이로운 시대를 살았던 빼놓을 수 없는 두 사람이 있으니 바로 공자와 노자다.

    아주 오래전 황하강과 골짜기가 펼쳐진 드넓은 지역에서 최초의 원시 중국 문명이 태동했다. 이집트와 수메르처럼 중국도 원시 문명의 일반적인 특징들을 공유한다. 먼저, 신왕이 계절에 따라 신전에 피의 제물을 바치는 등 삶의 중심은 신전이었다. 즉 인간을 신적 존재로 받드는 고대 신정국가였다. 또한 유럽이나 서아시아의 원시 문명이 사막이나 북방의 유목민과 갈등을 겪었던 것처럼 마찬가지로 중국의 변방에도 유목민이 엄청난 무리를 이루고 있었다. 이들은 연이어 등장하며 서로 모였다가 나뉘고 또 재결합했지만, 유럽과 중앙아시아의 여러 인종처럼 이름만 바뀌었을 뿐 비슷한 종족이었다. 서양과 마찬가지로 때때로 정치적 통일을 이루고 여기저기 정착지를 정복해 다스리곤 했다.

    기원전 17세기 무렵 이미 중국은 상나라가 체계를 이루어 위대한 황제 겸 제사장인 '천자'에게 충성을 맹세하고 조공을 바쳤다. 상 왕조가 막을 내리고 상 왕조를 계승한 주 왕조는 이집트에서 프톨레마이오스가 등장할 때까지 중국을 통일국가로 유지했다. 하지만 주 왕조의 긴 통치기에 중국은 점차 분열되었고 봉건제가 약화됨에 따라 여러 제후국이 탄생했다. 춘추시대만 하더라도 제후들은 왕이 '천자'임을 인정하였으나 전국시대에는 조공을 중단하고 독립을 선언했다. 이 시기가 '혼란의 시대'로 기록되는 춘추전국시대이다. 이토록 혼란스러운 시대를 어떻게 해결해야 할 것인가에 관한 수많은 사상이 출현했고 이것이 '제자백가'이다.

> **분구필합 합구필분 分久必合 合久必分**
> "무릇 천하대세는 나누어진 지 오래되면 반드시 합쳐지고, 합쳐진 지 오래되면 반드시 나뉘어진다." 나관중의 《삼국지연의》에 실린 문구로, 장대한 중국의 역사를 한마디로 설명한다.

제자백가의 주요 사상이었던 '유가'의 공자는 '인 仁'에 기반한 도덕 정치를 실현하고자 했다. 그의 눈에 비친 중국은 무법과 무질서 상태였다. 이를 괴로워하던 공자는 마침내 길을 나섰다. 더 나은 국가와 더 나은 삶에 대한 이상을 품고 자신의 사상을 구현할 주군을 찾아 이 나라 저 나라를 돌아다녔다. 하지만 공자는 그런 주군을 찾지 못했다. 오직 부국강병으로 천하통일만을 노렸던 당시 상황에서는 공자의 이상인 '도덕 정치'를 받아주는 제왕이 아무도 없었다. 그러나 그의 가르침은 석가모니, 노자의 가르침과 더불어 불교, 도교, 유교의 근간이 되었다.

오랫동안 주나라에서 도서관장을 지낸 노자의 가르침은 '무위자연'이었다. 노자는 세상의 쾌락과 권력에 관심을 끊고 과거의 단순한 삶으로 돌아가라고 설파했다.

공자의 사상

섭공(葉公)이 정치에 대해 물었다. 공자께서 말씀하시길,
"가까운 곳에 있는 자는 기뻐하고, 멀리 있는 자는 찾아오는 것입니다."
《논어》자로편 16장
번지(樊遲)가 인(仁)을 물어보자, 공자께서 말씀하셨다.
"남을 아끼는 것이다."
번지가 다시 지(知)를 묻자, 공자께서 말씀하셨다. "남을 아는 것이다."
《논어》안연편 22장

노자의 사상

가장 이상적인 생활 태도는 물과 같은 것이다. 물은 만물에 혜택을 주면서 상대를 거역하지 않고 사람이 싫어하는 낮은 곳으로 흘러간다. 물처럼 거스름이 없는 생활 태도를 가져야 실패를 면할 수 있다.

춘추전국시대 이후 마침내 진나라의 진시황(기원전 246~기원전210 재위)이 중국을 통일하였다. 진나라는 동아시아 최초로 진시황을 황제로 지칭한 제국이다. 알렉산더 대왕보다 운이 좋았던 진시황제는 36년

동안 왕과 황제로 통치했다. 중국의 북쪽에는 흉노족이 살았는데 그들의 땅은 농사짓기가 힘든 곳이어서 매번 진나라로 쳐들어와서 약탈을 일삼았다. 그래서 이들을 막기 위해 진나라 북쪽에 성벽을 이어붙였는데 이것이 만리장성이다.

만리장성 흉노족, 몽골족과 같은 북방 유목민족의 침략을 막기 위해 건설된 인류 최대의 성곽 구조물이다.

5장

천년 제국,
로마인 이야기

01
로마의 등장 - 역사의 전환점

기원전 6세기 이후 몇 세기 동안 세계 곳곳에서 고대 전통이 크게 무너지고, 새로운 도덕적 정신과 지적 호기심이 깨어났다. 이는 인류의 진보라는 거대한 역사의 흐름에서 절대 가라앉아서는 안 될 정신이다. 말이 늘어나고 도로가 정비됨에 따라 운송이 쉬워졌다. 주화라는 편리한 수단이 등장하며 교역도 쉬워졌다. 이제 다시 지중해로 시선을 돌려보자. 이곳에서 우리는 인류사에서 아주 중요한 역할을 하게 될 도시의 등장에 주목해야 한다. 바로 로마이다.

기원전 8세기 이후 지금의 이탈리아 땅에는 에트루리아 민족의 도시 국가들이 많았다. 이탈리아 남쪽에는 고대 그리스 도시 국가의 식민지들이 있었다. 에르투리아인들은 그리스의 도시와는 달리 귀족정치 체계를 갖고 있었다. 그들은 주로 라틴어를 사용했다. 로마 왕국은 이탈리아 중부의 작은 마을에서 시작되어 왕정에서 공화정으로 변모

하였다.

　로마가 왕국이던 시절, 기원전 6세기에는 에트루리아의 영향력이 컸다. 하지만 로마가 기원전 5세기부터 세력을 확장하기 시작하면서 에트루리아의 도시들은 결국 로마에 흡수되었다. 로마는 왕정을 폐지하고 로마 공화국이 되었고 나폴리까지 세력을 확장하고 있었다. 로마가 이탈리아를 정복하던 시기는 필리포스가 세력을 키우고 그의 아들 알렉산드로스가 이집트와 인더스강으로 대대적인 공격을 시도했던 시기와 맞물렸다.

　로마 공화정의 정치 기구는 군대를 지휘하고 행정을 담당하는 집정관, 외교와 재정, 집정관에 자문을 해주는 원로원, 그리고 관리 선출과 입법, 재판, 국가 주요 정책 등을 결정하는 민회이다. 로마 공화정은 귀족 정치의 경향이 강했다.

02
피로스의 승리와 포에니 전쟁

피로스의 승리

앞서 알렉산더 대왕의 제국이 무너지고 그의 장수들과 동료들에 의해 분할되었다는 과정을 이야기했었다. 그중 피로스Pyrrhus 라는 장군이 있었는데 알렉산더 대왕과는 사촌 관계였다. 그는 아드리아해를 사이에 두고 이탈리아의 발뒤꿈치와 마주한 에페이로스Epirus 에 자리를 잡았다. 에페이로스의 왕권을 잡은 피로스는 야망을 품고 있었다.

당시 인도까지 원정을 떠났던 알렉산더 대왕의 대제국이 붕괴되면서 혼란이 시작되었고 그리스의 수많은 영웅들은 제2의 알렉산더를 꿈꾸고 있었다. 그는 당시 아주 강력한 군대를 거느렸다. 보병 팔랑크스 20,000명과 기병대 3,000명은 물론, 전투용 코끼리도 20마리나 있었다.

이탈리아 반도로 쳐들어간 피로스는 헤라클레아 전투(기원전 280)와 아스쿨룸 전투(기원전 279)에서 벌어진 두 번의 중요한 전투에서 로마군을 상대로 연승을 거두었다. 피로스는 로마군에 승리를 거둔 뒤, 시칠리아로 전진하여 카르타고군을 추격하였다. 그러나 그 과정에서 막

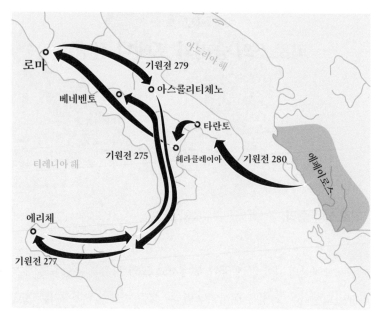

피로스 전쟁 지도

대한 손실을 보게 되고, 이러한 현실에 회의감을 느끼게 된다.

> **피로스의 승리**
>
> 피로스의 승리는 고대의 유명한 일화이자 관용어이다. 이겨도 결코
> 득이 되지 않는 승리를 가리켜 차라리 처음부터 안 싸우느니만 못하게
> 되는 결과를 낳게 되는 상황을 뜻한다. 피로스는 자신의 승리를 축하하
> 는 이에게 이렇게 말했다고 한다. "우리가 로마인들과 싸워 한 번 더 승
> 리를 거둔다면, 우리는 완전히 끝장날 것이다."
> 이 이야기에서 유래하여, 승리자에게 엄청난 손실을 안겨 결국에는 패
> 배를 안기게 되는 승리를 피로스의 승리라고 칭하게 되었다.

이로 인해 피로스는 로마보다 더 무서운 적을 만들게 된다. 당시 세계에서 가장 큰 도시였을 페니키아의 무역 도시 카르타고Carthago 를 적으로 돌린 것이다. 시칠리아에 매우 가까이 자리한 카르타고는 새로운 알렉산더를 반길 수 없었다. 카르타고는 함대를 급파해 로마를 도왔으며 피로스의 해상 보급로를 차단했다. 이어진 싸움에서 계속해서 병력을 잃어갔고 손실을 보충할 병력은 적었다. 결국 피로스는 이탈리아로 돌아가 고전하다 본국으로 돌아가게 된다. 한편, 피로스가 떠난 뒤 로마는 메시나 해협까지 세력을 확장했다.

포에니 전쟁

기원전 264년, 로마와 카르타고 사이에 포에니 전쟁Punic Wars 이 시작되었다. 진시황제(기원전 259~기원전 210)는 아직 어린 소년이었다. 당시 알렉산드리아의 무세이온에서는 훌륭한 과학 연구가 진행되고 있었고, 세상은 여전히 극복할 수 없는 거리를 두고 여러 지역으로 분리되어 있었다.

로마 공화국과 카르타고는 포에니 전쟁 이전만 해도 우호적인 관계를 유지하고 있었다. 앞서 피로스 1세가 로마와 전쟁을 벌이다가 시칠리아섬으로 갔을 때도 로마와 카르타고는 동맹을 맺었다. 하지만 지중해의 패권을 잡고 있던 카르타고와 새롭게 떠오른 로마의 충돌은 불가피했다. 로마인들은 시칠리아섬을 통해 영토를 확장하고 싶어했다. 제1차 포에니 전쟁은 기원전 264년에 발발했다. 처음에는 카르타고가

해상에서 우위를 점했다. 카르타고의 전함은 그때까지 듣도 보도 못
한 거대한 크기였다. 노가 5단으로 되어있고 거대한 충각이 달린 어마
어마한 갤리선이었다. 로마인은 해전 경험이 거의 없었지만 비범한 열
정으로 카르타고인을 제압했다. 로마는 해군을 그리스인들로 충원했
고, 갈고리로 적함을 끌어당겨 승선하는 전술을 개발해서 적의 항해술
을 무력화시켰다. 카르타고의 전함이 뱃머리 쇠붙이로 들이받거나 로
마 전함의 노를 부러뜨리기 위해 접근하면 로마군은 더 커다란 쇠갈고
리로 적함을 끌어당긴 후 벌떼처럼 적함에 올라탔다. 카르타고 해군은
패배하고 로마의 시칠리아 지배권을 인정했다. 로마군이 전투에서 전
리품으로 획득한 104마리의 코끼리를 앞세우고 행진하는 장면은 전에
는 볼 수 없던 장관이었다.

한니발, 알프스 산맥을 넘다

제2차 포에니 전쟁은 '한니발 전쟁'으로도 불린다. 카르타고의 명장 한니발이 알프스산맥을 넘어 이탈리아로 진군해왔기 때문이다.

당시 스페인은 북쪽으로 에브로강에 이르기까지 카르타고의 무대였고 로마는 카르타고인들이 에브로강을 넘지 못하도록 막았다. 카르타고인이 에브로강을 건너는 것은 로마에 대한 선전포고나 마찬가지였다. 하지만 결국 기원전 218년 로마의 공격에 자극받은 카르타고는 한니발이라는 젊은 장군을 앞세워서 에브로강을 건넜다.

한니발(기원전 247~기원전 183)은 전체 인류사에서 가장 출중한 장군 중 한 명이다. 그는 군대를 이끌고 스페인에서 출발해 알프스의 산을

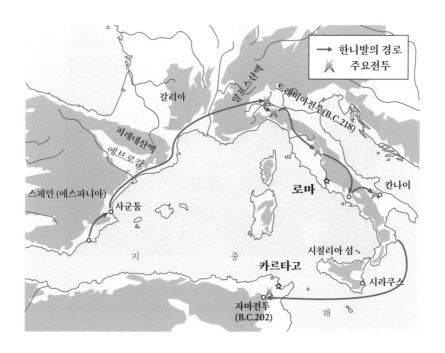

넘어 이탈리아로 들어갔다. 그리고 이탈리아에서 15년에 걸친 제2차 포에니 전쟁을 이끌었다. 한니발은 알프스를 넘는 동안 상당한 병력과 전투 코끼리를 잃어야 했다. 알프스 산중에 사는 부족과 전투를 치르기도 했다. 또한 놀란 코끼리들이 날뛰면서 병사들이 밟혀 죽었다.

알프스산맥은 매우 험준했으며 추위로 인해 카르타고군은 로마에 진입하기도 전해 엄청난 고생을 해야 했다. 한니발의 군대는 이탈리

포에니 전쟁 기원전 264년에서 기원전 146년 사이에 로마 공화국과 카르타고 공화국이 벌인 세 차례의 전쟁을 말한다. 이 전쟁을 통해 로마는 이베리아반도와 북아프리카의 영토를 얻었다. 이로써 로마는 더 이상의 경쟁자가 없는 명실상부한 지중해의 최강대국으로 거듭나게 되었다.

아로 진입하여 칸나이 전투(기원전 216)를 비롯한 여러 차례의 전투에서 승리하기도 하였다. 그러나 이탈리아 전역을 손에 넣지는 못했다. 그러던 와중에 북아프리카에서는 반란으로 본국이 위험에 처할 위기가 되었다. 한니발은 카르타고를 지키기 위해 아프리카로 돌아갔고 돌아가는 그의 뒤를 로마군이 쫓았다. 결국 아프리카 자마에서 로마군을 맞닥뜨린 한니발은 로마의 장군 대 스키피오에게 항복한다. 카르타고는 막대한 전쟁 배상금을 지급했다.

제3차 포에니 전쟁

힘이 빠진 도시 카르타고와 로마는 56년간 평화를 유지했다. 그 사이 로마는 그리스와 소아시아를 침략했다. 또한 이집트와 페르가몬, 소아시아의 약소국 대부분을 동맹국으로 만들었다. 그런데 카르타고가 서서히 과거의 영광을 회복하기 시작했다. 카르타고의 부흥은 로마의 반감을 샀다. 카르타고는 여성들이 자신들의 머리카락을 잘라서 활의 시위로 쓰게 할 만큼 거세게 저항했으나 로마군의 강력한 공격으로 함락되었다. 로마는 도시를 불태우고 소금을 뿌려 폐허로 만들었다. 이 전쟁의 결과 카르타고는 완전히 멸망했다. 그리고 로마는 패망한 카르타고의 영토를 식민지로 흡수하면서 지중해의 절대 강대국이 되었다.

03
동화 정책에서 착취로

기원전 2세기와 기원전 1세기, 서구의 새로운 세력으로 부상한 로마는 그때까지 문명 세계를 지배했던 제국들과 비교했을 때 몇 가지 새로운 점들이 있었다. 로마는 군주제로 출발하지 않았으며 위대한 정복자 한 사람의 창조물도 아니었다. 로마는 새로운 지역과 사람들을 문명으로 끌어들이게 되었다. 로마는 주변의 국가들과 계속해서 싸우며, 그들을 파괴하기보다는 관용하려고 노력했다. 패배한 도시는 완전한 로마 도시가 되어 투표권을 행사했다. 또 다른 일부는 로마에서 장사하고 결혼도 할 수 있는 권리가 있는 자치도시가 되었다. 점령지의 귀족 가문 통치를 그대로 인정하기도 했다.

새롭게 정복되는 나라에는 다양한 특권을 보장하는 식민지들이 건설되었다. 이탈리아 전체의 라틴화는 이러한 정책의 당연한 결과였다. 이처럼 로마를 따르는 도시와 모든 나라에 시민권을 확대한 동화 정책이 로마가 팽창하는 결정적인 요인이었다. 일단은 정복하고, 동화시키자던 과거 다른 정복자들의 역사를 완전히 뒤바꾸는 것이었다. 피정복민을 먼저 동화시키는 것이 로마의 방식이었다.

하지만 제1차 포에니 전쟁이 끝나고 시칠리아를 점령한 이후부터는 그 모습이 기존의 동화 정책과 달라졌다. 로마는 시칠리아를 전리품으로 취급했다. 시칠리아의 비옥한 토양과 근면한 사람들은 로마인의 소유로 선언되어 로마를 부유하게 하는 데 착취되었다. 귀족들은 그곳에서 얻어지는 부의 대부분을 차지했다. 또한 엄청난 수의 노예가 농업에 투입되었다.

제1차 포에니 전쟁 이전 로마 공화정은 시민권을 가진 농부가 대부분이었고 군 복무는 이들의 특권이자 책임이었다. 로마가 지중해를 차지하는 데 가장 큰 공헌을 한 사람은 바로 농민이었다. 그런데 이들이 군에 복무하는 동안 농장은 빚에 허덕였고 대규모의 노예 농업이 새롭게 성장했다. 군 복무를 마치고 돌아왔을 때, 그들은 시칠리아 등 새로운 지역에서 노예가 생산한 농작물과 경쟁해야 했다. 시대가 변했고 공화정의 성격이 바뀐 것이다. 평민들은 부유한 경쟁자의 손아귀에 있었다. 로마 발전의 두 번째 단계 즉, 부자들의 공화국이 시작되고 있었다.

로마의 군인 겸 농부들은 국가 대사에 참여할 권리와 자유를 얻기 위해 200년 동안 투쟁했고 100년 동안 그 특권을 누렸다. 하지만 제1차 포에니 전쟁이 그동안 쟁취한 모든 것을 빼앗았다. 투표권의 가치도 증발했다. 로마 공화정을 다스리는 통치 기관은 둘이었다. 첫 번째 세력은 원로원이었다. 원로원은 본래 귀족 집단이었지만 이후 온갖 저명인사 들이 합류했다. 결국 대지주와 유력한 정치인, 거물 상인들의 모임이 되었다. 미국 상원보다 영국의 귀족원에 훨씬 더 가까운 기관이었다. 포에니 전쟁 이후 3세기 동안 원로원은 로마의 정치사상과 목적의 중심이었다.

또 다른 세력은 민회였다. 민회는 원래 로마의 모든 시민을 위한 모임이었다. 로마가 작은 면적의 나라였을 때는 가능한 일이었지만 로마의 시민권이 이탈리아에 무제한으로 확대된 이후에는 전혀 불가능한 것이었다. 기원전 4세기만 해도 민회는 원로원을 견제하며 평민의 요구와 권리를 대변했다. 하지만 포에니 전쟁이 끝날 무렵에는 무능한 시민권을 증명하는 유물에 불과했고 실제로 원로원의 거물들을 통제할 법적 장치는 없었다.

로마 원로원의 모습《키케로의 연설》 Cesare Maccari (1889)

로마 공화정에 대의정치의 본질이 도입된 적은 없었다. 시민들을 대변할 대표를 선출하려는 생각을 아무도 하지 못했다. 이는 역사를 공부하는 사람들이 유념해야 할 중요한 지점이다. 이론적으로 민회는 모든 시민을 의미했지만, 실제로는 그만한 임무를 수행하지 못했다. 제2차 포에니 전쟁이 끝난 후 로마 제국 평민들의 생활은 비참해졌다. 가난했고 농장을 빼앗기는 경우도 많았으며 생산 수익적인 측면에서도 노예에 밀렸다. 게다가 이 모든 상황을 바로잡을 정치적 힘도 남아있지 않았다. 로마의 중산층은 몰락하였고 부유층과 빈곤층으로 나뉘어 양극화되었다.

기원전 73년 검투사 스파르타쿠스Spartacus 가 자유를 찾기 위해 주도한 노예 반란으로 로마의 위기가 고조되었다. 로마 정부가 보낸 토벌대를 스파르타쿠스가 무찌르자 그의 명성은 로마 전역에 퍼졌고 그 소식을 들은 노예들이 반란에 합류하였다. 노예들의 반란은 파장이 컸다. 스파르타쿠스는 당시 사화산이던 베수비오의 분화구에 숨어 2년을 버텼지만, 결국 무자비하게 진압되었다. 스파르타쿠스의 반란군 6,000명이 체포되어 로마에서 남쪽으로 드넓게 뻗은 아피아 가도를

스파르타쿠스 조각상 루브르 박물관 소장

따라 십자가에 못 박혔다(기원전 71).

스파르타쿠스의 난

이 사건은 처음에는 스파르타쿠스와 수십 명의 검투사 동료들만의 소규모 탈주극에 불과했다. 스파르타쿠스와 그 동료들은 베수비오 화산의 산악 지대로 도망쳤다. 이들은 이곳에서 자리를 잡고 행인들을 위협하고 짐을 빼앗는 산적질을 하기 시작했다.

계속된 산적질에 카푸아에서도 이들을 진압하기 위해 토벌대를 파견하였는데 스파르타쿠스 일당은 이들을 격퇴하고 빼앗은 무기로 무장하였다. 일당의 명성은 높아져만 갔고 카푸아 지방 정부의 능력으로는 도저히 감당이 안 되는 상황에 놓이게 되었다. 결국 할 수 없이 중앙 정부인 로마에 노예들의 진압을 요청하게 된다.

평민은 자신을 예속하고 붕괴시키는 세력에 맞서지 못했다. 그런데도 부유한 원로원의 귀족들은 이에 만족하지 못하고 권력을 군림할 또 다른 세력을 준비하고 있었다. 그 세력은 바로 군대였다. 제2차 포에니 전쟁 전 로마의 군대는 소집된 자영 농민들이었다. 농민군은 가까운 곳에서 벌어지는 전쟁에는 아주 유용했지만, 해외까지 원정을 떠날 수 있는 군대는 아니었다. 게다가 해외 원정을 떠나있는 동안 노예가 증가하였고 토지는 빼앗기고 황폐해져 아무 걱정 없이 전쟁에 참여할 수 있는 농민의 수도 줄어들었다.

그때 가이우스 마리우스Gaius Marius (기원전 157~기원전 86)라는 정치가가 새로운 군대 체제를 도입했다. 그는 고대 로마 공화정 말기의 정치가이자 장군이다. 마리우스는 집정관으로 임명된 후 직업군인을 선발하고, 훈련을 시켜 전쟁에서 승리한다. 당시 로마군은 질적으로 상당히 악화되어 있던 상태였는데 그 이유는 중산층의 몰락으로 군사의 조달이 쉽지 않았기 때문이다. 마리우스는 이를 해결하기 위해 농민을 병역자로 소집하는 대신 유급지원병 제도를 확대하여 유급 직업군인만으로 군대를 구성하도록 했다. 그리고 전쟁이 끝나면 토지와 같은 충분한 보상을 받을 수 있도록 하여 병력이 충분히 모이게 되었다. 이에 따라 기존의 징병제를 폐지하였고 마리우스는 임기가 끝난 후에도 일곱 차례나 집정관을 역임하며 로마인들에게 칭송을 받게 되었다.

《카르타고의 폐허에서 생각에 잠긴 마리우스》 John Vanderlyn

04
권력다툼과 삼두정치

평민에서 국가 최고위직인 집정관까지 오르게 된 마리우스와 함께 군사령관의 공화국이 시작된다. 이 인물 자체가 공화정에서 제정으로 넘어가는 과도기를 상징한다고 할 수 있는데, 직업군인의 지휘자가 로마의 승리를 위해 싸우는 시대가 된 것이다. 하지만 군사 통제권을 지휘관이 과도하게 갖게 되고 사병화 현상이 일어나면서 군사적 힘을 가진 정치인들 사이에 권력 다툼, 내전이 일어나게 된다. 그리고 권력 다툼에 정적을 숙청하면서 추방되고 처형된 사람이 수천 명이었다.

율리우스 카이사르Gaius Julius Caesar (기원전 100 ~ 기원전 44)는 인간의 상상력을 자극해 실제 본인의 영향력을 초월하는 모습을 만들어 낸 인물이다. 그는 진시황과 함께 황제라는 개념을 창시한 인물이다. 우리에게 가장 중요한 것은 그가 군대와 함께한 모험가의 시대를 로마 제국의 시대(제정 시대)로 바꾸었다는 사실이다. 그는 영토를 확장했고 (기원후) 100년 무렵 영토는 최전성기에 달했다.

율리우스 카이사르는 현재 프랑스와 벨기에, 스위스에 해당하는 지역인 갈리아 지역에서 군 지휘관으로 명성을 쌓았다. 갈리아인들은 카이사르에게 부족들간의 내전을 도와 달라고 부탁한다. 이에 카이사르는 갈리아 지역을 정복하고 유럽 내륙부를 로마 제국에 편입시켰다. 막대한 부를 얻게 된 카이사르는 정치적, 경제적 실권을 얻게 된다.

기원전 1세기 중반, 당시 로마 원로원은 집정관을 임명하고 위임장을 내주는 등 여전히 로마 정권의 중심이었지만 실제로는 허울뿐이었다. 마르쿠스 키케로Marcus Tullius Cicero (기원전 106~기원전 43)를 필두로 한 수많은 정치인이 로마 공화정의 위대한 전통을 지키고 공화정 헌법을 준수하려고 고군분투했다. 하지만 중산층의 몰락과 함께 시민 정신은 사라지게 되었다. 시민과 공화정 지도자(집정관)들을 받쳐주는 원로원 세력은 없었다. 하지만 공화정 지도자들이 통제하고 싶어 하는 막강한 모험가들 뒤에는 군대가 버티고 있었다. 제정 시대에는 황제의 권력이 강해지면서 집정관을 선출하는 투표는 유명무실해지고 황제에게 임명되는 것이나 다름없는 직위로 전락했다.

집정관 Consul

집정관은 로마 공화국의 최고 지휘자였다. 행정 및 군사의 대권을 장악하고 원로원과 함께 민회를 소집하는 권한을 가진다. 그러나 제정설립(기원전 27) 이후에는 집정관들은 로마의 공화정적 유산을 나타내는 단순한 상징이 되었고 황제가 전지적 권력을 행사함에 따라 권력과 권위를 거의 갖지 못했다.

크라수스와 폼페이우스, 카이사르 세 정치가가 원로원을 제치고 제국을 통치했다(제1차 삼두정치). 제1차 삼두정치는 로마 공화정 말기 세 사람 사이에 맺어진 정치적 협력관계이자 3인의 집권 체제로 과두제의 대표적인 예이다.

하지만 크라수스가 피살되자 폼페이우스와 카이사르의 사이도 틀어졌다. 기원전 50년, 폼페이우스가 주도하는 원로원은 카이사르에게 전임 집정관 임기가 만료되었으므로 군대를 해산하고 로마로 귀환하도록 명령한다. 그리고 공화정 지지자 편을 들어 법률 위반 및 원로원에 대한 명령 불복종이란 이유로 카이사르를 재판에 부치는 법률을 통과시켰다. 이에 카이사르는 기원전 49년 루비콘강(이탈리아의 북방 경계선)을 건너 폼페이우스와 로마를 향해 진군했다. 이때 그는 결단을 내리며 "주사위는 던져졌다."라는 명언을 남기게 된다.

카이사르 흉상 빈 미술사 박물관 소장

05
유럽 최초의 황제

카이사르는 폼페이우스를 쓰러트린 후 독재관으로 선출되었다. 처음에는 10년 임기였지만 곧이어 종신 독재관으로 선출되어(기원전 45) 사실상 카이사르가 종신 임기의 제국 군주가 된 것이다.

> 카이사르
>
> Vēnī. Vīdī. Vīcī
>
> 왔노라, 보았노라, 이겼노라

폼페이우스를 물리쳤을 때 카이사르는 계속 진군해 이집트에 방문했는데 프롤레마이오스 왕조의 마지막 군주이자 사실상 마지막 파라오였던 클레오파트라 7세와 사랑에 빠지기도 하였다. 하지만 꺼져가던 로마 공화정의 마지막 불꽃이 투쟁으로 타올랐고, 그는 자신이 죽인 폼페이우스 대장군 동상 발치에서 칼에 찔려 암살당한다. 그러나 공화정은 다시 돌아오지 않았고, 카이사르가 생전에 미리 남긴 유언장대로 조카인 옥타비아누스(기원전 63~기원후 14)가 로마의 황제가 된다. 옥타비아누스, 레피두스, 안토니우스의 제2차 삼두정치가 시작되었다.

《카이사르의 암살》 Vincenzo Camuccini (1804)

옥타비아누스 (아우구스투스)

카이사르는 여러 번의 결혼에도 아들이 없었고 외동딸도 일찍 죽게 되어 가장 가까운 남자 혈육인 옥타비아누스가 권력을 이어받게 된다. 클레오파트라와 카이사르 사이에 아들이 있었지만, 정식 혼인 관계에서 태어난 아들도 아니기에 공식적이고 법적인 아들로 인정받지 못했다고 한다. 카이사르의 유언에는 시민들에게 자신의 유산 중 일부를 나누어 주라는 내용도 포함되어 있어 옥타비우스는 로마 대중의 충성을 얻게 되었다.

아우구스투스 제1대 로마 황제

제2차 삼두정치 기원전 41년에 제2차 삼두 정치의 탄생을 축하하며 발행된 로마의 화폐 안토니우스(왼쪽)와 옥타비아누스(오른쪽)

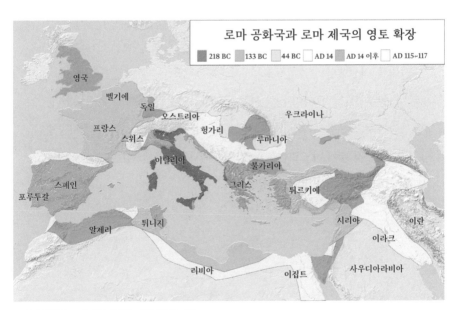

로마 공화국과 로마 제국의 영토 확장 현재 지명

기원전 31년 옥타비아누스가 카이사르의 후계자 자리를 노리고 있던 2인자 안토니우스를 물리치고 로마의 1인자로 올라섰다. 그는 카이사르와 성격이 전혀 달랐다. 신이나 왕이 되려는 어리석은 열망도 없었고 독재자가 되길 원치 않았던 그는 원로원과 로마 시민에게 자유를 돌려주었다. 이에 대한 보답으로 원로원은 그에게 형식적인 권력 대신 실질적인 권력을 안겨주었다.

옥타비아누스는 그렇게 로마 제국의 초대 황제이자 역사상 유럽 최초의 황제 아우구스투스가 되었다. 원로원과 로마 시민에게 특권을 반납하고 사실상 공화정 체제를 선언하면서 원로원은 그에게 '아우구스투스(존엄한 자)'라는 존칭을 부여한다.

그의 뒤를 이어 여러 황제가 '군대의 황제'로 자리에 올랐다. 이들을 황제로 만든 힘은 군사력이었고, 파멸시킨 힘도 군사력이었다. 원로원의 역할은 로마 역사에서 점점 희미해졌고 황제와 행정 관료들이 그 자리를 대신했다.

기원후 117년 트라야누스 시절, 제국의 영토는 최대로 확장되었다. 트라야누스는 유프라테스강을 건넜고, 하드리아누스는 동방의 시황제가 했던 것처럼 하드리아누스 방벽(영국과 스코틀랜드의 대략적 국경)과 게르마니아 방벽(독일)을 세웠다.

06
로마와 한나라 – 전염병의 위기

기원전 2세기와 기원전 1세기는 인류 역사상 새로운 시대였다. 메소포타미아와 이집트 땅은 여전히 비옥하고 인구도 많았으나 더는 세상을 지배하는 지역이 아니었다. 지배 세력이 서쪽과 동쪽으로 이동했다. 세상을 지배하는 세력은 두 나라, 로마와 한나라였다. 로마는 유프라테스강까지 세력을 확대했지만, 강의 경계를 넘어서지 못했다. 너무 멀었기 때문이다. 시황제가 죽은 뒤 진나라를 대신한 한(漢)나라는 티베트를 지나 파미르고원 넘어서까지 세력을 확장했다. 하지만 한나라도 거기까지였다. 그 너머는 물리적으로 너무나 멀었다.

당시 한나라는 세계에서 가장 조직적이며 문명화된 정치 체제를 가진 나라였다. 영토와 인구에 있어서 전성기 로마 제국을 뛰어넘었다. 이 두 거대 정치 체제가 서로를 거의 완전히 무시한 채 같은 시기 같은 세상에서 공존한 것은 당시에나 가능한 일이었다. 육상교통이나 해상

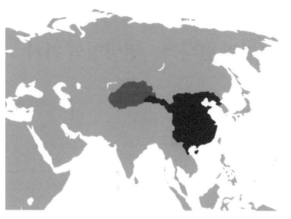

2세기 한나라 영토 짙은 색 직할령 및 제후국, 옅은 색 서역도호부

교통 모두 두 세력이 맞부딪칠 만큼 충분히 발전하지 않았기 때문이다.

당시에는 페르시아를 횡단하는 낙타 상인과 인도와 홍해를 항해하는 무역선에 의해 교역이 이루어졌다. 기원전 66년 폼페이우스 대장군의 군대가 알렉산드로스 대왕의 발자취를 좇아 카스피해 동쪽 해안으로 진군했다. 기원후 102년 반초가 이끄는 중국의 원정대가 카스피해 지역에 도착한 후 황제에게 몇 차례 밀사를 보내 로마의 세력을 보고했다. 그러나 유럽과 동아시아에 공존하던 거대한 평행 세계가 연결되고 직접적인 교류로 이어지는 데에는 그로부터 몇 세기의 시간이 더 필요했다.

현재 독일 지역 대부분 삼림지대였고, 멀리 러시아까지 이어진 삼림은 코끼리만큼 거대한 들소의 서식지였다. 아시아의 거대한 산맥 너머에는 사막과 스텝 지대, 삼림, 얼어붙은 땅이 펼쳐져 있었고, 아시아의 고지대 동쪽으로는 만주가 거대한 삼각형으로 펼쳐져 있었다.

한동안 두 제국은 외부의 침입을 물리치고 국경을 확장하며 공존했다. 한나라는 계속되는 흉노의 침입을 받았다. 흉노는 기원전 4세기 말 중국의 전국시대 때 등장하여 전한 시대에 들어서는 북아시아 최강의 유목국가로 성장했다. 기원전 3세기에는 중국 북부, 몽골고원에서부터 러시아 남쪽까지에 달하는 제국을 건설했다. 흉노는 세계 최초의 유목 제국이었다.

전염병의 위기

2세기 로마와 한나라에 큰 위기가 닥쳤다. 유례없이 지독한 전염병(천연두로 추정된다)이 몰아닥쳤다. 한나라는 11년간 역병에 시달리며 사회 구조가 심각하게 훼손되었다. 한나라가 무너지고, 새로운 분열과 혼란의 시대가 열렸다(위진남북조시대). 중국은 수나라와 당나라 왕조가 들어설 때까지 분열과 혼란의 시대를 겪었다.

전염병은 아시아를 넘어 유럽으로 퍼졌고 165년부터 180년까지 로마 제국에서 맹위를 떨쳤다(안토니우스 역병, 165~180). 당시 파르티아인들(고대 이란)이 유프라테스강까지 남하하면서 로마 제국과 고대 한나라를 잇는 비단길 교역로(실크로드)에 있었다. 그곳은 무역과 상업의 중심지였다. 그런데 로마군이 파르티아로 떠난 원정길에서 이 감염병에 걸려 역병이 퍼지게 된다. 로마에서만 하루에 2,000명이 사망했으며 정확한 수치는 알 수 없지만, 전체 인구의 1/4에서 1/3가량이 사망한 것으로 추정된다. 그 결과 가축도 인간을 따라 죽었기 때문에 농사를 짓지 못해 기근이 발생했으며 납세자가 크게 줄어 국가 제정이 타격을 입게 된다. 무엇보다 로마군의 힘도 약해진다. 로마의 국경은 더는 무적이 아니었다. 계속해서 국경이 뚫렸다. 게르만족과 고트족(게르만족 중 하나로 고대 로마 제국의 위기에 큰 역할을 한다)이 대대적으로 침입해왔다.

07
평범한 사람들의 삶

기원전 2세기~기원전 1세기에 확립되어 아우구스투스 시대부터 200년 동안 평화와 안정 속에서 번영했던 로마가 어떻게 혼란에 빠지고 분열되었는지 이야기하기에 앞서, 제국에 살았던 평범한 사람들의 삶에 관심을 기울여보는 것도 좋을 것 같다. 서양에서는 이제 동전이 흔하게 사용되었고 신관이나 나라의 관리가 아니더라도 일을 안 해도 먹고 살 수 있을 만큼 재산을 가진 사람들이 많았다. 사람들은 전보다 더 자유롭게 여행을 다녔다. 큰 도로와 숙박업을 하는 사람들도 생겼다. 기원전 500년 이전의 과거와 비교할 때 삶은 훨씬 더 여유로워졌다. 그 이전의 문명인들은 일정 지역이나 국가에 묶여있었고, 전통에 얽매여 아주 좁은 범위 내에서 생활했다. 돌아다니며 교역을 하는 것은 유목민뿐이었다.

하지만 한나라와 로마 제국의 드넓은 통치 영역이 영토 전반에 걸쳐 문명이 고르게 분포했음을 의미하는 것은 아니다. 지역마다 엄청난 격차가 있었으며 문화의 차이나 불평등도 심각했다. 로마의 식민지는 드넓은 제국 여기저기에 퍼져 로마의 신을 섬기며 라틴어를 사용했다. 하지만 로마인이 도착하기 전부터 이미 마을이나 도시가 형성되어있던 곳은 로마에 정복된 후에 적어도 한동안은 그들 고유의 신을 숭배할 수 있었다. 그리스와 소아시아, 이집트, 그리스화 된 동양 지역 대부분에서는 라틴어가 널리 사용되지 않았다. 그리스어의 지배력이 절대적이었다.

스페인의 일부 지역과 북아프리카에서는 카르타고가 멸망한 후로도 오랫동안 카르타고어를 사용했다. 로마라는 이름이 등장하기 오래 전부터 번성했던 세비야(스페인) 같은 도시는 로마 군인들이 불과 9km 떨어진 이탈리아에 식민지를 세웠음에도 수 세기 동안 셈족의 여신을 모시고 셈족의 언어(오늘날 아랍어와 히브리어)를 사용했다. 그뿐만 아니라 로마 황제 셉티미우스 세베루스(193~211)도 모국어인 카르타고어를 사용했고, 나중에 외국어로 라틴어를 배웠다.

하지만 로마 제국은 갈리아(프랑스)와 브리튼 지방, 다키아(루마니아)와 판노니아 속주(헝가리, 오스트리아, 크로아티아 등)처럼 기존에 대도시나 신전, 문화가 없었던 곳은 '라틴화'했다. 로마는 우선 이 지역들을 문명화했다. 라틴어를 언어로 사용하고 로마의 신을 섬기며 로마의 관습과 풍습을 따르는 도시와 마을을 만들었다. 루마니아어와 이탈리아어, 프랑스어, 스페인어 등 라틴어를 변형하고 수정해서 탄생한 모든 언어에서 라틴의 문화와 역사를 확인할 수 있다.

그렇지만 이집트와 그리스, 로마 제국 동쪽 지역은 절대 라틴화 되지 않았고, 문화나 정신적으로 변함없는 이집트와 그리스로 남았다. 그뿐만 아니라 로마에서도 교양인들은 귀족의 언어로 그리스어를 배웠고 라틴 문학이나 학문보다 그리스 문학과 학문을 선호했다.

08
제국의 그림자 - 노예제도

로마 제국에서는 직업이나 사업 방식도 다양했다. 가장 중요한 산업은 여전히 농업이었다. 초기 로마 공화정을 뒷받침한 농민들이 노예의 노동력으로 운영되는 생산물과의 경쟁에서 밀려나는 과정은 앞에서 이야기했다. 이제는 사유지 제도와 노예 집단이 더 확산되었다. 세습 노예나 포로로 잡혀 온 노예들이 농사를 지었다. 포로로 잡혀 온 노예들은 언어가 달라 서로 말이 통하지 않았다. 이들은 억압에 저항할 연대감도 없었고 권리에 관해 들은 바도 없었다. 지역 인구의 대다수가 노예였지만 노예들의 반란이 성공한 적은 한 번도 없었다. 기원전 1세기 스파르타쿠스의 반란은 검투 경기를 위해 특별히 훈련된 노예들이 일으킨 반란이었다.

공화정 후반기와 제국 초기 이탈리아의 농업 노예들은 끔찍한 생활을 했다. 노예는 사람이 아닌 재산으로 간주하였기 때문에 도망치지 못하게 밤에는 사슬을 채웠다. 머리 절반을 밀어 달아나기 힘들게 했다. 주인은 마음대로 노예를 폭행하고 죽이기도 했고 노예를 팔아 경기장에서 맹수와 싸우게 하기도 했다. 그리스 일부 지역, 특히 아테네의 노예는 이처럼 끔찍한 정도는 아니지만, 마찬가지로 열악한 처우를 받으며 생활했다. 그러다 보니 이들이 보기에 당시 로마 군대를 뚫고 침입한 침략자들은 적이 아니라 해방자였다.

노예 제도는 산업 대부분으로 스며들었다. 갤리선의 노 젓기, 광산과 제련, 도로공사, 건설 사업 등에 노예가 동원되었다. 가사 일꾼도 노예들이 했다. 노예의 형태도 아주 다양했다. 농장으로 끌려가는 노예도 있었고 땅을 보상받아 재량껏 농사를 짓고 결혼도 할 수 있는 노예도 있었다. 무장한 노예도 있었다. 과거 노예들이 목숨을 걸고 싸우던 검투 경기가 부활해 유행처럼 번져나갔다.

공화정 후기 로마는 문명이 앞선 도시들을 정복하며 많은 지식인을 포로로 끌고 왔다. 이름난 로마 가문의 자녀를 가르치는 가정교사가 대개 이런 노예였다. 부자는 그리스 노예를 사서로 두고 노예 비서들과 노예 학자들을 두곤 했다. 한편 '페쿨리움peculium', 즉 개인 재산에 대한 소유권을 인정받는 노예들도 있었다.

이 거대한 로마 제국은 기본적으로 노예 국가였다. 아주 극소수의 사람만이 삶의 풍요로움과 자유를 누렸다는 사실만 봐도 로마가 부패하고 멸망하게 된 이유를 알 수 있다. 로마가 남긴 거대한 도로와 찬란한 유적, 전통은 우리 후세대들이 경탄할 만하다. 하지만 겉으로 드러난 그 모든 영광이 좌절된 의지와 억눌린 사람들, 일그러진 욕망 위에 건설되었다는 사실을 잊지 말아야 한다. 강제 노역, 정복으로 이루어진 그 넓은 왕국 위에 군림한 소수의 사람들의 영혼은 불안하고 불행했다. 그런 환경에서는 예술과 문학, 과학, 철학 등 자유롭고 행복한 정신에서 만들어지는 열매는 열릴 수 없었다. 기원전 2세기부터 기원후 2세기까지, 400년 동안 로마가 이룬 지적 성과는 작은 도시였던 아테네가 100년 동안 이룬 것에 비할 수 없었다. 1~2세기 로마 제국에 자부심은 있었지만 명예는 없었다. 불운한 사람들은 비참하게 살아갔으며, 운이 좋은 사람들은 불안에 떨며 욕구 충족에 목말라했다. 사람이 맹수와 싸우고 고통 속에 죽어가는 경기장의 흥분, 그 흥분의 중심지였던 원형경기장 콜로세움은 가장 유명한 로마 제국의 유산이다.

콜로세움 주로 검투사들의 결투가 이루어졌으며 모의 해전, 동물 사냥, 신화의 재연 등 다양한 행사들이 펼쳐졌다.

09
종교의 역사

불안한 인간의 마음은 종교에도 반영되었다. 이들의 정신을 지배한 것은 일상이 깨어지는 것에 대한 두려움, 그리고 의식이었다. 우리 현대인의 눈에는 이들의 신이 비합리적으로 보이겠지만 옛날 사람들에게 신은 강렬한 꿈에서 본 것처럼 선명하고 즉각적인 확신을 주는 존재였다. 고대에는 한 도시가 다른 도시 국가를 정복한다는 것이 신이나 여신을 바꾸거나 다른 이름으로 부른다는 것을 의미했다.

모든 신앙 체계는 시간이 흐르며 인간 영혼의 틀에 맞춰 적응하기 마련이다. 이집트인들은 영생에 대한 강렬한 욕망을 품고 있었고 이 욕망이 신앙생활의 중심이었다. 이집트와 페르시아의 종교는 개인 신앙이었다. 개인의 구원과 영생을 목표로 했다. 하지만 이전의 종교들은 개인적이지 않았다. 사회적 종교였다. 고대 종교에서 신이란 도시의 신이나 국가의 신이었고, 개인의 신은 부차적인 것에 불과했다. 제물을 희생시키는 것도 공적 행사였지 개인적인 행사가 아니었다. 고대 종교는 사회적 종교로서 '공동의 것'을 중시했다. 그러나 이제는 개인의 구원과 영생을 목표로 하는 개인 신앙이 등장하게 된다. 이 새로운 개인적인 영생 종교는 고대 국가 종교를 믿던 모든 이의 마음과 감정을 사로잡았지만, 아직 국가의 종교를 대체할 수는 없었다.

한편, 석가모니가 등장하기 훨씬 전부터 동양에는 고행자들이 있었다. 이들은 삶의 쾌락 대부분을 포기한 채 결혼과 사유재산을 거부했다. 이들은 금욕과 고통과 고독 속에서 세상의 근심과 굴욕을 벗어나 영적인 힘을 얻고자 하는 사람들이었다. 잘 알려지지 않은 그리스 종교 집단 중에는 금욕의 계율을 자해의 수준까지 수행한 집단도 있었다. 기원전 1세기 유다 왕국과 알렉산드리아의 유대인 공동체에서도 금욕주의가 등장했다. 이들은 쾌락적인 삶을 거부하고 '구원'을 갈구하였다. 금욕을 대가로 평화를 얻고자 하는 고통스러운 갈구가 퍼져나갔다.

10
예수의 등장

그리스도라고도 부르는 예수는 로마의 첫 황제인 아우구스투스의 통치 시기에 태어났다. 그가 태어난 유대 땅(이스라엘 왕국)은 로마 제국의 변방에 지나지 않았지만, 장차 그의 이름을 따라 큰 종교가 일어나고 그 종교는 장차 로마 제국의 국교가 될 운명이었다. 여기에서는 역사와 신학을 따로 떼어 설명하는 것이 더 편할 것 같다. 역사가의 역할에만 충실하려는 입장에서는 예수에 대한 그리스도교의 해석을 수용할 수도 없고 부인하기도 어렵다. 역사가가 다루어야 할 예수는 인간으로서의 예수인 것만은 확실하다. 그리스도교 세계의 대부분 지역에서는 예수를 성육신한 성자임과 동시에 예언된 존재라고 믿고 있다.

예수가 활동을 시작한 것은 티베리우스 황제(로마 제국의 2대 황제) 때였다. 그는 예언자였으며 유대인 예언자들의 방식을 따라 설교를 했다. 활동을 시작했을 때의 나이가 서른 살 정도였는데 예수의 삶과 가르침을 직접 기록한 책은 신약성경의 네 복음서가 있다. 네 복음서 모두 한 인간의 모습을 매우 뚜렷하게 그려내고 있다.

예수가 가르친 새로운 교의는 간단하면서도 심오했다. 유일신 하나

《살바토르 문디 Salvator mundi》
레오나르도 다 빈치가 약 1500년경에 그린 것으로 추정되는 예수의 초상화. 진품 논란이 있지만 경매 역사상 최고가(한화로 6,400억원 가량)를 기록한 물건이다. 살바토르 문디란 라틴어로 '세상의 구원자', 즉 구세주를 뜻한다.

님이 우리 인류의 아버지로서 보편적 사랑을 베풀어주신다는 것과 하나님의 하늘나라가 이 땅에 곧 오리라는 것이었다. 예수는 분명히 강력한 인간적 매력을 가진 사람이었을 것이다. 많은 이들이 그를 따랐고, 그 또한 많은 사람에게 사랑과 용기를 주었다. 약하고 병든 사람들이 그에게서 용기를 얻고 치유를 받았다. 그는 이곳저곳을 돌아다니며 자신의 가르침을 설파했다. 그가 마지막으로 예루살렘에 당도했을 때 유대 땅에 새로운 왕국을 세우려 한다는 혐의로 고발당했다. 결국 그는 다른 두 강도와 함께 십자가형에 처했다.

예수의 주된 가르침이었던 천국에 대한 교리는 이제껏 인류의 사고를 휘저어놓은 가장 혁명적인 교의 중 하나다. 이 가르침에 대한 모든 기록을 찾아보고자 한다면 신약성경의 복음서들을 읽어보아야 한다. 그러므로 여기서는 예수의 가르침이 기성 제도와 사상들에 불러일으킨 파장에 대해서 살펴보도록 하겠다.

선한 사마리아인

유대인들은 세상에 신은 오직 한 분 하나님만 있으며 이 하나님은 의로운 신이라고 믿었다. 이 하나님은 인간과 약속을 하는 신이었고 그들의 조상 아브라함을 택하였다. 그리고 약속에 따라 아브라함의 후손인 유대인들은 장차 이 지상에서 가장 탁월한 민족이 될 것이었다. 하지만 예수에 따르면 하늘나라에는 선택받은 민족이나 총애받는 사람들이 따로 있는 것이 아니다. 유대인들은 예수가 자기 민족의 소중한 특권을 모두 쓸어 버리려 한다고 경악과 분노를 느꼈다.

예수는 하나님은 모든 살아있는 존재를 사랑하는 아버지라고 가르쳤다. 선택받은 민족이나 총애받는 사람들이 따로 있는 것도 아니었다. 태양이 사람을 가리지 않고 모두에게 빛을 주듯 하나님은 어느 한 사람만을 편애하지 않는다. 모든 사람은 똑같이 죄인이고 똑같은 자녀이며 서로의 형제이다. 예수는 선한 사마리아인 이야기를 통해 우리가 모두 자기 민족은 찬양하면서 다른 민족은 얕잡아보는 위선적인 태도를 따르고 있다고 비판했다. 사마리아인은 유대인과 다른 민족의 혼혈 민족이었다. 당시 유대인은 오직 유대인만이 신에게 선택받은 민족이라는 믿음이 있었기에 신의 선택을 받지 못한 다른 민족과의 혼혈로 태어난 사마리아인들을 멸시하였다.

어떤 사람(유대인)이 예루살렘에서 예리고로 내려가다가 강도들을 만났다. 강도들은 그 사람이 가진 것을 모조리 빼앗고 마구 두들겨서 반쯤 죽여놓고 갔다. 마침 한 사제가 바로 그 길로 내려가다가 그 사람을 보고는 피해서 지나가 버렸다. 또 레위 사람도 거기까지 왔다가 그 사람을 보고 피해서 지나가 버렸다. 그런데 길을 가던 어떤 사마리아 사람은 그의 옆을 지나다가 그를 보고는 가엾은 마음이 들어 가까이 가서 상처에 기름과 포도주를 붓고 싸매어 주고는 자기 나귀에 태워 여관으로 데려가서 간호해 주었다. "자, 그러면 이 세 사람 중에서 강도를 만난 사람의 이웃이 되어준 사람은 누구였다고 생각하느냐?"

율법교사가 "그 사람에게 사랑을 베푼 사람입니다." 하고 대답하자 예수께서는 "너도 가서 그렇게 하여라." 하고 말씀하셨다.

누가복음 10장 25~37절

《선한 사마리아인》 빈센트 반 고흐 작품

그의 가르침은 모든 경제적, 계급적 차이와 사유재산, 개인적 특권들을 분명히 규탄하고 있었다. 모든 사람이 하늘나라에 속해 있으며 모든 소유물 또한 하늘나라에 속한 것이기 때문에 모든 이가 살아야 할 단 하나의 의로운 삶이란 우리의 모든 소유와 존재로 하나님의 뜻을 따르는 삶이다.

예수님께서 길을 떠나시는데 어떤 사람이 달려와 그분 앞에 무릎을 꿇고, "선하신 스승님, 제가 영원한 생명을 받으려면 무엇을 해야 합니까?" 하고 물었다. 그러자 예수님께서 그에게 이르셨다. "어찌하여 나를 선하다고 하느냐? 하느님 한 분 외에는 아무도 선하지 않다. 너는 계명들을 알고 있지 않으냐? 살인해서는 안 된다. 간음해서는 안 된다. 도둑질해서는 안 된다. 거짓 증언을 해서는 안 된다. 횡령해서는 안 된다. 아버지와 어머니를 공경하라."
그가 예수님께 "스승님, 그런 것들은 제가 어려서부터 다 지켰습니다." 라고 대답했다. 예수님께서는 그를 사랑스럽게 바라보시며 이르셨다. "너에게 부족한 것이 하나 있다. 가서 가진 것을 팔아 가난한 이들에게 주라. 그러면 네가 하늘에서 보물을 차지하게 될 것이다. 그리고 와서 나를 따라라."

마가복음 10장 17~25절

예수의 가르침은 우리 인류의 도덕적이고 영적인 삶에 새로운 단계를 열어주었다. 그의 가르침은 이후에 등장하는 인류의 사회와 정치에 매우 심오한 영향을 끼쳤다. 예수의 가르침이 그리스도교를 통해 널리 전파됨으로써 모든 인간을 평등한 인간으로서 존중하는 새로운 생각이 등장했다. 예수의 가르침은 인간이 인간에 예속되는 것에 반대한다. 그리고 더욱 분명한 점은 원형경기장에서 벌어진 검투사들의 격투처럼 인간의 존엄성을 짓밟는 일에 그리스도교가 반대했다는 사실이다.

그리스도교의 운명

기원후 두 세기에 걸쳐 그리스도교는 로마 제국 전역으로 퍼져나갔고 점점 더 많은 신자를 끌어들여 새로운 공동체를 엮어갔다. 3세기의 위기라 불리는 로마 제국의 불안정함 때문에 민중들의 종교적인 욕구는 늘어갔다. 황제들은 그리스도교에 대해 저마다 다른 태도를 보여주었다. 어떤 황제들은 적대적이었고 어떤 황제들은 관용을 베풀었다. 2~3세기에는 그리스도교 신앙을 진압하려는 시도들이 있었다.

그리스도교는 초기부터 로마 제국의 체제를 위협한다며 박해의 대상이 되었다. 네로(42~54 재위)는 로마의 대화재로 흉흉한 민심을 달래기 위해 그리스도교 신자에게 방화범의 혐의를 뒤집어씌워 학살하여 폭군의 대명사로 남게 되었다. 중앙집권적 정권을 수립하고 로마 제국의 위기를 극복하고자 했던 디오클레티아누스는 자신 스스로를 신성화하였다. 303년, 디오클레티아누스 황제 아래에서 그리스도교의 박해가 행해졌다. 그리스도교를 제국을 위협하는 세력으로 규정하고 탄압하였다. 교회의 재산을 몰수하고 성경책과 종교 서적들이 압수

되어 파기되었다. 그리스도교 신자들은 법의 보호를 받을 수 없게 되었고 많은 사람이 처형당했다.

여기서 그리스도교의 책들을 파기한 행위는 특히 주목할 만하다. 그것은 새로운 믿음을 하나로 묶는 데 있어 문자의 힘이 권위자들에게 얼마나 강하게 비추어졌는지를 보여준다. '책으로 이루어진 종교'라고 할 수 있을 만큼, 그리스도교와 유대교에서는 글을 통한 교육을 중시했다. 두 종교가 존속할 수 있었던 것은 글을 읽을 줄 알고 교리 개념들을 이해할 수 있는 사람들 덕분이었다.

그러나 디오클레티아누스 황제가 퇴위한 후 그리스도교는 로마 제국의 공인된 종교로 자리를 잡는다. 디오클레티아누스를 이어 즉위한 콘스탄티누스 1세Constantinus I 는 313년, 밀라노 칙령을 반포하면서 드디어 그리스도교를 로마 제국의 합법적인 종교로 공인한다. 그는 첫 번째 기독교인 로마 군주였다. 그는 교회에 압류된 재산을 돌려주고 국가의 보상을 시행한다. 이로써 로마 제국은 그리스도교 신앙을 핍박하던 입장에서 옹호하는 태도로 돌아선다.

324년에는 그리스도교에 호의적이었던 콘스탄티누스 대제(306~337 재위)가 로마 제국의 단독 통치자로 등극했다. 그는 다른 신들에 관한 모든 의식을 버리고 그리스도교의 상징을 군대의 깃발과 방패에 새겨 넣은 뒤 내전에서 승리함으로써 황제가 될 수 있었다. 그렇게 그리스도교는 제국의 국교가 되었고 5세기 이후 로마 제국 안에서는 그리스도교가 아닌 다른 종교의 사제나 사원을 찾아볼 수 없게 되었다.

《십자가의 비전》 라파엘로의 작품
밀비우스 다리 전투 전날 밤 콘스탄티누스의 꿈에 예수 그리스도가 나타나 휘장에 있는
독수리 상징을 십자가로 바꾸어 종교를 공식적으로 인정한다면 승리를 거둘 것이라고
하였다. 이를 따른 콘스탄티누스는 결국 전투에서 승리하였다는 전설의 내용이다.

《최후의 만찬》 레오나르도 다 빈치 작품

11
군인 황제 시대

3세기, 부패와 도덕적 해이로 해체되고 있던 로마 제국은 위기를 맞는다. 이제 게르만족과 사산 왕조 페르시아(이란 제국)의 침입에 맞서야 하는 상황에 이르렀다. 이 시기에 등장한 황제들은 군인 출신의 호전적인 전제 군주들이었으며, 제국 각지의 군대가 스스로 황제를 옹립하고 폐위한 시대였다. 로마 제국은 쇠락하고 있었다. 군대가 권력을 장악했고 황제는 자신의 군대에 의지하여 전제적 방식으로 통치했다 (군인 황제 시대). 로마의 국정은 점점 더 페르시아나 동방의 다른 군주 국가들처럼 변했다. 49년간 18명의 황제가 바뀌었다. 프랑크족을 비롯한 게르만족들은 라인강까지 바짝 다가와 있었다. 폴란드 남쪽에는 반달족이 있었고 스칸디나비아반도에는 고트족이 있었다. 그리고 이제 훈족들까지 유럽을 향해 몰려오기 시작했다.

새롭게 부활한 페르시아 제국(사산 왕조 페르시아 224~651)이 압박해오자 로마 제국의 경계가 무너졌고 로마 병사들은 후퇴를 거듭했다. 페르시아인들이 세운 사산 왕조의 페르시아 제국은 이후 300년 동안 로마 제국과 끝없이 경쟁하며 강대국으로 군림한다.

콘스탄티누스 대제는 위대한 헌신과 지성을 갖춘 군주였다. 그는 고트족의 습격을 물리쳤지만 다뉴브강을 따라 난 제국의 경계를 유지할 만한 힘은 없었다. 제국 내부의 문제들에 몰두하느라 여념이 없었다. 그리스도교의 연대와 도덕적 힘으로 쇠퇴하는 제국의 정신을 되살리고자 했다. 여러 주변국의 침입으로 판도를 잃은 콘스탄티누스 대제는 324년 비잔티움을 새로운 로마로 공표하고 공식적으로 로마 제국의 새로운 수도로 정하였다. 337년, 그가 죽자 비잔티움은 '콘스탄티누스의 도시'라는 뜻의 콘스탄티노폴리스Constantinopolis (오늘날의 튀르키예 이스탄불)로 개명하였고 세계 최초의 기독교 도시로서 이후 천 년이 넘는 시간 동안 로마 제국의 수도로 존재하게 되었다.

콘스탄티누스 대제가 영토를 재조직하던 도중에 죽자, 곧이어 제국의 경계가 다시 무너져내렸다. 로마 제국은 다시 분열되었다. 테오도시우스 1세가 다스린 379~395년에는 형식적인 로마 제국의 외형만큼은 유지되고 있었다. 하지만 395년, 테오도시우스 1세의 두 아들이 로마 제국을 분할하여 통치하면서 서로마 제국과 동로마 제국이라는 단어로 굳어져 오늘날에 이르게 되었다.

테오도시우스 황제가 죽은 뒤 큰아들인 아르카디우스가 동로마 제국의 초대 황제가 되었고, 둘째 아들인 호노리우스가 서방의 황제로서 서로마 제국을 통치하게 된다. 동로마 제국은 콘스탄티노폴리스(비잔티움)를 중심으로 발전했던 로마 제국의 동부 지역을 말한다. 이렇듯 서로마 제국과 동로마 제국(비잔티움 제국)은 각각을 다스리는 황제의 구역으로 나누어 부르게 된 것에 기초한다. 그러나 서로마 제국은 국력이 약하여 많은 어려움을 겪었고 게르만족, 고트족, 반달족, 프랑크

동로마 제국과 서로마 제국 지도

족 등 많은 침입을 받았다.

　5세기 전반기에는 로마 제국의 처지에서 보면, 유럽 영토 전체가 강도떼와 같은 주변 민족들의 먹이가 되어버렸다. 혼란스러운 당시 정세를 상상하기란 어렵다. 프랑스, 스페인, 이탈리아, 발칸 반도에서 번성했던 도시들은 여전히 존재하긴 했지만 가난해진 데다 인구까지 감소하였고 부패하고 있었다. 국고 수입도 줄어들었다. 시골의 삶도 퇴보했다. 어떤 지역은 전쟁과 전염병으로 폐허가 되었다. 도로와 숲에는 강도들이 들끓었다. 그런 지역으로 이민족들이 아무런 저항도 받지 않은 채 진군해 들어오기도 했다.

　반달족은 게르만족의 일파로 처음 역사에 등장한 곳은 동부 독일이

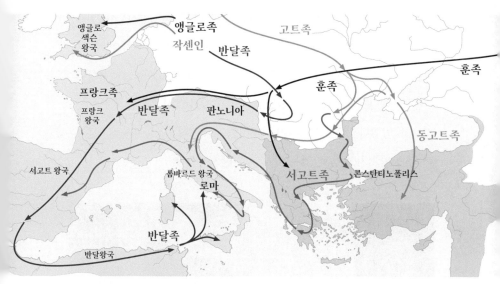

게르만족의 대이동과 로마 침입 경로 (375~568)

다. 일찍이 로마 제국과 2세기와 3세기경 다뉴브강에서 충돌한 것이 최초의 기록이다. 반달족은 콘스탄티누스 1세 때 고트족과 경쟁하다가 판노니아에 정착했는데 그곳에 머무르지 않고 계속 남하하여 425년 무렵에는 스페인까지 이동했다. 서지중해의 무역로가 반달족의 통제 아래에 들어가면서 서로마 제국은 큰 타격을 입는다. 반달족은 스페인에서 북아프리카까지 이동했다. 그들은 한때 지중해의 해상 지배권을 확보할 정도로 세력을 확장했다. 그리고 다시 한번 바다를 건너 로마를 약탈했다.

그 뒤에는 시칠리아, 코르시카, 사르디니아를 비롯해 서부 지중해 대부분 섬을 차례로 정복했다. 477년 최고 전성기에 이른 반달족은 700년 전 카르타고에 필적하는 해상 대국을 건설했다. 역사에서 이

넓은 지역을 모두 손에 넣은 정복자는 그리 많지 않았다. 하지만 반달
족의 전성기는 오래가지 못했다. 다음 세기가 되면 비잔티움 제국의
유스티니아누스 황제가 짧은 시간 안에 이 지역 대부분을 점령한다.

한편, 이 모든 파괴자 중에서도 가장 이질적인 부족이 유럽으로 몰
려오고 있었다. 바로 훈족이었다. 이들은 유럽인들이 이제껏 만나본
적 없는 활기차고 능력 있는 아시아의 민족이었다.

《반달족의 로마 침탈》 Karl Bryullov (1836)

12
서로마 제국의 종말

훈족의 침략

훈족이 유럽에 등장한 일은 인류 역사가 새로운 단계에 진입했음을 알리는 신호였다. 이전 세기까지 중앙아시아에 살던 이 부족은 북유럽 민족과 접촉한 적이 없었다. 하지만 이들이 중앙아시아에 흑해 연안과 동유럽으로 이주하면서 그곳에 살던 게르만족이 서쪽으로 밀려났고, 이는 서로마 제국 멸망의 주요 원인이 된 게르만족의 대이동을 가속시켰다.

훈족

훈족은 중부 북방 초원을 지배하다 한족에 의해 밀려난 흉노족의 후예이다. 한반도와 중국 북부에 살았던 흉노족과 유전적으로 동일 민족이라는 것이 연구를 통하여 입증되었다. 중앙아시아에 살던 훈족은 서진하며 게르만족의 일파인 서고트족, 동고트족을 쫓았고 그로 인해 게르만족이 로마로 이동하면서 서로마 제국이 멸망하게 된다.

기마 유목민인 훈족이 서서히 서쪽으로 이동한 것은 중국의 원인이 컸다. 한나라가 중국 전체를 통일하면서 북쪽으로 영토를 확장하며 번성했고 인구도 증가했다. 부차적 원인은 로마 제국의 쇠락이다. 당시 로마는 경제적으로 파산 상태에 있었고 내부적으로 부패했다. 인구마저 줄어들고 있었다. 로마는 이미 공화정 후기부터 부유층의 부패로 그 생명력을 잃기 시작했다. 한나라의 압력으로 살던 곳을 떠나야 할 상황에 놓여있던 훈족에게는 다른 곳으로 떠날 선택지가 주어진 셈이었다. 훈족은 이미 1세기경에 현재 러시아의 동쪽 지역까지 당도해있었다. 그러나 이 기마 민족이 우위를 점하게 된 것은 5세기 무렵의 일이었다.

훈족의 왕 아틸라

5세기 전반, 훈족에서 뛰어난 장수 아틸라(406~453)가 등장했다. 당시 훈족은 계속해서 서진하여 로마 국경까지 도달한 상태였다. 그는 훈족의 여러 부족을 연합하여 다스렸을 뿐 아니라 게르만족들에게서 조공을 받기도 했다. 아틸라가 이끌던 훈족 유목민들은 습격을 감행하고 약탈했지만 정착하는 법은 없었다. 아틸라는 여러 해 동안 작심한 듯 테오도시우스 2세Theodosius II 를 괴롭혔다. 아틸라의 군대는 파괴와 약탈을 일삼으며 콘스탄티노폴리스의 성벽 바로 아래까지 진군했다. 훈족은 동로마와의 전쟁에서 이기고 막대한 보상금과 금을 약속받았다. 테오도시우스 황제는 아틸라에게 조공을 바쳐 그의 마음을 사려고

했다. 반면에 아틸라의 측근을 매수하여 아틸라를 암살하려고도 하였다.

이제 동로마 제국에서 얻어낼 수 있는 것은 모조리 얻어낸 아틸라는 로마 제국의 나머지 반쪽 지역으로 관심을 돌린다. 하지만 로마군이 고트족을 비롯한 게르만족과 연합을 맺어 함께 아틸라를 물리친다. 그러던 중 453년, 아틸라는 새 부인을 맞아들인 결혼식 첫날 밤, 갑자기 죽었다. 사망 원인으로 암살, 과음으로 인한 질식사 등 다양한 추측이 무성하다.

아틸라 Attila (406?~453)
재위기간은 8년이었으나 게르만족, 동유럽 제국, 서유럽 제국 등을 침략하며 신의 채찍이라 불렸다.

약탈을 주업으로 삼았던 훈족의 부족은 그의 죽음과 함께 조각나 버렸다. 아틸라의 제국은 그의 죽음과 함께 소멸했으며 사실상 훈족은 역사에서 사라졌다. 그러나 서로마 제국이 실제로 멸망하게 된 것은 이 뛰어난 훈족 전사들의 습격 때문이었다. 아틸라가 죽은 뒤 로마에서는 10명의 황제가 왕위에 올랐지만 모두 게르만족이 옹립한 이들이었다. 이 무렵 서로마 제국은 군사력이 크게 약화하였고 455년에는 반달족의 습격을 받아 황폐해졌다. 이로써 서로마 제국은 476년 명예

롭지 못하게 종말을 맞았고, 게르만족의 왕들이 자리를 차지했다.

그런데도 서로마 제국의 언어였던 라틴어는 사라지지 않고 이후 게르만어와 결합하여 이탈리아어, 프랑스어, 스페인어, 포르투갈어 등 다수의 언어로 발전하게 된다. 어디에서나 삶은 불안했고 재산은 강자의 차지가 되었다. 수많은 성이 솟아올랐고 도로는 허물어졌다. 6세기 초는 분열의 시대였다.

서로마 제국의 최후

그토록 강력했던 로마 제국이 이렇게 내려앉았다는 사실이 놀라울 따름이다. 그렇다면 로마 제국이 강력해진 이유는 무엇이었을까? 그리고 강력했던 로마 제국이 쇠퇴하게 된 이유는 무엇일까?

로마가 대성할 수 있었던 것은 시민권 개념이 제국을 하나로 유지했기 때문이다. 로마가 팽창하던 공화정 시기부터 제정 초기까지, 로마의 시민권은 중요한 것이었다. 사람들은 로마 시민이 된다는 것을 특권이자 의무라고 느꼈다. 로마법 치하에서 누리는 권리를 당연하게 여겼으며 로마를 위하여 희생할 각오도 되어있었다. 정의롭고 위대한 국가로서 로마의 위신은 국경 너머까지 미쳤다.

그러나 포에니 전쟁이 벌어지면서 부가 증대되고 노예의 수가 늘자 시민권의 의미는 퇴색되었다. 시민권은 더 많은 사람에게 부여되었지만 정작 그 의미는 커지지 못했다. 영토를 확장해가면서 새로 시민권을 획득한 사람들은 급격히 늘어났지만 사람들은 국가가 하는 일에 대해 알지 못했다. 그리고 국가의 결정 사항에 시민들의 협조를 구하지도 않았다. 인간 사회의 모든 제국과 모든 국가, 모든 조직은 결국 이해와 의지의 문제로 귀결되는 법이다. 그렇지만 사람들에게 더는 로마 제국을 유지하려는 의지가 남아있지 않았다. 서로마 제국은 그렇게 종말을 맞았다.

서로마 제국의 가장 큰 유산은 로마 가톨릭 교회였다. 제국이 망한 후에도 제국의 권위와 전통을 물려받은 가톨릭은 사라지지 않았으며 5세기 무렵에는 서유럽의 중심으로 떠올라 국가 간의 분쟁을 조정하고 왕들을 지배하는 위치가 되었다. 로마의 시민권의 결속과 가톨릭교회의 신앙적 결속이 선교사 조직으로 넘어갔다. 로마의 대주교는 자신이 전체 교회의 수장, 곧 교황임을 선언했다. 서로마 제국에 이제 더는 황제가 존재하지 않았으므로 교황은 제국의 지위와 권한을 자신에게 귀속시켰다.

6장

중세 유럽과 아시아

성 베드로 대성전 (Basilica Vaticana)

01
비잔티움 제국

그리스어를 사용한 동로마 제국(비잔티움 제국 Byzantine Empire)은 라틴어를 사용한 서로마 제국보다 정치적으로 훨씬 더 강한 힘을 보여주었다. 5세기에 제국의 서쪽이 소멸되었지만 동쪽은 위기를 견뎌냈다. 아틸라가 황제 테오도시우스 2세에게 위협을 가하면서 콘스탄티노폴리스 성벽 바로 앞까지 침입하고 사산 왕조 페르시아 제국의 공격이 이어졌지만 제국의 수도는 지켜냈다.

6세기에 등장한 동로마 제국의 황제 유스티니아누스 1세(527~565 재위)는 대단한 야망을 지닌 통치자였다. 유스티니아누스 황제는 반달 왕국을 멸망시키고 북아프리카와 이탈리아 영토를 수복했으며 남부 스페인까지 탈환했다.

또한 성 소피아 성당(아야 소피아)을 건축하였으며, 로마법을 집대성한 《로마법대전Corpus Iuris Civilis》을 편찬했다. 그러나 그는 비기독교적인 학교에 대한 폐쇄 정책에 따라 플라톤이 창설하여 1,000년 가까이 이어오던 아테네의 철학 학교들(아카데메이아)을 폐쇄해버리기도 했다.

유스티니아누스 1세 산 비탈레 대성당

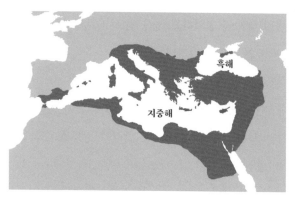

동로마 제국 최대 영토 (555년경)

02
사산 왕조 페르시아

한편, 사산 왕조 페르시아 제국은 3세기부터 비잔티움 제국과 꾸준히 경쟁했다. 두 제국의 계속되는 충돌 때문에 소아시아와 시리아, 이집트 땅은 불안과 불모의 땅이 되어버렸다. 1세기에 이 지역은 문명 수준이 높고 물질적으로 부유하며 인구도 많은 곳이었다. 그러나 계속해서 전쟁이 휩쓸고 지나가면서 학살, 약탈이 벌어지고 전쟁을 위한 세금 징수가 지속되자 이 지역의 농민들은 흔적도 없이 흩어졌다. 폐허처럼 변한 도시만이 남아있었다.

계속되는 전쟁과 쇠락해가는 두 제국 속에서 과학과 철학은 죽어있는 듯 보였다. 아테네의 마지막 철학자들은 억압 속에서도 과거의 위대한 저술을 보존했다. 그러나 이 시기에 인류의 지성이 이토록 척박해진 이유는 사회와 정치의 혼돈뿐만이 아니었다. 또 다른 이유가 있었다. 페르시아 제국과 비잔티움 제국의 시대는 관용이 사라진 시대였다. 인간 정신의 자유로운 활동을 막는 것이었다.

고대 제국들은 모두 종교에 몰두했고 신격화된 군주를 숭배하는 데 집중했다. 알렉산더 대왕은 신으로 추앙받았으며 로마에는 황제들을 위한 제단과 신전이 있었다. 하지만 새로운 종교, 그중에서도 특히 그리스도교는 인간 내면을 지향했다. 이 새로운 신앙은 단지 행동으로 순응하는 것을 강요하는 것이 아닌, 이해하는 믿음을 요구했다.

따라서 믿음의 내용과 의미 때문에 치열한 논쟁이 일어난 것은 어쩌면 자연스러운 일이었다. 이제 세계는 '정교(正敎)'라는 새로운 개념에 직면했다. 잘못된 믿음을 다른 사람들에게 전파하는 것은 지적 결함을 의미할 뿐 아니라 영혼을 파멸로 이끄는 도덕적 결함으로 간주하였다.

3세기에 페르시아의 사산 왕조를 창시한 아르다시르 1세와 4세기에 로마 제국을 재건한 콘스탄티누스 대제는 모두 종교 조직으로부터 도움을 얻고자 했다. 두 황제는 자신들이 택한 종교에서 인간의 의지를 통제할 수 있는 새로운 방법을 발견한 것이다. 4세기가 끝나기 전부터 두 제국 모두 자유로운 종교적 논의를 억압했다.

조로아스터교의 영원한 불꽃

사산 왕조의 아르다시르 황제는 고대 페르시아의 종교인 조로아스터교가 국가 종교로 사용될 만하다고 보았다. 사산 왕조는 이전 400년 동안 이란을 지배한 유목민적 전통과 느슨한 제도, 타 종교나 문화에 대한 호의적인 태도를 비판하면서 강력한 중앙집권 국가를 꿈꿨다. 이 과정에서 종교를 국가권력 강화와 사회 통합의 수단으로 적극적으로 활용하였다. 조로아스터교에는 사제와 신전이 있었고, 특히 제단에는 신성한 불꽃이 간직되어 있어서 중국에서는 이를 배화교라고 불렀다.

국가 종교가 된 조로아스터교는 그리스도교를 박해하기 시작했다. 페르시아 제국에서 이런 일이 벌어지는 동안 콘스탄티노폴리스에서는 그리스도교 이단을 사냥하느라 바빴다. 관용이 사라진 이 시기에, 과학은 완전히 그 빛을 잃고 말았다. 과학이 발전하려면 무엇보다도 억압받지 않는 자유로운 정신적 활동이 보장되어야 하기 때문이다. 당시 동로마 제국 안에서 살아가는 삶은 전쟁과 가혹한 신학, 인간의 악행들과 함께했다. 이때쯤 역사에 처음 등장하는 돌궐족이 어떨 때는 비잔티움 쪽에, 또 어떨 때는 페르시아 쪽에 침입하면서 싸움을 걸어왔다.

돌궐족

552년부터 745년까지 중앙아시아와 동북아시아 북부 스텝 지대(지금의 몽골, 카자흐스탄초원)에서 활동한 튀르크계 민족과 그들이 세운 유목 제국의 총칭이다. 몽골 제국 등장 이전 최대의 유목 제국이며 강력한 통합 국가를 세워 당대의 중국사와 한국사에도 많은 영향을 미쳤다.

사산 왕조 페르시아의 호스로 2세Khosrau II 는 즉위하자마자 처음부터 전세를 장악했다. 동로마 제국은 콘스탄티노폴리스 목전까지 진격해 들어오는 호스로 2세를 막지 못했다. 그는 다마스쿠스(시리아의 수도), 예루살렘을 점령한 뒤 619년에는 이집트까지 정복했다. 동로마 제국을 멸망 직전까지 내몬 것이다. 그제야 비잔티움 제국 이라클리오스 황제는 페르시아 제국 본토에 반격을 가하기 시작했다. 그는 니네베(현재 이라크)에서 페르시아 군대를 궤멸하였다(627). 628년, 호스로 2세는 아들에게 폐위된 뒤 살해당했다. 그때 비로소 기력을 모두 소진한 두 제국 사이에는 평화가 찾아왔다.

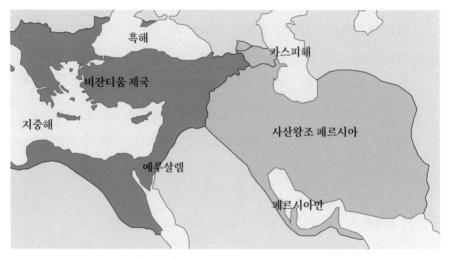

사산 왕조 페르시아 영토 (620년경)

이것이 동로마 제국과 페르시아, 두 제국의 마지막 싸움이 되었다. 로마 제국의 66대 황제인 이라클리오스는 제국 최대의 적이었던 사산 왕조 페르시아를 공격하여 최악의 위기에 봉착한 제국을 구해냈다. 하지만 말년에는 이슬람 제국의 공격 앞에서 맥없이 무너져내린 황제로, 그 평가가 엇갈린다. 이미 사막 저편에서 일기 시작한 이슬람 제국의 폭풍이 이들의 오랜 무의미한 싸움을 끝내버릴 것으로 생각한 사람은 그때까지 아무도 없었다.

사산 왕조 페르시아 최대 영토

시리아에서 질서를 회복하고 있던 이라클리오스 황제는 한 통의 전갈을 받는다. 이 전갈은 황제에게 전하는 것이었다. 아랍어로 작성된 탓에 역관이 황제에게 그 내용을 읽어주었다. 전갈의 작성자는 자신을 '신의 예언자 무함마드'라고 칭했으며, 황제에게 참된 유일신을 인정하고 섬기라고 요구했다. 비슷한 전갈은 호스로 2세에게도 전달되었는데 그는 조로아스터교에 정면으로 도전하는 이 문서에 노발대발하며 편지를 찢었다. 두 황제에게 전갈을 보낸 무함마드라는 사람은 이슬람교의 창시자로 작고 초라한 사막 도시 메디나 출신이었다. 그는 유일신을 믿는 새로운 종교를 설파하고 있었다.

03
수나라와 당나라

    5~8세기에 걸쳐 돌궐 부족들은 중앙아시아와 동북아시아 북부(몽골, 카자흐스탄초원)에서 활동했다. 이들은 유라시아 스텝 지대를 제패하였으며 동북아시아에서 카스피해에 이르는 아시아의 지배자가 되었다.

    중국에서는 2세기 말에 한나라가 무너졌다. 그 뒤, 이 지역은 다시 분열되었다(위진남북조시대, 221~589). 하지만 유럽보다는 더 빨리, 그리고 더 완벽하게 회복되었다. 6세기가 끝나기 전에 수나라(隋, 581~630)가 중국을 재통일했다. 이라클리오스 황제가 동로마 제국을 통치할 무렵에는 다시 당나라가 수나라를 대체했다. 당나라(唐, 618~907)는 또 다른 번영의 시대를 열었다.

> ### 중국의 역사
> 위진남북조시대란 184년 황건적의 난을 시작으로 후한이 멸망하고, 수나라가 중국을 통일하기까지 4백여 년 동안 분열과 전란이 이어진 시대를 말한다. 4세기의 백제와 5세기의 고구려, 그리고 6세기의 신라가 차례대로 전성기를 누린 시기도 바로 이 시기였다. 유교의 형식화로 인한 사회 윤리 붕괴와 기후 악화가 혼란의 원인으로 꼽힌다.

6세기 후반 수나라는 남북조를 통일하고 돌궐이 수나라를 위협하였다. 당시 고구려는 돌궐과 협력하여 수나라에 대항하려고 하였다. 수나라는 113만 병력을 동원해 고구려에 대한 원정을 시도한다. 하지만 을지문덕을 비롯한 고구려군의 맹렬한 저항으로 인해 수나라는 3차례의 원정에서 모두 패배하였다. 이 전쟁으로 수나라는 많은 국력을 소진하였고, 이것이 지방에서의 반란과 중앙 세력의 약화로 이어져 멸망의 원인이 되었다.

7~9세기 내내 중국은 전 세계에서 가장 안정되고 문명화된 나라였다. 한나라는 이미 북쪽으로 국경을 확장했고 수나라와 당나라 때는 다시 남쪽으로 확장하여 오늘날의 중국 영토를 확보했다.

수나라와 당나라는 한나라와는 매우 달랐다. 새롭고 왕성한 문학적 발전을 이루었고 귀족 중심으로 시가 크게 발달했다. 당나라에는 대표적인 시인 이백과 두보가 있었다. 또한 불교가 대중적으로 유행하여 철학과 종교적 사유에 혁명을 일으켰다. 기술과 예술, 생활의 모든 편의가 크게 진보했다. 중국인들이 처음 차를 마시기 시작한 것도 이 시기였다.

> ### 차의 역사
> 8세기 당나라 문인 육우는 최초로 차에 대한 지식을 종합한 저서인 다경을 저술하여 차를 만들고, 끓이고, 마시는 방법 등을 체계적으로 정리했다. 기록에 따르면 기원전 2,700년경인 5천여 년 전부터 차를 마시기 시작했다. 역사상 가장 먼저 차나무를 발견해 마셨다고 전해진다.
> 중국은 지리적으로 수질이 나빠서 물을 끓여 먹는 것이 습관화되었다. 중국 날씨는 대부분 건조한 날씨라 차가 잘 자랄 수 있는 환경을 조성하고 있다.

종이 생산이 늘었고 목판으로 인쇄한 책도 간행되었다. 인구가 줄어든 유럽과 서아시아에서 사람들이 성벽으로 둘러싸인 작은 도시에서 살아갈 때, 도적 떼 속에 오두막을 짓고 살 때, 중국에서는 수백만 명이 한데 모여 질서 정연한 삶을 영위하고 있었다. 서구의 정신이 신학에 대한 집착으로 암울해졌을 때 중국의 정신은 개방적이고 관용적이며 탐구적인 방향으로 나아갔다.

당 태종 (598~649)

당나라 황제인 태종은 이라클리오스 황제가 니네베에서 승리를 거두었던 때에 즉위했다(626). 무역로인 실크로드를 통해서 7세기에는 기독교 일파가 당나라에 전해져 경교라고 불렸다. 4~5세기 신학 논쟁에서 패해 로마 교회로부터 이단으로 몰린 네스토리우스파 기독교가 중국에 포교하였다. 당나라의 수도인 장안에는 대진사가 세워질 정도로 번성하였다.

페르시아에서는 그리스도교 선교사 한 무리가 찾아왔다(635). 당나라의 태종 황제는 그들에게 그리스도교 성경을 설명하게 했으며 극진한 예우로 맞았다. 그 후 태종은 이 낯선 종교를 수용할 만한 것이라 여겨 "바른 진리를 깊이 알게 됐다"라며 "황제의 명으로 전수를 명한다"하여 포교를 허락했다.

하지만 당나라 말기, 황제 무종이 도교를 제외한 불교와 기독교 등을 탄압하면서(회창폐불 會昌廢佛) 소멸하였다. 당 황실이 공식적으로 가장 오랜 기간 숭배한 종교는 도교였다.

무함마드의 전령들도 중국 황제를 찾아왔다(651). 그들은 아라비아에서 인도 해안을 따라 항해하는 무역선을 타고 광둥으로 들어왔다. 이슬람으로부터 온 사절들을 접견한 당의 황제는 중국 최초의 모스크를 짓도록 하기도 하였다.

04
이슬람 제국의 황금기

7세기 초에도 세계정세를 탐구했던 역사가가 있었다면 수 세기 안에 유럽과 아시아 전체가 몽골의 지배하에 들어올 것이라는 예측을 할 수 있었을 것이다. 당시 서유럽에서는 사회 질서가 회복되고 통합이 이루어질 조짐이 전혀 보이지 않았다. 동유럽 제국과 페르시아 제국은 서로를 파괴하며 무너지고 있었다. 인도 역시 여러 왕국이 난립하여 분열되었다.

반면에 중국은 꾸준히 성장하고 있었다. 중국의 인구는 유럽 전체의 인구보다도 많았다. 중앙아시아에서 성장하고 있던 튀르크족의 세력도 커지고 있었다. 그리고 몽골인이 세계를 지배하리라는 예측은 빗나가지 않았다. 13세기가 되면 몽골인 지배자 칭기즈 칸이 세계의 역사를 뒤바꾸며 광활한 영토를 통치하고, 튀르크 왕조가 동로마와 페르시아 전체 그리고 인도 대부분과 이집트 위에 군림하기 때문이다.

그러나 이러한 예측은 라틴어권 유럽의 회복력을 저평가하고, 아라비아 사막에 잠재해있던 세력들을 무시하는 오류를 범하게 된다. 7세

기까지 아라비아는 오랫동안 서로 다투어온 소규모 유목민 부족들의
피난처가 되어주었다. 근대 이전에 유목민족은 서로 명확하게 혈통을
구분하기 어려운 상태로 섞여 있었다. 지금의 몽골고원을 중심으로 흉
노, 돌궐, 거란 등 많은 유목 민족들이 생겨났다가 사라졌다.

그런데 이제는 아랍인 족이 불쑥 튀어나와 이슬람의 확산과 함께 영
광을 누리게 되었다. 그들은 스페인에서 중국의 경계에 이르기까지 자
신들의 계율과 언어를 퍼뜨리며 새로운 문화를 선사했다. 아랍인들은
하나의 종교를 창조했고 이 종교는 오늘날까지 세계에서 가장 중요한
세력 중 하나로 남아있다.

이슬람 황금기

7세기 말부터 13세기 혹은 15세기까지 이슬람 황금기에는 아랍인이 지
적인 중심 역할을 했다. 기존 그리스-로마의 학문을 계승하여 발전시켰
고 유럽에 전해주어 17세기 과학 혁명의 기반이 되었다.
'알코올', '알칼리', '알고리즘' 모두 아랍어에서 나온 단어들이다. 우리
가 쓰는 숫자도 '아라비아 숫자'이다. 기원은 인도이지만 체계화시켜
현대의 형태로 유럽에 전해준 것은 아랍인들이다.

마지막 예언자 무함마드

아랍의 불길에 최초로 불을 붙인 사람은 무함마드Muhammad 였다. 메
카에서 부유한 상인 과부와 젊은 나이에 결혼한 무함마드는 마흔 살이

되어 역사에 처음 등장하게 된다. 오늘날 이슬람의 성지 메카는 사우디아라비아에 있는 도시이다. 당시에는 유대인들과 기독교를 믿는 사람들이 거주하고 있었다. 메카는 카바 신전을 중심으로 아라비아반도의 종교적 중심지였고 순례의 중심지였다. 순례자들이 '카바Kaaba'라는 검은 바위를 숭배하는 곳이었다.

카바의 검은 돌 사우디아라비아의 메카에 있는 이슬람교 최고 성지 카바 신전의 초석이다.

유대인들과 기독교 신자들의 영향으로 유일신 사상이 아라비아반도에 전해지긴 하였으나, 대부분은 여전히 다신교 신앙을 갖고 있었고 카바 신전에는 360개의 우상이 존재했다.

무함마드는 마흔 살 즈음부터 예언자의 성향을 드러내기 시작했다. 그가 예언하는 모습은 1,200년 전에 성경을 전파했던 이들과 비슷했다. 그는 사색하며 진리를 찾던 중 계시를 받게 된다. 먼저 아내에게 오직 한 분이신 유일신에 대해 이야기했고, 선행과 악행에 따른 상과 벌에 관해서도 이야기했다. 하늘의 계시에 의한 유일신 알라의 전지전

능함, 만물의 창조, 천국과 지옥 등을 주장하며 설교를 한다. 확실히 그의 생각은 유대교와 그리스도교의 관념에서 크게 영향을 받은 것 같다. 어쨌든 그의 주변에는 차츰 추종자들이 모여 작은 집단을 이루었다.

그는 시내에 나가 설교하며 그곳에 자리 잡고 있었던 다양한 우상숭배를 비판했다. 이 때문에 무함마드는 메카의 이웃들에게 극도의 반감을 샀다. '카바'는 순례객들을 통해 메카에 번영을 가져다주는 주요 수입원이었다. 순례를 통해 상인들은 많은 돈을 벌었다. 하지만 이슬람은 우상숭배를 금지했기 때문에 당시 성행하던 수많은 다른 종교들의 순례 행위를 반대하였다. 그 결과 당연히 반감을 살 수밖에 없었다. 하지만 그는 더욱 대담해졌고 가르침도 더 선명해졌다.

무함마드는 자신이 신의 선택을 받은 예언자이며, 완벽한 종교를 세우라는 사명을 신으로부터 받았다고 천명하였다. 아브라함과 예수는 그보다 앞서 왔던 예지자들일 뿐이고, 자신이 진정 신의 계시를 완성

천사 가브리엘의 계시를 받은 무함마드

하도록 선택받은 인물이라는 것이다. 무함마드는 천사(가브리엘)를 통해 받았다는 구절들을 밝혔다. 이슬람의 창시자인 선지자 무함마드는 신에게 받은 계시를 '쿠란'에 기록한다.

무함마드의 가르침이 힘을 더해갈수록 메카의 이웃들이 그에게 갖는 적대감 또한 커졌다. 그를 죽이려는 음모까지 있었다. 622년, 무함마드는 메카를 떠나 메디나로 갔는데, 이것을 신도들은 '헤지라Hegira'라고 부르며 그 해를 이슬람의 기원으로 여긴다. 메디나 사람들은 호의적이었고 무함마드의 교의를 받아들였다. 메카와 메디나 사이에는 일시적인 적대감이 있었지만 이를 상호 조약(후다이비야 조약)을 통해 해소했다. 메카는 유일신에 대한 숭배를 채택하고 무함마드를 신의 예언자로서 수용하되, 새로운 종교의 신자들은 신자가 아니었을 때와 마찬가지로 메카에 순례를 가야 한다는 것이 조약의 내용이었다. 이로써 무함마드는 메카에 오는 순례자들을 막지 않으면서도 그곳에 유일신 신앙을 세울 수 있었다. 629년 그는 지배자로서 메카에 귀환했다. 이라클리오스, 호스로 2세, 당 태종을 비롯한 지구상의 모든 통치자에게 사신을 보낸 지 1년 만이었다.

무함마드는 죽기까지 아라비아 전역에 권력을 행사했다. 말년에 그는 수많은 부인을 거느렸다. 오늘날의 기준으로 볼 때 대체로 그다지 교훈적인 삶을 살지 않았다. 그는 탐욕, 자기기만, 진실한 종교적 열정이 혼합된 사람이었던 것 같다. 그가 유일신으로부터 전해 받았다고 하는 명령과 해설을 구술하여 묶은 책, 《쿠란》 역시 문학 작품이나 철학 서적으로 보자면 성스러운 권위를 지닐 만한 가치가 있어 보이지는 않는다.(쿠란에서 다루고 있는 구절들이 현대 민주주의, 다양성, 여성 인권 등을 기준으로 보면 비판받을 소지가 있어 논란이 있다.)

그러나 무함마드의 생애와 저술이 지닌 분명한 결점들을 고려한다고 하더라도 그가 아랍인에게 심어놓은 이슬람이라는 종교에는 여전히 많은 힘과 영감이 남아있다. 첫 번째 힘은 타협하지 않는 유일신 신앙이다. 무슬림(이슬람을 믿는 사람, 즉 이슬람교도)은 유일신 알라가 인류의 아버지이며 세상을 다스린다는 것을 단순하고도 열정적으로 믿는다. 이런 믿음은 복잡한 신학적 논의들과 상관없이 확고하다.

이슬람의 두 번째 힘은 인간을 제물로 드리는 사제나 성전과 결별했다는 점이다. 《쿠란Quran》에는 메카로 가는 순례의 본질이 제한적인 의례일 뿐이라는 점을 분명히 밝힌다. 또한 무함마드는 메카 정복 이후 신의 예언자라는 지위를 빌려 초월적 존재나 절대군주가 될 수 있었으나 사후에 자신을 신격화하는 것은 엄격히 금했다. 오히려 평범한 지도자이기를 자처했다. 마지막으로, 이슬람이 지닌 세 번째 힘은 유일신 알라 앞에서는 모든 인종, 출신, 신분에 상관없이 형제이며 평등하다고 주장하는 점이다.

이슬람의 정복

이제 인류 역사상 가장 놀라운 정복 이야기가 펼쳐진다. 무함마드가 죽은 후, 그의 가장 가까운 친구이자 조력자였던 아부 바르크Abu Bakr가 초대 칼리파(칼리파 또는 칼리프. '뒤따르는 자'라는 뜻으로 무함마드가 죽은 이후 이슬람 국가의 지도자·최고 종교 권위자 칭호이다)로 선택되었다.

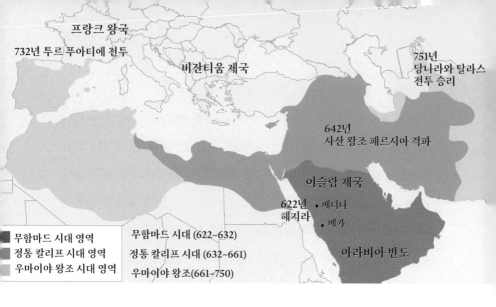

프랑크 왕국
732년 투르 푸아티에 전투
비잔티움 제국
751년 당나라와 탈라스 전투 승리
642년 사산 왕조 페르시아 격파
이슬람 제국
622년 헤지라
· 메디나
· 메카
아라비아 반도

무함마드 시대 영역
정통 칼리프 시대 영역
우마이야 왕조 시대 영역

무함마드 시대 (622~632)
정통 칼리프 시대 (632~661)
우마이야 왕조(661~750)

634년 동로마 제국 군대는 이슬람 제국과의 전쟁에서 완전히 무너졌다(야르무크 전투).

동로마 제국의 이라클리오스는 사산 왕조 페르시아를 굴복시키며 전성기를 보내고 있었다. 그런데 갑자기 나타난 이슬람의 정복 전쟁으로 인해 황제는 모든 기력을 잃었다. 사산 왕조 페르시아와 전쟁을 하느라 자원도 모두 소진한 상태였다. 결국 별다른 저항도 하지 못한 채 동로마 제국은 예루살렘을 비롯해 팔레스타인, 시리아, 요르단 등에 대한 지배권을 빼앗긴다. 그러자 많은 사람이 이슬람으로 개종했다.

무슬림은 동쪽으로 방향을 틀었다. 그들은 사산 왕조 페르시아를 멸망으로 몰아가 정복하고 서남아시아 전역에 대한 패권을 얻는다. 또한 스페인 남서부를 정복했다. 그리고 공격을 계속하여 732년에는 프랑스의 중심까지 진격하는 성과를 올렸다. 한편 지중해 동부에서는 이집트를 정복하여 해상 함대를 손에 넣은 무슬림들이 콘스탄티노폴리스 정복을 노리고 674년에서 718년까지 여러 차례 공격을 단행했다. 이 과정에서 동로마 군대의 공격으로 무슬림은 많은 수의 병력을 잃었다. 칼리파의 콘스탄티노폴리스에 대한 공격 의지를 상실하도록 하여 이슬람 세력의 유력 진출을 막는 결정적인 사건이었다(콘스탄티노폴리스 공방전).

그러나 아랍인은 정치적 경험은 별로 없었기 때문에 이 광대한 제국은 빠른 속도로 분열될 운명이었다. 사실 처음부터 교리상의 차이와 다툼 때문에 제국의 통합은 붕괴하고 있었다. 하지만 이 시기 역사에 대해 관심을 가지고 다루려는 것은 이슬람 제국이 정치적으로 분열되는 과정이 아니라, 그것이 인류의 정신과 운명에 미친 영향이다. 아랍의 지성은 그보다 1,000년 전에 존재했던 그리스의 지성보다도 훨씬 더 짧은 시간에 전 세계에 퍼졌다. 이 신선하고 각성된 아랍의 정신은 페르시아에서 마니교, 조로아스터교, 그리스도교의 교리뿐만 아니라 그리스 문헌들과도 접촉할 수 있었다. 이 문헌들은 이미 그리스어 원문 외에도 아랍어로 번역되어 있었다. 아랍인들은 그리스 학문을 접했으며 중앙아시아에서는 불교와 조우하고 중국 문명이 이룬 기술의 발전을 수용했다. 특히 중국으로부터 제지 기술을 배움으로써 책을 인쇄하여 제작할 수 있게 되었다. 그리고 인도의 수학과 철학도 받아들였다.

아라비아 숫자

오늘날 전 세계적으로 사용하는 아라비아 숫자는 기원후 천 년 동안 인도에서 발전하였고, 이슬람 수학자 알콰리즈미al-Khwārizmī에 의해 서양으로 전파되었다. 그는 최초로 사칙연산을 만들고 '0'을 사용한 수학자이다. 이슬람 수학자들은 수학을 발전시키고 확장시켰다.

아랍 정복자들의 발자취를 따라 곳곳에서 학문의 싹이 돋아났다. 8세기 무렵에는 '아랍화 된' 세계 전역에 교육 기관이 생겨났다. 9세기에는 스페인 코르도바에 있는 여러 학교의 지식인들이 카이로(현 이집트의 수도), 바그다드(현 이라크의 수도), 부하라(실크로드 중심지), 사마르칸트(동양과 서양이 만나는 중심 도시로 대표적인 특산물로는 종이가 있었다)의 지식인들과 교류했다. 유대인의 정신은 기꺼이 아랍의 정신에 동화되었다. 같은 셈족 출신의 두 민족 사이에 한동안 아랍어를 매개로 한 협력관계가 성립되었다. 아랍인들이 정치적으로 분열하고 쇠퇴한 후에도 아랍어를 사용하는 공동체는 오랫동안 유지되었다.

'사실'을 체계적으로 축적하고 비판하는 일은 그리스인들이 처음 시작했다. 오랫동안 방치되어 있었던 지식의 씨앗은 이제 결실을 보기 시작했다. 수학과 의학, 물리학에서 엄청난 발전이 이루어졌다. 사용하기 불편했던 로마 숫자가 오늘날 우리가 사용하는 아라비아 숫자로 대체되었다. '0'이라는 기호도 처음 등장했다. 대수학을 나타내는 '알제브라 algebra'나, 화학을 나타내는 '케미스트리 chemisty'는 아랍어에서 왔다. '알골 Algol', '알데바란 Aldebaran'과 같은 별의 이름이나 목동자리를 나타내는 '보오티즈 Boötes' 등 별자리 이름은 아랍인들이 하늘에 남긴 흔적이다.

연금술사, 철학자의 돌

아랍의 실험 화학자들을 가리켜 연금술사(alchemist)라고 부른다. '화학'을 뜻하는 'chemistry'는 연금술을 뜻하는 'alchemy'에서 온 것이다. 연금술사들은 가능한 한 자기의 실험 방법과 결과를 공개하지 않고 비밀로 유지하려고 했다. 그들은 합금, 염색, 증류, 정제 기술, 광학 렌즈 등 현대 화학 연구의 기초로써 엄청난 가치를 지닌 기술과 장비를 개발했다.

그러나 그들이 추구했던 두 가지 목표는 결국 이룰 수 없었다. 그것은 바로 '철학자의 돌' 또는 '현자의 돌'을 만드는 것이었다. 이 돌은 흔하게 구할 수 있는 금속을 금으로 바꿀 수 있는 상상의 매개체다. 연금술사들은 이것을 이용해 인공적으로 금을 만들고자 했다. 이 돌의 또 한 가지 목표는 사람을 젊게 하는 것이었는데, 노인에게 젊음을 돌려주고 수명을 연장하는 불로장생의 영약을 만드는 것이었다.

끈기가 있어야 하는 아랍 연금술사들의 난해한 실험방식에 열광하는 사람들도 많았다. 연금술사는 차츰 여러 사람이 협력하는 방식으로 활동하기 시작했다. 그들은 서로의 생각을 교환하고 비교하는 것이 유리하다는 것을 알게 되었다. 그들 스스로 변화를 의식했던 것은 아니었지만 마지막 세대의 연금술사들은 최초의 경험 철학자가 되어있었다. 연금술은 이슬람 문명권과 유럽에서 19세기까지 여러 분야에서 철학적 시스템으로 상호작용하였다.

옛 연금술사들은 염기성 금속을 금으로 변화시켜줄 철학자의 돌과 불로장생의 영약을 만들기 위해 애썼지만 실패했다. 그러나 그 과정에서 실험의 실증적 방식들을 발견해냈다. 결국 인류에게 세계와 인류의 운명을 좌우할 수 있는 무한한 힘을 선사하리라 약속한 현대 과학은 바로 여기에서 시작되었다.

연금사 하인리히 쿤라드(Heinrich Khunrath)의 실험실 (1595)

연금술사

현대 과학에서는 물질에 대한 탐구가 축적된 결과 실제로 다른 금속으로 금을 만드는 것이 가능해졌다. 연금술의 목표 중 하나가 달성된 셈이다. 연금술에서는 금을 만드는 것에 따르는 재정적 이득 외에도 철학적 수양의 목적이 있다고 했는데, 오늘날의 입자가속기를 통한 금 생성도 경제적 의미는 없고 돈은 안 되지만 적어도 인류의 지적 수준은 높은 단계에 이르게 되었다는 점에서 비슷한 목표를 이루었다고 할 수 있다.

05
봉건제도의 탄생

몽골이 헝가리까지 밀고 들어오면서 동로마 제국의 영토는 축소되었다. 위대한 헬레니즘 세계는 콘스탄티노폴리스라는 무역 도시를 중심으로 해서 흩어져 있는 얼마 안 되는 영지들로 한정되었다. 로마 제국에 대한 기억은 라틴어를 사용하는 그리스도교 사제들에 의해서 명맥이 유지되고 있었다.

유럽인들은 유럽의 중부와 북서 지방에 갇힌 신세였고 자신들의 사회, 정치적 관념 속에서 혼란스러워하고 있었다. 하지만 끊임없이 새로운 사회 질서를 구축하면서 이전에 누렸던 것보다 훨씬 더 큰 권력을 되찾을 준비를 하고 있었다. 6세기 초 서유럽에는 전 지역을 아우르는 중앙 정부가 더는 남아있지 않았다. 수많은 통치자가 등장했다가 사라지면서 서유럽 전체를 쪼개어 놓았다. 이런 상황은 너무나 불안정한 것이었기에 오래 지속될 수 없었고 혼돈 속에서도 서로 협력하는 체계가 자라나기 시작했다. 이 체계가 바로 봉건 제도feudalism 이다.

봉건 제도는 개별 인간의 권력을 구체화하여 사회를 재조직한 체계이다. 당시에는 각 개인이 안정된 정치 공동체에 속하지 못하고 홀로 떨어져 있었기 때문에 어디에서나 불안감을 느낄 수밖에 없었다. 보호를 얻기 위해서라면 개인의 자유 중 일부를 내놓을 준비가 되어있었다. 영주가 되어 자신을 보호해줄 더 강력한 인물을 찾고, 그에게 군사력을 제공하고 세금을 바치는 대신, 그 대가로 자신의 재산에 대한 소유권을 인정받았다. 그리고 이 영주는 더 강력한 영주에게 가서 그의 신하가 됨으로써 안전을 보장받았다. 한 개인이 그러했던 것처럼 한 도시 전체가 봉건 영주를 보호자로 삼는 것이 편리하고 안전한 길이었다.

영주와 농노로 이루어진 장원을 기초로 하여 각 장원의 통치자인 영주(기사)는 계약을 통해 상위 영주(대영주)의 신하가 되고 대영주 또한 더 상위의 영주로 이어져 국왕 또는 황제와 계약 관계를 맺는다. 결국 계층적인 주군과 신하의 관계가 맺어진 것이다. 수도원과 교회 영주들 또한 비슷한 방식으로 결속했다. 물론 영주에 대한 충성은 자발적으로 제공되기 전에 강요되는 경우가 많았다.

이렇게 봉건 시스템은 중세 유럽에서 형성된 지방 행정 제도이자 정치, 사회 체제로 자리 잡았다. 봉건 제도는 아래에서 위로 성장한 만큼이나 위에서 아래로도 성장했다. 일종의 피라미드형 권력 체계가 자라나 완성되었는데 점차 질서를 유지하고 법이 지배하는 체계가 되었다. 지역마다 봉건 피라미드가 제각기 자라나 그중에 어떤 것들은 자연스럽게 왕국이 될 만큼 커졌다. 이미 6세기 초에 현재의 프랑스와 네덜란드 지역에는 클로비스 1세가 세운 프랑크 왕국이 존재했으며 롬바르드족이 세운 왕국(이탈리아), 고트족이 세운 왕국(프랑스 남부 및 이베리아반도)들도 속속 등장했다.

프랑크 왕국

중세 초 유럽과 중부유럽을 거의 통일했던 나라이자 오늘날 프랑스, 독일, 이탈리아의 기원이 되는 국가이다. 5세기 말 서게르만족의 한 부족인 프랑크족이 서유럽지역에 세운 왕국이다. 이 왕국은 현재의 프랑스, 이탈리아, 독일을 형성한 것으로 평가되고 있다.

06
프랑크 왕국

720년, 무슬림이 피레네산맥을 넘어왔을 때, 프랑크 왕국을 실질적으로 지배하던 인물은 카롤루스 마르텔Carolus Martell (680~741)이었다. 그는 프랑크 왕국의 실권을 지닌 궁재(프랑크 왕국의 중앙 관직)로서 왕국을 장악한다. 그리고 이슬람 제국 우마이야 왕조가 침공한 전투에서 무슬림 군대에 결정적 패배를 안긴다. 클로비스 1세의 후손이 여전히 왕위에 있었지만, 권력이 쇠약해진 상태였다. 우마이야 왕조는 정통 칼리파 시대에 이은 이슬람 제국의 두 번째 칼리파 왕조로서 역대 이슬람 제국 중 영역이 가장 넓었던 왕조였다. 그러나 피정복민에 대한 강압적 통치와 아랍 우월주의에 대한 반발로 인해 왕조의 존속은 오래 가지 못했다.

732년, 카롤루스 마르텔은 투르-푸아티에 전투에서 이슬람군에 승리하며 이슬람 세력으로부터 서유럽을 지키고 기독교를 수호했다. 당시에 이미 중세 프랑스어로 변형된 라틴어를 구사하는 영주들은 물론 독일어를 사용하는 영주들 대다수가 그의 지배를 받았다. 카롤루스 마르텔의 아들 피핀 3세는 클로비스의 마지막 자손들을 폐위시키고 왕위를 차지했다. 그 후 768년, 왕위에 오른 피핀 3세의 아들이 바로 카롤루스 대제Charlemagne (742~814)였으며, 후에 교황 레오 3세에게 서로마 제국 황제의 칭호를 받아 신성 로마 제국의 시초이자 초대 신성 로마 황제로 등극하게 된다.

세계사의 넓은 지평에서 유럽의 역사를 바라볼 때, 서로마 제국의 전통이 얼마나 끔찍했는지 분명히 알 수 있다. 허상에 불과한 권세를 차지하기 위해 격렬한 투쟁이 이어졌으며, 이 때문에 1,000년이 넘는 시간 동안 유럽의 에너지를 소모하게 했다. 정신적 강박관념 때문에 한 사람이 지쳐 쓰러지고 말 듯이, 1,000년 동안 꺼지지 않고 지속된 적대감과 대립 때문에 유럽의 기력은 모두 메말라 버린다.

이런 현상을 주도한 원동력은 샤를마뉴(카롤루스 대제의 프랑스 발음)로 대변되는 절대군주, 성공한 통치자들의 욕망, 곧 신성 로마 제국의 황제가 되겠다는 야망이었다. 카롤루스의 왕국은 여러 개의 게르만족 봉건 국가가 모여 있는 복합체였다. 프랑크 왕국의 왕이자 서로마 황제 대관을 받은 카롤루스 대제는 프랑크족의 왕이면서도 황제라고 불렸다.

프랑크족의 관습에서는 왕의 임종 후 그 아들 끼리 나라를 나누어 갖는 것이 당연했기에 제국의 분열은 더 쉬웠다. 843년, 베르됭 조약으로 카롤루스 대제의 아들인 루도비쿠스 1세의 세 아들이 카롤루스 제국을 세 왕국(동프랑크 왕국, 중프랑크 왕국, 서프랑크 왕국)으로 분할시킨다. 이 조약으로 제국은 해체되기 시작했으며 서유럽의 세 근대 국가인 프랑스, 독일, 이탈리아의 모태가 탄생하게 된다.

앞으로 이야기 할 유럽의 역사는 카롤루스와 그 가족들의 이야기가 먼저 나온 다음, 주도권을 놓고 다투는 여러 왕과 왕자, 공작, 주교, 그리고 여러 도시 이야기로 한동안 흘러간다. 그러는 동안에 프랑스어권과 독일어권 사이의 적대감 또한 꾸준히 깊어져 갔다. 왕좌를 차지하고자 했던 자들이 품었던 최고의 야망은 옛 로마 제국의 수도를 탈환하여 그곳에서 대관식을 하는 것이었다.

카롤루스 대제 (742~814)

07

교황의 시대 – 동서 대분열

유럽의 정치적 혼란을 야기한 또 다른 요소는 로마의 교황을 실질적인 황제로 세우고자 하는 로마 가톨릭교회의 의지였다. 교황은 이미 로마 제국의 최고 사제를 의미하는 '폰티펙스 막시무스 pontifex maximus'라는 칭호를 사용하고 있었다. 게다가 쇠락해가는 도시 로마를 지키고 있다는 사실은 사람들의 마음속에서 실로 유용하게 작용했다. 교황에게 군대는 없어도 라틴 세계 전역에 퍼져있는 사제들로 구성된 거대한 조직이 있었다. 교황에게 사람들의 육체를 지배할 권한은 없었지만, 사람들의 마음속에 있는 천국과 지옥의 열쇠를 쥐고 있었다. 교황은 사람들의 정신과 영혼에 큰 영향력을 행사할 수 있었다.

중세 시대 내내 군주들 사이에서는 온갖 계책이 난무했다. 처음에는 동등한 지위를 얻기 위해서, 그다음에는 우월한 지위를 얻기 위해서, 그리고 마침내는 최고의 지위에 오르기 위해서. 군주들이 그러는 동안 재임 기간도 2년 정도밖에 되지 않는 로마의 교황은 때로는 대담하게, 때로는 교묘하게, 때로는 미약하게라도 그리스도교 세계의 궁극적 지배자인 자신 앞에 모든 군주를 복종시키고자 책략을 펼쳤다.

카롤루스 대제가 되살려낸 제국은 로마 제국 시절 라틴어를 사용했던 지역으로 한정됐다. 콘스탄티노폴리스에는 그리스어를 사용하는 또 다른 황제가 건재해 있었다(동로마 제국). 이 황제 또한 온 유럽이 자신에게 충성해야 한다고 주장했다. 이렇게 라틴어권 제국과 그리스어권 제국이 서로에 대한 경쟁심을 키우게 된 것은 당연한 일이었다.

로마의 교황은 자신이 그리스도의 수제자인 사도 베드로의 후계자이며, 어디에서나 그리스도교 공동체의 수장이라고 선언했다. 물론 콘스탄티노폴리스의 황제나 대주교가 이를 인정할 리 없었다. 마침 삼위일체 교리라는 예민한 사안을 두고 일어난 다툼은 양쪽 교회의 길고 긴 불화로 이어졌다. 두 교회는 결국 1054년 동서 대분열로써 최종적으로 갈라섰다.

동서 대분열은 양대 기독교인 동방 교회와 서방 교회가 1054년 분열되어 오늘날 정교회와 가톨릭으로 갈라선 시점으로, 기독교사와 세계사에 매우 중대한 사건이다. 이후 라틴 교회(로마 가톨릭교회)와 그리스 교회(동방 정교회)는 서로 뚜렷이 구별되었으며 현재까지 적대 관계로 남아 있다. (20세기에 들어서야 교회일치운동의 확산으로, 1965년 동서 교회가 교류를 재개하였다.)

　중세 시대, 라틴 그리스도교 세계의 시간을 헛되이 소모하게 한 분쟁을 평가할 때는 여러 나라 간의 적대 관계와 함께 동, 서 교회 간의 적대 관계도 반드시 살펴보아야 한다.

08
바이킹족의 모험

이렇게 분열된 그리스도교 세계를 공격한 세 부류의 침입자가 있었다. 첫 번째는 발트해와 북해 주변에 살고 있던 북유럽인들이었다. 이들은 매우 느리게, 그것도 거의 마지못해 그리스도교 세계로 편입되었다. '북쪽에 있는 사람들'이었기 때문에 노르드인이라고 불렸다. 북유럽에 살던 게르만족 일파로 흔히 바이킹이라고 불리는 사람들이 이 민족에 속한다. 북유럽 신화 대부분이 이 민족에게서 구전되어 온 신화이다. 이들은 바다에 나가 주로 해적질하며 살았다. 그들은 그리스도교 세계의 모든 해안을 습격하며 계속 남쪽으로 내려가 스페인까지 도달했다. 또 배를 타고 러시아의 강들을 따라 올라갔고 남쪽으로는 카스피해와 흑해에 닿았으며 그곳에서도 약탈을 일삼았다. 5세기에 들어 로마 제국이 쇠퇴했을 때는 북유럽인들이 로마 제국을 대하는 자세도 달라졌다. 수많은 게르만족 친척들이 제국들을 침략하는 것을 보고 혹한 노르드인들은 점차 남하하다가 8세기부터는 '바이킹Vikings'이라는 형태로 유럽 곳곳을 약탈한다.

노르드인은 잉글랜드를 침략했다. 잉글랜드는 9세기 초에 샤를마뉴 대제의 보호를 받는 에그버트(앵글로색슨 잉글랜드의 웨식스 왕국의 왕)가 왕이 되어 나라를 이룬 상태였다. 앵글로색슨 잉글랜드란 중세 초기의 잉글랜드로 로마 제국의 지배가 끝날 무렵인 5세기부터 노르만인의 잉글랜드 정복 때까지(1066)를 말한다. 노르드인은 에그버트 왕의 후계자인 앨프레드 대왕으로부터 왕국의 절반을 빼앗았다(886). (앨프레드 대왕은 앵글로색슨족이 세운 칠왕국을 통일하여 잉글랜드라는 정체성을 확립하고 바이킹이라는 외세의 침입 속에서도 고대 로마 문화를 담은 라틴어 문헌을 앵글로색슨어로 번역하여 영어의 기초를 세웠다. 영국 왕실의 시조로 여겨진다.) 그리고 마침내는 잉글랜드 전 지역을 정복했다(1016). 바이킹의 두목이라고 불리던 롤로는 또 다른 노르드인 무리를 이끌고 내려와 노르망디라고 불리는 북부 프랑스 지역을 점령했다(912).

크누트 대왕은 잉글랜드뿐만 아니라 노르웨이와 덴마크에 이르는 넓은 지역을 다스렸다. 그는 덴마크, 노르웨이, 잉글랜드를 하나로 통합함으로써 앵글로-스칸디나비아 제국을 세운 왕이었다. 하지만 노르드인은 정치를 잘하지 못했고 크누트 대왕의 제국은 오래가지 못했다. 대왕이 죽은 뒤에 그의 아들들이

잉글랜드를 침략하는 것이 묘사된 항해 중인 노르드인 Miscellany on the Life of St. Edmund 모건 도서관 소장

제국을 여러 조각으로 나누어 가졌다. 잠깐 존재했던 노르드인의 연합체가 계속 있었더라면 어떤 일이 벌어졌을지 생각해보는 것은 흥미로운 일이다. 노르드인은 놀라운 용기를 지닌 민족이었다. 바이킹들은 아이슬란드와 그린란드라는 2개의 거대한 섬을 발견했다. 또한 유럽인으로는 최초로 아메리카 대륙에 발을 디뎠다. 바이킹들은 항해하던 중 북아메리카에 도달했고 오늘날 캐나다 지역에 소규모의 정착지들을 세웠다.

그린란드

아이슬란드

노르웨이

스웨덴

아일랜드

덴마크

웨일스

잉글랜드

동슬라브족

서슬라브족

노르드인의 정착지

- 8세기 정착
- 9세기 정착
- 10세기 정착
- 11세기 정착
- 바이킹이 약탈을 했지만 영구 정착은 이루어지지 않음

프랑크인

남슬라브족

이베리아 왕국들

이탈리아

동로마 제국

시칠리아

아프리카

> **바이킹족**
>
> 흔히 아메리카 대륙을 발견한 인물이라고 하면 크리스토퍼 콜럼버스를 떠올리지만 사실 아메리카 대륙에 처음으로 발을 내딛은 구대륙 인물은 바이킹이라는 설이 유력하다. 콜럼버스보다 무려 600년도 일찍 아메리카에 첫발을 내디뎠다. 꽤 많은 바이킹이 북아메리카를 여러 차례 방문했다는 기록이 남아있다.

그 뒤에도 노르드인의 모험은 계속되어서 이슬람교도에게서 시칠리아를 빼앗고 로마를 습격하여 약탈하기까지 했다. 크누트 대왕의 왕국에서 자라난 위대한 해양 세력이 어쩌면 아메리카에서 러시아에 이르는 광대한 지역을 다스릴 수도 있었다.

두 번째 침입자는 마자르족(헝가리인)이었다. 당시 게르만족과 라틴화 된 유럽인의 동쪽에는 슬라브족과 튀르크족에 속하는 여러 부족이 서로 이웃해서 살고 있었다. 이들 중에 눈에 띄는 부족이 바로 마자르족, 곧 헝가리 사람들이었다. 이들은 8~9세기 내내 서쪽을 노리고 있었다. 샤를마뉴 대제가 한동안 이들의 이동을 저지했지만, 그가 죽자 현재의 헝가리 땅에 들어와 자리를 잡았다.

09
신성 로마 제국

카롤루스라는 이름은 유럽 역사에 비중 있게 등장한다. 그는 글을 읽고 쓸 줄 몰랐지만, 학문을 존중하는 마음만은 컸다. 식사 때는 크게 책 읽는 소리를 듣고 싶어 했고, 특히 신학에 관한 토론을 즐겼다. 카롤루스가 글을 쓰지 못하는 문맹이었다는 이야기는 유명한데, 상당히 노력했음에도 성공을 거두지 못했다. 하지만 말하고 듣는 것에는 유창하여 지식인들을 불러 모아 그들의 대화에 많은 것을 배웠다. 여름에는 여전히 이교도로 남아있던 다른 게르만족들에 맞서 전쟁을 했다.

카롤루스는 로물루스 아우구스툴루스(서로마 제국의 마지막 황제)를 계승하여 로마 황제가 되겠다는 생각을 품었다. 가톨릭교회는 본래 동로마 제국에 종속되어 있었다. 그러나 이슬람의 침입으로 가톨릭교회와 동로마 제국의 사이는 악화되었다. 그러던 중 투르-푸아티에 전투에서 이슬람군을 막아낸 카롤루스 마르텔이 교황을 보호하게 되면서 카롤루스 대제도 이를 이어받는다.

라틴 교회를 콘스탄티노폴리스로부터 독립시키고자 했던 교황 레오 3세는 800년 성탄절에 성 베드로 성당에서 방문자이자 정복자인 카롤루스에게 예고 없이 갑자기 황제의 관을 씌우는 데 성공한다. 황제의 관을 앞으로 내밀어 카롤루스의 머리 위에 씌우고는 카이사르와 아우구스투스라고 부르며 환호해주었다. 그는 서로마 제국의 황제라는 직함을 되살려내도 될 만큼 넓은 지역의 주인이 되었다.

이때 서로마는 멸망한 뒤였기에 카롤루스 대제가 갖게 되는 서로마 제국의 황제라는 직함은 일종의 명예직일 뿐이었다. (이를 신성 로마 제국의 성립으로 보기도 한다.) 하지만 교황의 보호자이자 우위에 있다고 생각했던 카롤루스는 이 모든 일이 진행된 방식이 마음에 들지 않았으며 이 일은 그의 마음속에서는 패배로 여겨졌다. 제국은 부활했지만, 그 출발점에서부터 서로 우위를 차지하려는 교황과 황제 사이의 영원한 우선권 다툼이 시작된 것이다. 이 추대를 통해 가장 이득을 본 것은 교황이었다. 이 추대가 선례가 되면서 교황은 신성 로마 제국의 황제를 임명하고 제관을 수여하는 권리를 얻게 되었다. 이전의 어떤 교황도 누리지 못한 특권이었으며 황제에 대한 교황의 우위를 나타내게 된다. 결국 카롤루스 대제는 이렇게 서로마 제국의 황제가 되어 그의 정통성은 신성 로마 제국으로 이어진다.

하지만 손자 루트비히 2세가 죽자 카롤루스 대제가 세운 제국은 무너졌고 프랑스어를 말하는 프랑크족과 독일어를 말하는 프랑크족 사이의 대립은 더욱 확대되었다. 그리고 독일 왕국의 국왕 하인리히의 아들 오토 대제가 다음 황위를 이어받았다. 그의 아들 오토 1세(신성 로마 제국의 공식적인 초대 황제로 불린다)는 962년 로마로 가서 황제의 관을 받았다.

그러나 이 작센 계통의 왕가는 11세기에 일찍이 끝이 나고 다른 게르만 통치자들에게 자리를 내주게 된다. 카롤루스 대제와 그 뒤를 이은 후계자들은 더욱 강력하고 공격적인 민족들에 둘러싸인 형국이었다. 하지만 그들은 위협을 가하는 세력들을 이해할 수도, 자신들이 처한 위험을 가늠해볼 수도 없었다. 그들은 오직 신성로마 제국이라는 이름 아래 서로마 제국을 재건하겠다는 드라마를 써나가고 있을 뿐이었다. 카롤루스 대제 이후 계속해서 이러한 야망이 서유럽을 사로잡고 있었다. 반면에 동쪽에 있는 로마 제국의 또 다른 반쪽(동로마 제국)도 세력이 약해지고 영토도 줄어들고 있었다. 결국에는 모든 것이 사라지고 다만 쇠락해버린 무역 도시 콘스탄티노폴리스와 그 주변 몇 킬로미터만이 옛 제국의 영역으로 남았다.

오토 1세 (912~973)

신성 로마 제국

신성 로마 제국은 중부 유럽에서 발달한 다민족국가 체제이다. 유럽 국가들의 정치적 연방체로서 일반적으로 신성 로마 황제가 이끌었다. 독일 왕국의 오토 1세가 이탈리아 왕국을 통합하고 교황으로부터 황제 대관을 받으면서 본격적으로 신성 로마 제국이 시작되었다. 1806년, 나폴레옹 전쟁 도중 황제가 퇴위할 때까지 약 800년 이상의 기간 동안 지속되었다.

카롤루스 왕조의 지배에서 벗어난 프랑크 왕국의 서쪽 지역에서는 987년, 위그 카페Hugues Capet 가 권력을 잡고 프랑스 왕국을 형성했다. 이후 프랑스 혁명 전까지 프랑스를 다스린 왕들은 위그 카페의 후손들이다(카페 왕조). 하지만 위그 카페가 프랑스의 국왕으로서 다스렸던 지역은 파리 주변의 비교적 작은 영토에 불과했다.

위그 카페 베르사유 궁전 소장

10
십자군 전쟁

비잔티움 제국을 위협하는 셀주크 왕조

《아라비안나이트》의 주인공으로 유명한 하룬 알 라시드 칼리파(아바스 왕조 5대 칼리파)와 카롤루스 대제가 서신을 주고받았다는 사실은 흥미롭다. 하룬 알 라시드가 바그다드에서(당시 이슬람 제국의 수도) 사신들을 보내면서 화려한 텐트와 물시계, 코끼리와 성묘 교회의 열쇠를 함께 보냈다는 기록이 남아있다. 성묘 교회는 예수가 부활한 장소로 전해져, 4세기부터 중요한 기독교 성지 순례의 장소였다. 하룬 알 라시드가 동로마 제국과 충돌하면서 그들을 견제하기 위해 서로마 제국의 황제가 된 카롤루스 대제와 동맹을 맺었다. 당나라에 사절을 보내기도 했다.

9세기의 유럽은 아직 전쟁과 약탈의 혼돈 속에서 비틀거리고 있었다. 하지만 위와 같은 선물들을 보면 그 당시 이집트와 메소포타미아에 펼쳐진 아랍 제국은 크게 번성하고 있었음을 알 수 있다. 아랍 제국은 문학과 과학이 여전히 살아있었다. 그리고 인간의 정신은 공포와 미신에서 벗어나 진보할 수 있었다. 이곳에서는 유대인들과 아랍인들이 아리스토텔레스를 읽고 토론했다. 소크라테스, 아리스토텔레스, 아르키메데스, 유클리드, 피타고라스 등 고대의 현인들이 집필한 저서들을 번역했으며 중국으로부터 종이, 비단, 도자기 기술을 습득했다. 이렇듯 아바스 왕조의 국력은 갈수록 강해졌고 바그다드(이라크의 수도이자 중세 이슬람 제국의 수도)는 당대 가장 화려한 도시로 번영하였다.

한편, 칼리파의 지배 영역 동북쪽에는 무슬림 튀르크 부족(오늘날 우즈베키스탄, 카자흐스탄, 튀르키예, 아제르바이잔 등)이 살고 있었다. 이미 오래전에 이슬람으로 개종한 튀르크인은 남쪽의 아랍인과 페르시아인보다 더 맹렬한 신앙을 지니고 있었다. 10세기에 아랍의 지배력이 분열되고 쇠락해가는 동안 튀르크인은 더욱더 강해졌다. 11세기에 튀르크 부족 중 하나인 셀주크 왕조가 메소포타미아 지역으로 내려와 칼리파를 명목상의 통치자로 두면서 실제로는 포로이자 도구로 삼는 일이 발생했다. 셀주크 왕조는 소아시아에 남아있던 동로마 제국(비잔티움 제국)의 흔적들을 모두 없애고 건너편에서 콘스탄티노폴리스를 마주보며 공격을 준비하고 있었다.

동로마 제국의 황제 미카엘 7세는 공포에 떨고 있었다. 당시 비잔티움 제국은 이미 노르만족과 전쟁 중이었고 사나운 튀르크 계열의 페체네그족과도 교전을 벌이고 있었다. 궁지에 몰린 미카엘 7세는 도움을 청하기 위해 서유럽으로 눈을 돌렸다. 그런데 그는 놀랍게도 신성로마 제국의 황제가 아니라 라틴 그리스도교 세계의 수장인 교황에게 도움을 요청한다. 미카엘 7세는 교황에게 편지를 보냈고, 그다음 황제인 알렉시오스 콤네노스는 훨씬 더 다급한 편지를 교황 우르바노 2세에게 보냈다.

사실 이 시기는 라틴 교회와 그리스 교회간에 불화가 생긴 지 25년도 되지 않았을 때다. 분열 당시 일었던 논란은 사람들의 마음속에 아직도 생생히 살아있었다. 동로마 제국에 닥친 위기를 지켜보면서 교황은 그리스 교회에 대한 라틴 교회의 우위권을 확보할 절호의 기회로 여겼다. 게다가 교황은 이 기회에 서유럽 그리스도교 세계를 괴롭히고 있던 두 가지 문제까지 해결할 수 있다고 보았다. 첫째는 사회를 혼란스럽게 하는 '사적인 전쟁'의 관습이었다. 당시 중세 서유럽은 지방 영주들, 기사들 간의 다툼이 끊임없이 계속되고 있었다. 둘째는 노르드인의 넘쳐나는 호전적 에너지였다.

제1차 십자군 전쟁

결국 교황은 예루살렘을 장악해버린 튀르크인들을 물리치기 위한 종교 전쟁, 곧 십자군 전쟁을 선포한다. 십자군 전쟁은 '레반트 지역(오늘날 팔레스타인, 이스라엘, 레바논, 요르단, 시리아 지역)'의 지배권을 놓고 벌어진 종교 전쟁이다. 로마 제국 시기였던 3세기경부터 레반트 지역은 기독교의 중심지였다. 하지만 이슬람 팽창으로 인해 예루살렘도 이슬람 영토가 되어버렸고 기독교를 믿는 지역은 11세기까지 그 영역이 계속해서 줄어들었다.

1095년, 교황 우르바노 2세는 제1차 십자군(1095~1099)을 소환한다.

튀르크족에게 위협을 느낀 동로마 제국의 황제 알렉시오스 1세를 위한 군사 원조가 그 명분이었다. 우르바노 2세는 동서 교회의 분열 이후로 분열되어있던 정교회와 가톨릭을 통합하여 자신이 그 통합된 기독교의 수장이 되고 싶었을 것이다. 십자군 전쟁의 목적은 이교도로부터 예수의 성묘를 탈환하는 것이라고 선언했다.

중세 사람들에게 중요한 것은 종교와 신앙이었다. 천국에 가면 현세의 삶에서 겪은 고통을 보상받을 수 있다고 기대했다. 사람들은 이를 위해 종교적인 규율에 따라 생활해야 했다. 많은 그리스도교도가 예수가 살고 고난을 겪었던 팔레스타인과 예루살렘으로 성지 순례를 떠났다. 이곳에 거주하던 아랍인들은 순례자들의 통행을 허용했다. 그러나 튀르크인이 이곳을 점령하면서 순례자들이 약탈당하고 살해당하는 일이 발생한다. 하지만 이것은 정치적 명분이었고 사람들을 선동하기에 충분했다. 사람들은 튀르크인이 그리스도교 성지 순례자들에게 가하는 가혹행위를 비난했으며 예수의 성묘가 이교도들의 손아귀에 놓여있다는 것은 큰 수치라고 떠들어댔다.

단일한 하나의 사상을 위해 사람들이 이토록 광범위하게 들고일어난 것은 인류 역사에 처음 있는 사건이었다. 로마 제국은 물론 인도나 중국의 이전 역사에서도 이에 필적할 만한 일은 없었다. 이러한 현상은 선교를 중시하는 종교들이 발달하면서 형성된 새로운 정신과 관련된다. 우르바노 2세가 처음 십자군을 소집했을 당시에는 '십자군'이라는 말은 존재하지 않고 '여행' 또는 '순례'라는 말이 사용되었다.

십자군 참여를 독려하는 설교는 유럽 역사에 처음 있었던 민중 선동 활동이었다. 이것을 두고 근대 민주주의의 탄생이라고 부르는 것은 지나치게 과장된 것일 수 있지만, 여기에서 근대 민주주의의 움직임이 느껴진 것만은 확실하다. 그리고 오래 지나지 않아 민주주의가 다시 태동하여 가장 혼란스러운 사회적, 종교적 의문들을 제기할 것이었다.

십자군 원정

교황의 호소는 엄청난 반향을 불러일으켰다. 첫 번째 십자군은 매우 슬프고 애처롭게 끝나버렸다. 군대라기보다는 오합지졸에 가까운 빈민 민중들이 프랑스 그리고 중부 유럽에서 몰려나와 성지를 탈환하기

제1차 십자군을 이끄는 피에르 레르미트

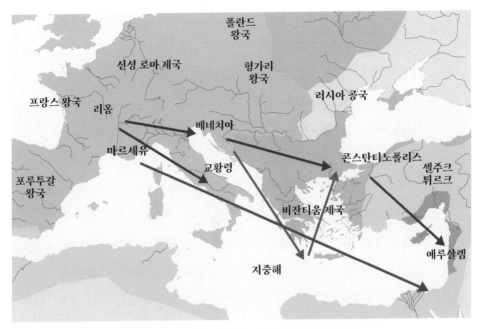

십자군 전쟁 경로 (1차: 빨간색 | 4차: 파란색 | 6차: 초록색)
하늘색 영토: 로마 가톨릭 세력권 | 주황색 영토: 그리스 정교 세력권 | 연두색 영토: 이슬람교 세력권

위해 동쪽으로 떠났던 것이다. 그들의 동기는 아마도 힘겨운 삶으로부
터 무작정 탈출하고 싶은 심리, 전리품을 한몫 챙길 수 있으리라는 기
대, 그리고 구원에 대한 진정한 믿음에 이르기까지 각양각색이었을 것
이다. 지도자도 없고 적당한 무기도 없었던 이들은 '민중 십자군'이었
던 셈이다. 이들 가운데 두 무리는 헝가리에 들어가서는 온갖 잔혹 행
위를 벌이다 그곳에 살던 사람들을 몰살해버렸다. 군중 십자군은 동로
마에 도착한 뒤 알렉시오스 1세의 충고를 무시하고 니케아로 쳐들어
갔다가 튀르크족의 공격을 받고 대패하게 된다.

이듬해(1097)에야 무기를 제대로 갖춘 군대가 보스포루스 해협을 건넜다. 이들 중에 사기가 높은 핵심 세력은 노르만족이었다. 그들은 1400년 전에 알렉산드로스 대왕이 지났던 길을 따라 3개월 동안 행진하여 안티오키아에 이르렀다. 안티오키아에 입성한 십자군은 무슬림뿐만 아니라 기독교를 믿는 그리스인, 시리아인 시민들까지 학살했다. 그들은 레반트로 진군하였고 마침내 1099년 예루살렘을 점령했다.

예루살렘 함락 뒤에는 끔찍한 살육이 이어졌다. 이틀에 걸쳐 십자군은 예루살렘 시민들을 학살하고 재산을 약탈했다. 거리마다 피로 얼룩진 사람들이 말을 타고 돌아다녔을 정도였다고 한다. 그들은 모두 피투성이가 된 채 지쳤지만 기쁨에 넘쳐 소리 내어 울며 무릎을 꿇고 기도했다. 십자군은 라틴 교회를 섬기는 이들이었다. 그리스 교회에 속하는 예루살렘 사람들에게는 튀르크족의 지배보다 승리한 라틴 교회 사람들의 지배가 훨씬 더 불행한 일이었다.

튀르크족은 성지에서 추방당했고, 고향으로 돌아가지 않은 십자군들은 그리스도교 공동체를 건설하거나 작은 독립 국가들을 세우기도 했다. 그 결과 예루살렘 왕국, 안티오키아 공국, 에데사 백국 등 십자군의 국가가 세워졌다. 이들은 주위 이슬람 세력으로부터 위협을 느꼈으므로 계속해서 서방 세계의 지원을 요구했다. 그 결과 십자군 원정은 계속해서 이어졌다.

십자군은 이제 동로마 제국과 튀르크 사이에 끼어버렸고 양쪽 모두와 싸워야 하는 지경에 이르렀다. 동로마 제국이 소아시아의 대부분 지역을 수복하자 십자군으로 참여한 라틴 영주들은 튀르크와 그리스 사이의 완충재 역할을 떠맡게 되었다. 그들에게 남겨진 것은 에데사 백국을 중심으로 하는 몇몇 작은 공국과 예루살렘뿐이었다. 하지만 이들 지역에 대한 장악력도 매우 위태로워서 1144년에는 결국 에데사가 무슬림의 수중에 떨어지고 말았다. 12세기 초의 교황들은 새롭게 세워진 십자군 국가들을 돕기 위해 소규모 십자군을 계속해서 파병하였다. 제2차 십자군(1145~1149)이 파견되었지만 에데사를 탈환하는 데 실패했다.

1169년, 이집트를 정복한 쿠르드족 장수 살라딘 휘하에 이슬람 세력이 집결했다. 이슬람의 지도자 살라딘(수니파)은 십자군 전쟁에서 십자군을 물리치고 예루살렘을 탈환했다. 이로써 제3차 십자군 전쟁(1189~1192)이 시작되었다. 하지만 당시 유럽 최대의 세력을 자랑했던 신성 로마 제국의 프리드리히 1세, 잉글랜드 왕국의 리처드 1세, 프랑스 카페 왕조의 필리프 2세가 참가했는데도 불구하고 십자군이 예루살렘을 수복하는 데 실패했다.

제4차 십자군 전쟁

제4차 십자군 전쟁(1202~1204)에서는 라틴 교회가 노골적으로 동로마 제국 쪽으로 공격의 방향을 틀었고 십자군은 튀르크인과 싸우는 시늉조차 하지 않았다. 결국 베네치아에서 출발한 제4차 십자군은 1204년 콘스탄티노폴리스를 함락시켰다. 빠르게 성장하고 있던 무역 도시 베네치아가 원정에 앞장섰고 결국 동로마 제국의 해안과 섬 대부분을 차지해버렸다. 콘스탄티노폴리스에는 '라틴' 황제가 옹립되었으며 라틴 교회와 그리스 교회의 재통합이 선언되었다. 하지만 라틴 황제들이 콘스탄티노폴리스에서 통치할 수 있었던 것은 고작 1261년까지였다. 그리스 세계가 다시 떨쳐 일어나 로마의 지배에서 벗어났다. 그렇게 4차 십자군은 무슬림 치하에 놓인 성지 예루살렘을 탈환하기 위해 시작되었으나 1204년 콘스탄티노폴리스를 정복하여 정교회 국가인 동로마 제국을 무너뜨리는 뜻밖의 결과와 함께 종결된다.

4차 십자군 전쟁 1204년 동로마 제국의 콘스탄티노폴리스를 함락시키는 십자군

카노사의 굴욕

10세기에는 노르드인이 우세했다가 11세기에는 셀주크 왕조의 튀르크족이 우세했던 것과 마찬가지로 12세기에서 13세기 초까지는 교황의 권력이 우세했다. 교황의 지배 아래 통합된 그리스도교 세계가 실제로 구현된 일은 전무후무한 것이었다. 소박한 그리스도교 신앙이 실

그레고리오 7세

제로 유럽 전역에 광범위하게 전파되었다. 라틴 그리스도교 세계의 가슴은 여전히 진솔하고 소박한 상태로 남아있었다. 일반 사제들과 수도사들은 모범적이고 충실한 삶을 살았다. 이들의 모범적인 삶에 의해 형성된 신뢰는 교회 권력의 기반이었다. 11세기 말에는 훌륭한 성직 정치가인 힐데브란트가 등장하여 그레고리오 7세(1073~1085 재위)가 되었다. 그리고 그다음 다음 우르바노 2세(1088~1099 재위)가 교황으로 선출되어 제1차 십자군 전쟁을 시작했다.

이 두 명의 교황에 의해 교황이 황제 위에 군림하는 교황권의 전성기가 마련되었다. 그렇게 교황은 불가리아에서 아일랜드까지, 노르웨이에서 시칠리아와 예루살렘까지 모든 지역을 아우르는 최고 권력자가 되었다. 그레고리오 7세는 교황만이 교회의 으뜸이고 황제를 폐위시킬 자격이 있으며 교회와 세계의 주인이라고 말하였다. 그레고리오 7세는 신성로마 제국의 황제 하인리히 4세가 카노사성까지 찾아와 용

카노사의 하인리히 Eduard Schwoiser

서를 빌게 하였다(카노사의 굴욕). '성직자 임명권'은 본래 왕권에 포함
되어 있었다. 그레고리오 7세는 신성 로마 제국의 황제 하인리히 4세
가 반란으로 혼란스러워하는 틈을 타 성직자 임명권은 교황과 교황청
에만 있다고 일방적인 선언을 한다. 이에 황제는 반발하였고 교황은
황제를 파문하기로 하는데, 황제는 눈 쌓인 성의 안뜰에서 맨발에 삼
베옷만 입고 참회하며 사흘 밤낮으로 용서를 빌었다.

카노사의 굴욕

교회 권위의 추락

11세기에 확립된 강력한 교회 권력은 사람들의 의지와 양심에 기초
해 있었다. 하지만 교회는 그 권한의 기초가 되었던 도덕적 위상을 유
지하지 못했다. 십자군 전쟁은 1271년, 9차 십자군 전쟁까지 이어졌음
에도 불구하고 예루살렘 탈환에 실패함으로써 교회가 패배한 전쟁이

되고 말았다. 이는 흑사병의 발생과 함께 14세기 들어 교회 세력이 쇠퇴하는 데 중대한 역할을 하였다. 14세기 초반에 이르러 교황의 권력은 모두 사라지고 만다. 그 사이에 그리스도교 세계의 평범한 신자들이 교회를 향해 지니고 있던 순수한 신뢰가 무너진 것이다. 교회의 호소에도 사람들은 모이지 않았고 교회가 내세우는 목표를 섬기지도 않았다. 이렇게까지 교회의 권위가 무너진 원인은 대체 무엇이었을까?

문제는 교회가 축적한 재산이었다. 교회는 절대 죽는다는 법이 없었지만, 세상에는 후사를 보지 못하고 죽는 사람들이 많았다. 자식 없이 죽는 이의 토지는 모두 교회에 기부해야 했다. 참회하는 죄인들 또한 그렇게 하도록 권고받았다. 그 결과 유럽의 많은 나라에서 토지의 4분의 1 정도가 교회 소유가 되었다.

교회의 재산이 늘어날수록 재산에 대한 교회의 욕망은 더욱 커졌다. 13세기에 이미 사제는 좋은 사람이 아니었다. 언제나 돈만 밝히고 유산을 가로챌 생각만 한다는 말이 어디서나 들려왔다. 왕과 영주들은 이런 식으로 토지가 교회에 넘어가는 것을 당연히 싫어했다. 군사 지원을 해줄 수 있는 봉건 제후들 대신 수도원과 그 안에 사는 수도사들을 부양하는데 자신의 땅이 쓰이게 되는 꼴이기 때문이다.

서임권 투쟁

교황 그레고리오 7세 이전부터 군주와 교황 사이에 서임권(성직자 임명권)에 관한 논쟁, 곧 누가 주교를 임명할 권한을 갖느냐를 둘러싸고 말이 많았다. 그 권한을 왕이 아니라 교황이 갖게 됨으로써 왕은 자기 백성의 양심을 통제할 수 없게 되었을 뿐 아니라 지배권역의 상당 부분을 잃게 되었다. 성직자들은 세금을 로마에 냈고 왕에게는 면세를 요구했다. 게다가 교회는 신도들이 영주에게 내는 세금과는 별도로 십일조를 징수할 수 있는 권리까지 주장했다.

11세기 라틴 그리스도교 세계의 거의 모든 국가의 역사는 서임권을 둘러싼 교황과 군주 사이의 투쟁사다. 그리고 투쟁은 일방적인 교황의 승리로 이어진다. 교황은 한 국가에 성무 정지를 명령할 수 있는 권한도 있었다. 성무 정지가 내려지면 사제는 그곳에서 미사도 주례할 수 없고, 혼례를 주관할 수도 없으며, 장례식을 거행할 수도 없게 된다. 즉 '성무 금지령'이 내려지게 되면 그 나라에서 고해성사, 유아세례, 결혼식, 장례식, 미사와 같은 모든 활동이 중지된다. 고해성사가 중단되면 그 나라의 모든 사람은 죄를 가진 채로 죽게 되므로 천국에 갈 수 없다. 유아세례가 중단되면 호적에 이름을 올릴 수 없고, 장례식을 치르지 못하면 그는 산 자로 남아 세금을 계속 부담하게 된다. 이처럼 '성무 금지령'은 그 국가의 모든 행정작용을 중단시키는 것이었다.

이 점을 무기로 12세기 교황들은 말을 듣지 않는 영주들을 제압하고 고집 센 평민들을 억압할 수 있었다. 사실 이것은 어마어마한 힘이어서 아주 특별한 경우에만 사용해야 했다. 하지만 교황들이 이를 자주 사용 하게 되자 그 효과마저 진부해졌다. 12세기 후반 30년도 안 되는 기간에 스코틀랜드, 프랑스, 잉글랜드에 차례로 성무 금지령이 내려질 정도였다. 게다가 교황들은 공격적인 영주들에 맞서 십자군을 일으키려는 유혹을 참지 못했다.

만약 로마 가톨릭교회가 단순히 영주들하고만 싸우고 인간의 정신에 관한 지배력을 유지하려고 했더라면 아마도 그리스도교 세계 전체를 영구적으로 장악할 수도 있었을 것이다. 하지만 교황은 사제들에게도 영주들에게 했던 것 같은 일방적인 명령을 내렸고 이는 결국 교회의 오만을 불러왔다. 11세기 이전 로마 가톨릭교회의 사제들은 결혼을할 수 있었다. 그들은 교회 공동체에서 함께 살아가는 보통 사람들과유대 관계를 맺고 있었다. 사제 역시 민중의 일부였다. 그런데 교황그레고리오 7세가 사제들의 독신 생활을 명령했다. 그는 교황직의 우월성을 확립하기 위하여 성직자들에게 독신 의무를 강제로 부여했다.그리고 성직매매를 타파하기 위해 노력했다.

　교회는 자체 법정을 가지고 있었다. 유언, 혼인, 서약에 관한 사건과 마법, 이단, 신성모독에 관한 모든 사건을 이 교회 법정에서 다루었다. 평신도가 사제와 분쟁을 겪게 되었을 때도 교회 법정에 가야 했다. 사제들은 전쟁을 끝내고 평화를 이끌 의무를 외면했다. 그리스도교 세계에서 사제들에 대한 증오가 자라난 것은 그리 놀라운 일이 아니었다.

　로마 교황은 자신의 권력이 평범한 사람들에게서 나온다는 사실을깨닫지 못했던 것 같다. 오히려 교회는 자신의 편으로 두어야 할 그들에 맞서 싸웠다. 그리고 신앙을 의심하거나 교회와 다른 의견을 내는사람들에게 정통 교리만을 강요했다. 교회는 정의롭지 못한 특권을 누리며 관용적이지 못한 태도로 일관했다. 그렇게 모든 권력의 궁극적인원천이 되는 보통 사람들의 신앙과 믿음을 파괴했다.

11
교황의 몰락 - 서방 교회 대분열

교황 선출 제도의 허점

로마 가톨릭교회가 전체 그리스도교 세계에 대한 지배권을 확보하기 위한 과정에서 치명적인 약점을 드러냈다. 바로 교황을 선출하는 방식이었다. 실제로 교황이 그리스도교 세계에 하나의 통치, 하나의 평화를 성립시키기 위해 존재하는 것이라면, 교황은 강력하고 안정적인 지도력을 갖추고 이를 유지할 수 있어야 했다. 교황은 유능한 인물이어야 하고 적어도 재위 기간 동안 후계자를 미리 지명해두고 교회의 정책을 논의해 나가야 한다. 그리고 교황 선출 과정이 분명하고 확실하며, 흠잡을 데 없어야 한다. 그렇지만 불행히도 그 어느 것도 이루어지지 않았다. 심지어 누가 교황 선출에 참여할 수 있는지, 동로마 제국이나 신성로마 제국의 황제가 교황 선출을 두고 목소리를 낼 수 있는지조차 분명하지 않았다.

그래서 그레고리오 7세는 교황 선출 방식을 정규화하기 위하여 노력했다. 그는 교황 선출에 참여하여 투표할 수 있는 사람을 로마 가톨릭교회의 추기경으로 제한했다. 그리고 황제의 권한을 축소하여 오직 교회가 황제에게 양도한 승인권만 행사할 수 있도록 했다. 그러나 후계자에 관한 조항은 만들지 않았다. 이 때문에 교황 자리가 1년 넘게 공석이 되는 경우도 발생하였다. 교황 선출에 관한 확실한 규정이 마련되지 않은 데서 비롯된 문제는 16세기에 이르기까지 역사 전반에서 드러난다. 때로는 둘 혹은 그 이상의 교황이 난립하여 자신이 진짜 교황임을 주장하기도 했다. 위대한 교황 한 명이 죽으면 교회는 수장을 잃은 채, 아무것도 할 수 없는 상태가 되곤 했다. 또한 죽은 교황의 오랜 경쟁자가 그 자리를 차지하고는 전임자가 해놓은 일들을 모두 원래대로 되돌려놓으려 했다.

교황제도의 이런 허점 때문에 세속 군주들의 간섭은 피할 수 없는 일이었다. 독일 지역 영주들과 프랑스의 왕, 잉글랜드를 지배한 노르만 왕들까지도 교황 선출에 영향력을 행사하려고 했다. 왕들은 자신에게 이익이 되는 교황을 옹립하고자 애를 썼다. 교황이 더 강력하고 중요한 인물이 되어감에 따라 개입해야 할 이유도 더 절실해졌다. 이러한 상황에서 대부분의 교황이 나약하고 무능해진 것은 어쩌면 당연했다. 놀라운 일은 그럼에도 능력 있고 용기 있는 교황도 있었다는 점이다.

교황이 황제를 파문하다

인노첸시오 3세는 '교황은 태양, 황제는 달'이라는 말이 나올 정도로 교황권의 전성기를 이룬 강력한 교황이었다. 그는 서른여덟 살이 되기도 전에 교황이 되는 행운을 누렸다. 그는 앞서 살펴본 제4차 십자군을 조직하였다. 십자군은 예기치 않은 상황으로 콘스탄티노폴리스를 공격하였고 처음에 인노첸시오 3세는 자신의 지시를 위반한 것으로 십자군을 파문했다. 하지만 나중에는 동서 교회의 재일치를 하느님의 뜻으로 보고 받아들였다. 이 일을 통해 가톨릭교회와 동방 정교회 간의 적대감이 커지게 되었다.

한편, 그와 그의 후임 교황들은 훨씬 더 흥미로운 인물과 경쟁해야 했는데, 그가 바로 '세상의 경이'라고 불렸던 신성로마 제국 황제 프리드리히 2세Frederick II (1194~1250)이다. 로마에 대항해서 벌인 프리드리히 2세의 투쟁은 역사의 전환점이 되었다. 로마는 그를 파문시키고 그의 왕조를 무너뜨렸다. 하지만 교회와 교황의 위신 또한 심각한 상처를 입었다. 프리드리히 2세는 황제 하인리히 6세의 아들이었으며 그

프리드리히 2세

의 어머니는 시칠리아의 노르만족 왕의 딸이었다. 1198년 네 살이었던 프리드리히가 시칠리아 왕국을 물려받았을 때 교황 인노첸시오 3세가 그의 후견인이 되었다. 당시는 노르만족이 시칠리아를 정복한 지 얼마 되지 않았을 때였다.

시칠리아의 궁정은 반쯤은 동방의 궁정과 같았으며 교육 수준이 높은 아랍인들로 채워져 있었다. 이들의 교육 덕분에 프리드리히는 그리스도교에 대해서는 무슬림의 시각을, 이슬람에 대해서는 그리스도교의 시각을 가질 수 있었다. 그의 폭넓은 문화적 취향과 유대인, 무슬

림에 대한 관용, 교황에 대한 반항
은 특별한 명성을 가져다주었다.

프리드리히 2세는 성장하면서
후견인 교황과 마찰을 빚었다.
교황 인노켄티우스 3세가 너무
많은 것을 원했던 것이다. 프리
드리히에게 신성로마 제국의 황
제 자리를 계승할 기회가 찾아왔
을 때 교황이 끼어들어서 몇 가
지 조건을 내걸었다. 그 조건은
시칠리아와 남부 이탈리아에 걸

프리드리히 2세

쳐있는 왕국의 왕관을 내려놓는 것과 독일 지역 사제들의 세금을 면제
시키는 것이었다. 프리드리히는 모든 조건에 동의했지만 자신의 말을
지킬 생각은 전혀 없었다. 인노켄티우스 3세가 무슬림에게서 예루살
렘을 수복하기 위해 십자군을 일으키라고 했을 때도 프리드리히는 바
로 약속했지만, 행동은 미적거렸다.

프리드리히 2세는 황제의 관을 안전하게 확보하고 난 뒤에도 여전
히 시칠리아에 머물렀다. 그는 그 후에도 교황과 마찰을 빚어 세 번이
나 파문을 당하는 수난을 겪기도 했다. 교황 그레고리오 9세는 즉위하
자마자(1227) 어떤 대가를 치르더라도 담판을 지어야겠다고 결심하고
는 황제를 파문해버렸다. 프리드리히 2세에게는 종교가 주는 모든 안
위가 금지된 것이다. 하지만 반쯤은 아랍에 속했던 시칠리아의 궁정에
서는 이것이 그다지 큰 불편이 되지는 않았다.

프리드리히 2세

교황 그레고리오 9세는 십자군 파병을 조건으로 프리드리히 2세를 지원해주었지만, 실리주의자였던 황제는 차일피일 미루고 있었다. 프리드리히 2세는 여태껏 5번이나 파병했음에도 승리하지 못한 십자군 원정에 자신의 물자와 군사들을 희생시키고 싶은 생각이 없었다. 교황은 분노하여 황제를 파문했고 프리드리히 2세는 2번이나 파문되고 나서야 십자군을 일으켰다. 그렇게 프리드리히는 12년 묵은 교황과의 약속을 실행하겠다며 십자군 원정을 떠났다. 이것이 제6차 십자군 전쟁이다(1228). 하지만 이번 전쟁은 십자군으로서는 하나의 희극이었다.

프리드리히 2세와 알 카밀

이집트에 간 프리드리히 황제는 역시 싸울 생각이 없었던 무슬림 군주인 술탄 알 카밀(살라딘의 소카)을 만나 정사를 논했다. 교양 있는 신사였던 두 사람은 모두 회의적 입장에서 공통된 의견들을 교환하고 상호 간의 이익을 위해 협정을 맺었다. 그리고 술탄은 예루살렘을 프리드리히 황제에게 양도하는 데 합의했다. 예루살렘에 있던 모스크는 철거하지 않고 보존하되 예루살렘에 군대를 상주시키지 않는다는 조건이었다.

이렇게 개인 간의 조약이라는 방식으로 이루어진 십자군 원정은 정말 새로운 방식이었다. 정복자에게 묻은 피도 없었고 기쁨에 흘리는 눈물도 없었다. 그렇게 프리드리히 황제는 예루살렘의 왕이 되었다. 그는 놀라운 결과를 이끈 십자군 지도자였지만 교황에게 파문당한 상태였으므로 성직자들은 그를 회피했다. 교황은 예루살렘을 완전히 탈환할 것을 요구하였고 이런 협상을 납득할 리 없었다. 마찬가지로 술탄 알 카밀도 성지를 팔아넘겼다며 비난을 면치 못했다.

1239년 교황 그레고리오 9세는 황제 프리드리히 2세와의 싸움을 재개했다. 황제를 재차 파문한 것이다. 그러자 황제는 오만하고 불경스러운 성직자들을 비판하고 당대의 모든 부패의 원인을 거만하고 부유한 성직자들 탓으로 돌렸다. 그리고 교회 재산을 일괄적으로 몰수하자고 제안했다. 그는 그것이 오히려 교회를 위하는 일이라고 생각했다. 이 제안은 당장에 실현되지 않았지만, 그 뒤로 오랫동안 유럽 영주들의 마음에 맴돌았다.

프리드리히 2세는 중세에서 가장 진보적인 군주로 평가되기도 한다. 그는 그리스도교 철학자들뿐만 아니라 유대인과 무슬림 철학자들까지 자신의 궁정에 불러들였다. 그리고 아라비아 숫자와 대수학을 그리스도교 학생들에게 소개했다. 프리드리히 황제는 나폴리 대학교를 설립했으며 살레르노 대학교 의과 대학을 확장했다. 동물원을 만들기도 했다. 어떤 작가가 그를 '최초의 근대인'이라고 부른 적이 있다. 그것은 편견 없는 그의 지적 면모를 적절히 나타내주는 표현이다.

프리드리히 2세가 죽은 뒤 잠시 공석으로 남아있던 독일 지역 최고 지도자의 자리를 합스부르크 왕가의 루돌프 1세가 차지해버린다 (1273). 합스부르크 왕가 출신이 신성로마 제국의 황제에 선출된 것은 처음 있는 일이었다. 루돌프 1세는 합스부르크 가문에서 최초로 신성

로마 제국의 독일 왕에 오름으로써 합스부르크 가문이 유럽에 권세를 떨치게 한 인물이다.

루돌프 1세 합스부르크 왕가 최초의 로마 왕

신성 로마 제국은 예로부터 제후들의 선거를 통해 황제를 선출하는 군주제였다. 그러나 20년 가까이 공석이 되자 혼란스러운 상황이 지속되었고 제후들은 힘의 균형을 위하여 힘이 없는 가문의 인물을 황제로 추대하고자 했다. 그렇게 합스부르크 가문의 백작 루돌프가 선출된다. 이렇게 되자 로마의 정책은 프랑스와 독일 사이에서 우왕좌왕하고, 교황이 바뀔 때마다 교황의 마음이 기우는 대로 방향이 틀어지곤 했다.

이런 와중에 1261년 동방에서는 그리스인들이 라틴 황제들에게서 콘스탄티노폴리스를 탈환하는 일이 벌어졌다. 미카엘 8세가 새로운 그리스 왕조를 열었다.

스스로 신성 로마 제국이라 칭하였고 아직도 칭하고 있는 이 나라는
딱히 신성하지도 않고 로마도 아니며 제국도 아니다.

볼테르

아나니 사건

프랑스 카페 왕조의 11대 왕 필리프 4세는 교황과 갈등을 빚었다.
교황은 프랑스 왕 필리프 4세(1268~1314)를 파문하려고까지 했다. 그
런데 로마 근교 아나니^{Anagni}에서 파문서를 발표하려던 교황이 프랑
스 왕의 대리자에게 체포당하는 놀라운 일이 벌어졌다.

아나니의 사람들은 분노하여 교황을 풀어주었지만, 이것은 어디까
지나 아나니가 교황의 고향이었기 때문에 가능한 일이었다. 여기서 주
목해야 할 핵심은 그리스도교 세계의 수장을 이토록 함부로 다루는 프
랑스 왕을 백성들이 완전히 지지하고 있었다는 점이다. 프랑스 왕은
일을 끝까지 밀어붙이기 전에 프랑스 최초의 삼부회의를 소집하여 합
의를 끌어냈다. 필리프 4세는 관료제를 확립시켜 봉건제 국가였던 프
랑스를 중앙집권국가로 탈바꿈시켰다. 이탈리아나 독일, 혹은 잉글랜
드 그 어디에서도 최고 권력자인 교황을 이렇게 다루어서는 안 된다는
최소한의 의견 표명조차 없었다. 사람들의 정신을 지배하던 교회의 마
지막 힘조차 사라져버렸다. 프랑스는 교황과의 싸움에서 승리하며 전
성기를 맞이한다. 필리프 4세는 자기 마음에 드는 사람을 교황 자리에
앉혔고 이후 교황청은 아비뇽으로 옮겨진다(아비뇽 유수). 이후 70년
동안 교황은 프랑스 국왕의 지배 하에 놓이게 된다.

아비뇽 교황청

서방 교회 대분열

14세기 내내 교황은 도덕적 지배력을 회복하기 위한 일은 아무것도 하지 못했다. 프랑스 왕 필리프 4세에 의해 선택된 새 교황 클레멘스 5세는 프랑스 영토 안에 있는 아비뇽에 교황궁을 세우고 그곳에 머물렀다. 이후 1377년 그레고리오 11세가 로마의 바티칸 궁으로 돌아올 때까지 교황들은 줄곧 아비뇽에 머물렀다. 그레고리오 11세가 로마로 돌아올 때도 교회 전체로부터 동의를 얻었던 것은 아니다. 프랑스 출신의 추기경들이 많았고 사회적 관계는 이미 아비뇽에 깊이 뿌리박고 있었기 때문이다.

그레고리오 11세의 사후, 새로운 교황의 선출을 두고 로마인들의 관심이 집중되었다. 프랑스인 교황이 아비뇽에서 교회를 오랫동안 이끄는 것에 불만을 품고 있었던 이탈리아인 추기경, 사제, 귀족들은 이탈리아인 교황이 선출되기를 바랐다.

결국 이탈리아 출신의 우르바노 6세가 교황으로 선출되자 이에 반대한 프랑스 추기경들은 이번 선거를 무효로 선언하고 클레멘스 7세를 또 다른 교황으로 선출하여 대립 교황으로 세웠다. 이렇게 해서 1378~1449년의 무려 71년 동안 이탈리아 로마, 프랑스 왕국, 스페인, 스위스 등에서 교황이 잇따라 난립하며 자신들이 진정한 교황이라고 주장했다. 그렇게 가톨릭 대분열이 일어난다(서방 교회 대분열). 이런 상황에 직면하여 유럽 전역의 사람들은 종교에 대해 스스로 생각하고 돌아보기 시작했다.

이에 종교개혁의 시초로 평가받는 한 사람이 등장한다. 존 위클리프(1320~1384)이다. 옥스퍼드 대학교에서 공부한 학식 있는 신학자였던 위클리프는 부패한 성직자와 어리석은 교회를 비판하며 등장했다. 그리고 수많은 가난한 사제들이 자신을 따르기 시작하자 이들을 조직하여 잉글랜드 전역에 자기 생각을 퍼뜨렸다. "한번 보십시오. 고위 성직자들이 세상의 사치와 악덕에 얼마나 지독하게 물들었는지, 그래서 세상의 눈에 그들이 얼마나 부자로 비치게 되었는지."

위클리프는 사람들이 스스로 판단 내릴 수 있게 하고자 라틴어 성경을 영어로 번역하기도 했다. 높은 지위에 있던 사람들도 그를 지지했으며 민중이 무리를 지어 그를 따랐다. 그는 생전에

존 위클리프 John Wycliffe

서방 교회의 분열

■ 아비뇽에 충성
■ 로마에 충성
□ 변동이 심한 지역
□ 해당 없음

스코틀랜드 왕국
잉글랜드 왕국
덴마크 왕국
스웨덴왕국
폴란드 왕국
신성로마제국
헝가리 왕국
프랑스 왕국
아비뇽
로마
나폴리 왕국
아라곤 연합왕국
포르투갈 왕국
카스티야 연합왕국
그라나다 왕국
키프로스 왕국

도 탄압을 받았고 사후에도 화형을 당했다. 로마 가톨릭교회를 파멸로
이끌던 당시의 어둡고 낡은 정신은 그의 유골이 무덤 안에서 쉴 수 있
도록 내버려 두지 않았다. 1415년 콘스탄츠 공의회에서 그의 시신을
파내어 불사르라는 칙령을 내렸다. 이런 잔혹한 행위는 어떤 광신도들
에 의해 저질러진 그것이 아니라 교회의 공식적인 명령에 따라 행해진
것이다.

12
몽골, 세계 최대의 제국

칭기즈 칸

13세기 유럽에서 교황의 통치 아래 그리스도교 세계를 통합하려는 기이한 분투가 계속되고 실패하는 동안 아시아에서는 훨씬 더 영향력 있는 사건들이 일어나고 있었다. 1206년 칭기즈 칸^{Genghis Khan}의 몽골 부족이 각 부족을 통합하여 몽골 제국을 건설한 것이다. 몽골족은 13세기 초까지도 말을 타고 유목 생활을 했다. 이들은 주로 고기와 말 젖을 먹고 가죽 텐트에서 살았다. 하지만 중국에 대한 지속적인 약탈

칭기즈 칸 (1162~1227)

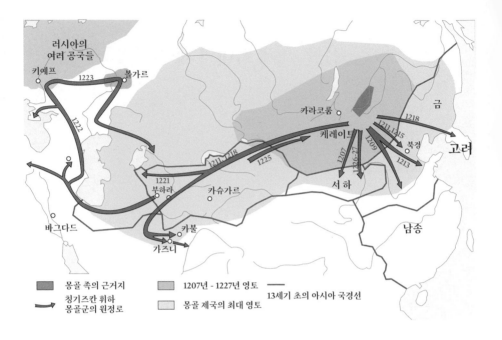

러시아의
여러 공국들
키예프 　　1223 　　 볼가르

카라코룸 　　　　　　　금
케레이트 　　　　　1218
1211,1215
1207 　　　1209 　　 북경 　　 고려
1226-27 　　　　　1213

바그다드

서하

남송

부하라 　 1221
카슈가르

카불
가즈니

1211,1218
1225

1222

| | 몽골 족의 근거지 | | 1207년 - 1227년 영토 | 13세기 초의 아시아 국경선 |

몽골 족의 근거지
칭기즈칸 휘하
몽골군의 원정로
1207년 - 1227년 영토
몽골 제국의 최대 영토
13세기 초의 아시아 국경선

로 우수한 군사 기술과 재원을 확보하고 하나의 군사적 동맹으로 결집
했다. 이때 중국은 분열된 상태였다. 위대했던 당나라는 10세기 무렵
쇠퇴했고, 여러 개의 작은 나라로 나뉘었다. 이들은 서로 전쟁을 일삼
다가 세 개의 제국으로 재편되었다. 북쪽에 여진족이 세운 금나라, 남
쪽에 송나라, 그리고 중앙에 서하가 자리 잡았다. 1214년 몽골인 지도
자 칭기즈 칸은 중국의 영토, 중앙아시아, 중동까지 아우르는 영토를
차지하였다.

　칭기즈 칸의 후계자 오고타이 칸 또한 계속해서 놀라운 정복 활동을
이어나갔다. 그의 군대는 중국의 새로운 발명품이었던 화약을 사용하
고 있었다. 금나라를 정복한 그는 군대를 이끌고 놀라울 만큼 빠른 속
도로 러시아까지 휩쓸었다(1235). 1240년 러시아 전역이 몽골의 조공

국이 되었고 폴란드도 점령당한다.

당시 신성로마 제국의 황제였던 프리드리히 2세는 밀려오는 파도를 막기 위해 아무런 노력도 기울이지 않았던 것 같다. 몽골의 군대가 1241년 폴란드는 괴멸시키고 헝가리를 점령했던 것은 단지 수적 우세 때문만은 아니었다. 완벽한 군사 전술 덕분이었다. 하지만 이러한 사실을 모르는 사람들이 많다. 대부분의 사람들은 그들이 떼로 몰려다니며 아무런 전략도 없이 말을 타고 동유럽을 누볐으며 장애물을 만나면 무조건 덤벼들어 힘으로써 정복한 민족이라고 생각한다.

당시 몽골인의 군사 작전은 유럽에 있던 어떤 군대의 능력으로도 실행할 수 없는 것이었다. 프리드리히 2세는 물론 당시 모든 장군들은 이에 비하면 초보자에 불과했다. 몽골인들은 헝가리의 정황과 폴란드의 상태를 완벽히 파악한 채로 원정을 시

몽골제국 최대 강역 (1279)

작했다. 그들은 정보를 얻기 위해 주의를 기울였고 조직화한 첩보 체계를 운영했다. 몽골인은 폴란드의 도시에서도 승리했지만 더는 서쪽으로 전진하지 않았다. 그들의 전술에 적합하지 않은 삼림 지형에 접어들었기 때문이다.

오고타이 칸이 갑자기 죽자 1242년부터 제국의 상속을 둘러싼 분쟁이 일어났다. 이 때문에 패배를 모르던 몽골 군대는 동쪽으로 서둘러 퇴각했다. 그 이후부터 몽골은 아시아의 정복 지역에 관심을 집중했으며, 13세기 중반에 이르러 송나라를 완전히 정복하고 원나라를 세운다.

몽골의 정복 전쟁

1280년 쿠빌라이 칸은 중국의 황제로 공식 인정을 받았고, 이로써 1368년까지 계속되는 원나라를 열었다. 송나라의 마지막 지배 세력들이 중국의 남쪽으로 퇴각하고 있는 동안, 몽골의 또 다른 정복자들은 페르시아와 시리아를 정복하고 있었다. 당시 몽골인들은 이슬람에 대해 강한 적대감을 드러냈다. 바그다드를 함락시켰을 때 도시 주민들을 학살했을 뿐만 아니라, 오래전 수메르 시대부터 메소포타미아의 번영과 인구를 지탱해주었던 관개 시스템을 파괴했다.

> **몽골의 정복 전쟁**
>
> 칭기즈 칸의 정복 전쟁으로 죽은 사람만 약 1억 명 이상으로 추정된다. 이는 당시 유라시아 대륙 인구의 절반 정도이며 제2차 세계대전 당시 최대 사망자 추정치와 맞먹는다. 몽골에 조금이라도 반항을 한 나라들은 모든 시설물이 파괴되었다. 또한 살아있는 모든 가축과 동물들까지 몰살했으며 사람들의 재산과 삶의 터전을 강제로 빼앗아갔다.

몽골 제국의 침략 전쟁은 세계사에서 상상을 초월하는 영향을 끼쳤다. 러시아는 거의 수 백 년 동안이나 몽골의 치하에 놓였으며 폴란드는 3백 년 가까이 통합이 지연되었다. 헝가리는 인구의 1/3이 죽거나 포로가 되었다. 서하, 금나라, 남송도 모두 멸망하면서 중국 대륙은 몽골의 지배에 놓였다. 고려의 경우 전 국토가 무참히 짓밟혀 경제적으로나 문화적으로나 큰 타격을 면치 못했다.

쿠빌라이 칸 (1215~1294)

메소포타미아는 폐허가 되었다. 하지만 이집트는 뚫고 들어갈 수 없었다. 1260년 훌라구의 군대는 팔레스타인에서 이집트 술탄의 군대와 맞붙어 완패했다(아인잘루트 전투). 이집트에 패한 뒤 몽골의 승세도 크게 꺾였다. 몽골의 지배 영역은 여러 개의 분리된 국가로 나뉘었다. 동쪽의 몽골인은 중국인처럼 불교 신자가 되었고, 서쪽의 몽골인은 무슬림이 되었다. 1368년 중국인들은 결국 원나라를 정복하고, 1644년까지 번성하는 명나라를 세웠다. 러시아는 1480년 모스크바 공국의 대공이 근대 러시아의 기초를 마련했다.

14세기에는 칭기즈 칸의 자손인 티무르Timur (1336~1405)의 지휘 아래 몽골의 활력이 잠시 되살아나기도 했다. 1505년 티무르의 자손인 바부르(1483~1530. 인도 무굴 제국의 창시자)가 등장하여 군대를 조직하고 인도 평원까지 평정해나갔다. 인도 대부분을 차지한 이 무굴 제국은 18세기까지 이어졌다.

13세기 몽골의 세계 제패가 남긴 결과 중 하나는 오스만튀르크족(오늘날 튀르키예인)을 카자흐스탄 지역에서 몰아내어 소아시아로 이동하게 하였다는 것이다.

소아시아에서 힘을 펼친 오스만튀르크족은 마케도니아, 세르비아, 불가리아를 점령했다. 결국 콘스탄티노폴리스는 오스만튀르크의 지배 영역에서 섬처럼 고립되고 말았다. 1453년 오스만제국의 술탄 메흐메트 2세Mehmed Ⅱ 는 콘스탄티노폴리스를 공략하여 함락시킨다. 이 사건은 유럽에 긴장을 초래했고, 십자군에 대한 논의가 일기도 했지만 십자군 원정은 이미 과거의 일이 되어버린 지 오래였다. 16세기가 흘러가는 동안 오스만제국의 술탄들은 바그다드, 헝가리, 이집트 그리고 북아프리카 대부분을 정복했다. 그들은 함대를 조직하여 지중해를 지배했다. 결국 오스트리아의 빈마저 함락될 위기에 처하자 신성로마 제국 황제는 술탄에게 조공을 바쳐야 했다.

콘스탄티노폴리스로 입성하는 메흐메트 2세

13
동서양의 교류

마르코 폴로의 동방견문록

이제까지는 유럽의 부활에서 이슬람인들이 했던 역할만을 다루었다. 이제 몽골의 정복자들이 끼친 영향에 대해서도 살펴보겠다. 몽골인들은 유럽 사람들의 지리적 상상력에 어마어마한 자극을 주었다. 유럽과 아시아 사이의 장벽들이 모두 낮아졌다. 교황은 몽골인들을 그리스도교로 개종시킬 수 있으리라는 원대한 희망을 품었다. 그때까지 몽골인이 믿었던 유일한 종교는 원시 형태의 무속 신앙밖에 없었다. 교황이 보낸 사절단은 인도에서 온 승려, 파리와 이탈리아 그리고 중국에서 온 장인, 비잔티움과 아르메니아의 상인, 아랍의 관리들, 페르시아와 인도의 천문학자, 수학자와 섞여 몽골의 궁정에 머물렀다.

역사에서 몽골이 벌인 전쟁과 학살은 자주 거론되지만, 그들이 학문에 대해 품고 있던 호기심과 욕구에 대해서는 충분히 다루어지지 않는다. 창의적인 민족은 아니었을지 몰라도 몽골인이 지식의 전달자로서 세계 역사에 끼친 영향은 막대하다. 몽골의 궁정을 방문했던 인물 중 가장 흥미로운 사람은 자기 이야기를 책으로 써서 남긴 베네치아 출신의 마르코 폴로Marco Polo (1254~1324)다. 그는 이탈리아의 탐험가로 1271년 무렵 중국(원나라)에 갔다. 그의 아버지와 삼촌은 그 전에 이미 중국에 간 적이 있었는데, 그때 처음으로 '라틴' 사람들을 보게 된 쿠빌라이 칸Kublai Khan 은 이들에게서 깊은 인상을 받았다.

쿠빌라이 칸은 이 두 사람을 돌려보내면서 그리스도교에 관한 질문과 함께 자신의 호기심을 자극한 유럽의 문물에 관한 질문을 보냈다. 그래서 이 두 사람은 마르코 폴로를 동반하여 두 번째 중국 방문길에 오르게 된 것이다. 마르코 폴로는 여행에서 돌아와서 제노바 전쟁 포로 시절 1년간 감옥생활을 하였는데 아시아에 대한 재미있는 이야기들을 동료들에게 들려준다. 이때 작가 루스타치아노Rustichello da Pisa가 그의 해박한 구술과 여행담을 기록한 것이 바로 《동방견문록》이다.

마르코 폴로의 여행기에 관해 사람들은 처음에 믿을 수 없다는 반응을 보였다. 하지만 오래지 않아 전 유럽의 상상력이 불타오르기 시작했다. 그는 미얀마에 관해 이야기하면서 수백 마리의 코끼리 군대를 언급한다. 그리고 몽골의 궁수들이 이 짐승들을 어떻게 쓰러뜨렸는지를 자세히 묘사하면서 몽골인들이 미얀마를 정복한 이야기도 전한다. 일본 이야기에서는 그곳에 있는 금의 양을 엄청나게 과장하기도 한다. 또한 원나라 함대가 태풍으로 인해 일본 원정에 실패하고 돌아온 과정도 묘사했다. 중국에는 1277년 황제의 조정에 참여한 폴로라는 사람에 관한 기록이 남아있어서 폴로의 이야기가 대체로 사실이었음을 증명해주고 있다.

마르코 폴로의 여행기는 유럽인들의 상상에 깊은 영향을 끼쳤다. 유럽의 문학, 특히 15세기 유럽의 모험 소설에는 마르코 폴로 여행기에 나오는 인명과 함께 캐세이^{Cathay}(중세 서양에서 중국을 일컬은 이름 중 하나로 거란의 발음 '키타이'에서 유래했다)와 같은 지명들이 그대로 등장한다.

동방견문록

14
콜럼버스와 비잔티움 제국의 멸망

콜럼버스 Christopher Columbus

200년이 지난 뒤, 마르코 폴로의 여행기 독자 중에는 유명한 탐험가인 크리스토퍼 콜럼버스(1451~1506)라는 제노바 출신의 선원도 있었다. 세비야(스페인의 남부 도시)에는 마르코 폴로 여행기 한 부가 보관되어있는데 그 여백에 콜럼버스가 쓴 메모들이 남아있다. 그는 서쪽으로 항해하여 지구 전체를 돌아 중국에 이르겠다는 멋진 생각을 품었다.

콜럼버스가 서쪽으로 고개를 돌려야 했던 데는 여러 가지 이유가 있다. 1453년에 콘스탄티노폴리스가 함락되기 전까지는 그곳이 동방과 서방, 어느 쪽에도 치우치지 않는 무역 시장이었다. 제노바 사람들은 그곳에서 자유롭게 거래할 수 있었다. 그러나 1453년, 비잔티움 제국을 완전히 무너뜨린 튀르크족은 콘스탄티노폴리스의 이름을 이스탄불로 바꾸고 새로운 오스만제국의 수도로 정한다. 이후 그들은 지중해

전 지역을 장악하고 유럽과 아시아 사이의 통상로를 통제하면서 상인들에게서 상당한 액수의 통행세를 징수했다. 인도와 중국에서 서양으로 들어오는 귀한 물건들의 가격은 더 비싸졌다. 사람들은 오스만제국을 통과하지 않고 동아시아와 거래하는 방법을 모색하기 시작했는데, 바다만이 그 유일한 기회로 보였다. 그리고 오랫동안 잊혔다 다시 발견된, 지구가 둥글다는 사실은 사람들의 마음을 흔들어놓았다. 서쪽으로 항해해서 중국에 이른다는 생각은 이제 아주 분명해졌다.

중국에서 들여온 나침반은 이런 대담한 모험을 가능하게 해줄 중요한 항법 도구였다. 나침반을 사용하게 되면서 더는 밤하늘의 별들에 의지하여 항로를 결정하지 않아도 되었다. 하지만 선구적인 생각을 한 사람들이 늘 그렇듯이 콜럼버스 역시 주변 사람들의 조롱과 비웃음을 샀다. 콜럼버스는 배를 얻어 자기 생각을 시험해볼 수 있게 되기까지 유럽의 여러 궁정을 전전하며 많은 어려움을 겪었다. 그는 몇 년에 걸쳐 포르투갈 왕에게 인도의 보물을 약속하며 원정에 필요한 자금을 요청했다. 그러나 그의 청원은 끝내 받아들여지지 않았다. 콜럼버스가 다음으로 발길을 돌린 곳은 스페인이었다. 마침내 그는 설득에 성공해 스페인의 여왕에게서 세 척의 범선을 갖추기 위한 자

포르투갈의 왕 주앙 2세를 설득하는 콜럼버스

금을 얻어낼 수 있었다.

콜럼버스는 두 달하고도 9일 동안 대양을 가로질러 항해한 끝에 육지에 닿았다. 그는 그곳이 인도라고 생각했지만 실제로는 이제까지 구세계에서는 그 존재를 생각해본 적도 없었던 신대륙이었다. 콜럼버스는 금과 면화, 낯선 동물과 새를 가지고 스페인으로 돌아왔다. 그가 돌아올 때 몸에 칠을 하고 거친 눈매를 지닌 인디언 두 명도 데려와 세례를 받게 했다. 이들이 인디언이라고 불린 것은 콜럼버스가 죽는 날까지 자신이 발견한 곳을 인도라고 믿었던 탓이다. 하지만 유럽인들은 그로부터 불과 몇 년 후 그곳이 전혀 새로운 대륙임을 깨닫고 아메리카라는 이 신대륙을 자원 목록에 추가했다.

콜럼버스가 성공하자 해외 원정이 계속해서 이어졌다. 1497년 포르투갈인들이 아프리카를 돌아서 진짜 인도에 도착했다. 1515년에는 자바섬(인도네시아의 섬)에도 포르투갈 배가 도착했다. 1519년 스페인에 고용된 포르투갈 선원 페르디난드 마젤란(1480?~1521)은 빅토리아호를 타고 세비야 항을 출발했다. 계속해서 서쪽으로 항해한 빅토리아호는 1521년 마침내 세비야의 강을 거슬러 항구에 귀환함으로써 최초로 세계 일주를 완성했다. 하지만 함께 출항했던 네 척의 배는 돌아오지 못했다. 어떤 곳이든 도달할 수 있는 둥근 지구에 대한 놀라움, 낯선 땅과 동식물, 생활 방식과 재료의 새로운 발견들이 유럽인의 정신에 한꺼번에 찾아왔다.

항해에서 돌아와 이사벨 1세를 만나는 콜럼버스

페르디난드 마젤란 Ferdinand Magellan

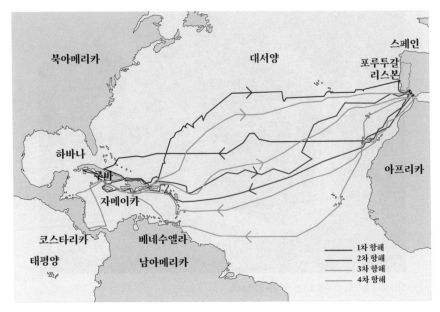

콜럼버스 항해 경로

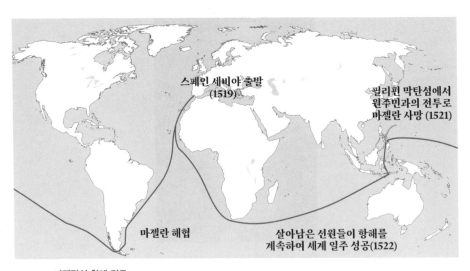

마젤란의 항해 경로

7장

종교개혁과
패권 다툼

《브레다의 항복》 디에고 벨라스케스

01
유럽 지성의 부활

◆

12세기 전반에 걸쳐 유럽의 지성이 여유를 회복하고, 그리스의 과학 연구와 이탈리아의 루크레티우스(고대 로마 에피쿠로스학파 철학자)처럼 다시 사색할 준비를 하고 있다는 많은 징후가 나타났다. 무엇보다 십자군 전쟁이 끝나면서 생활이 편안해지고, 안정되었다. 그리고 원정 경험을 통한 정신적 자극이 지성의 부흥에 필요한 기반을 마련해주었다. 무역이 되살아나고 있었고 여러 도시의 생활 환경이 다시 안전해졌다.

13세기와 14세기에는 완전히 독립되었거나 거의 독립한 도시들이 빠르게 성장했다. 예를 들면 베네치아, 피렌체, 리스본, 제노바, 파리, 런던, 함부르크, 뉘른베르크(독일), 노브고로드(러시아), 비스뷔(스웨덴), 베르겐(노르웨이), 안트베르펜(벨기에) 등이다. 이 도시들은 많은 여행자가 찾는 무역 도시였다. 그곳에서 사람들은 무역하고 여행하며 이야기하고 생각했다.

사람들은 교황이 영주들과 격렬하게 다투고 이단을 야만적이고 사악한 방법으로 박해하는 모습을 지켜보았다. 그러면서 교회의 권위를 의심하고 세계의 근원에 의문을 제기하며 토론하기 시작했다. 앞서 아랍인들이 아리스토텔레스 철학이 유럽에서 되살아난 데 어떤 역할을 했는지 살펴보았다. 아랍의 철학과 과학이 유럽의 정신에 영향을 미치게 한 데에는 프리드리히 2세의 공도 있었다. 하지만 유럽인의 정신에 이보다 더 많은 자극을 준 것은 유대인들이었다. 그들은 존재 자체가 당연해 보이던 교회의 주장에 의문을 제기했다. 기독교와 달리 유대교는 예수를 신으로 인정하지 않는다.

인류의 정신에 일어난 이러한 자극이 교육을 잘 받은 사람들에게만 한정되었던 것은 아니다. 평범한 사람들의 정신 또한 각성하였다. 사제라는 매개자가 존재하긴 했지만 그리스도교에서는 인간 개인의 의식과 유일신 사이에 직접적 관계가 성립했다. 필요하다면 개인이 용기를 내어 영주나 성직자 혹은 신앙에 대하여 스스로 판단을 내릴 수 있었다.

종이와 인쇄술

이슬람인들은 철학자들과 연금술사들의 지적 자극뿐만 아니라 종이 또한 유럽에 전해주었다. 종이가 중국에서 처음 만들어진 것은 기원전 2세기까지 거슬러 올라간다. 751년 중국인들이 사마르칸트를 공격했다가 격퇴당하는 일이 있었다. 이때 포로로 잡힌 중국인들 가운데 숙련된 제지업자들이 있었고, 이들로부터 기술이 전수되었다. 제지법이 그리스도교 세계에 전해진 것은 스페인을 점령하는 과정에서 차지하게 된 이슬람인들의 종이 제작소를 통해서였을 것이다. 그러나 스페인에서 생산한 종이는 품질이 떨어졌다. 양질의 종이가 유럽에서 생산되기 시작한 것은 13세기 말부터였으며 이를 주도한 것은 이탈리아였다. 그리고 14세기가 되어서야 독일에서도 종이가 생산되었고, 14세기가 끝나갈 즈음에는 출판업을 할 수 있을 만큼 종이 생산량도 늘고 가격도 낮아졌다.

인쇄술이 발명되자 세계의 지적 활동은 훨씬 더 왕성한 단계에 접어들었다. 그전까지 지식의 흐름이 한 사람에게서 다른 한 사람에게 이어지는 가느다란 물줄기였다면 이제는 수천 명이, 그리고 수백만 명이 참여하는 폭넓은 강물이 된 것이다. 인쇄술이 발명되면서 나타난 즉각적 결과는 성경책이 많아졌다는 것이다. 독서를 통해 지식이 퍼져나갔다. 이전보다 읽기 편하고 이해하기 쉬운 책들이 제작되었다. 이제 책이란 화려하게 장식된 애장품이나 학자들이 지닌 신비로운 물건이 아니었다.

성경을 인쇄하는 구텐베르크

02
종교개혁

　유럽 지성이 부활하면서 가장 크게 영향을 받은 곳은 서방의 라틴 교회였다. 라틴 교회 자체가 해체되었다. 설령 살아남았다 해도 광범위한 개혁을 감행해야 했다. 교회와 관련된 변화들은 앞에서 이미 살펴보았다. 11~12세기에는 라틴 교회가 전체 그리스도교 세계를 향해 독재자와 같은 지도력을 발휘했다. 그러다가 14~15세기에는 정신활동과 일상생활 모두에서 지배력이 약해졌다. 교회가 오만해지고 권력을 집중화하는 한편 이단에 대한 박해를 감행하자, 교회 권력의 버팀목이 된 민중들마저도 교회를 등지게 되었다. 영주들은 교회의 예속 관계에서 벗어났다. 라틴 교회의 대분열이 발생하면서 교회가 지니고 있던 특권들은 거의 사라졌다. 그리고 이제는 종교와 정치 양쪽에서 반란의 세력이 일어나 교회를 위협했다.

　잉글랜드의 위클리프가 설파한 가르침은 유럽 전역에 널리 퍼져나갔다. 1398년 체코의 지식인 얀 후스Jan Hus (1372?~1415)가 프라하 대학에서 위클리프의 가르침에 대한 강의를 진행했다. 위클리프의 가르침은 지식인 계층을 뛰어넘어 급속히 퍼졌으며 민중들로부터 대단한 열광을 불러일으켰다. 때마침 교회의 대분열을 수습하기 위해 1414년에서 1418년까지 콘스탄츠(독일)에서 공의회가 개최되었는데 후스 역시 초대를 받았다. 후스는 황제로부터 안전한 여행길을 보장받고 공의회에 참석했다. 하지만 공의회에 도착

화형 당하는 후스

하자마자 체포되어 이단 혐의로 재판을 받은 뒤 산 채로 화형당했다 (1415). 후스의 추종자들은 반란을 일으켰다. 이것이 라틴 교회를 분열시키는 일련의 종교 전쟁을 촉발하는 계기가 되었다. 체코인 종교 개혁자였던 후스는 16세기에 활동한 마르틴 루터보다 100여 년 앞서 활동한 종교개혁의 선구자 격인 인물이었다.

마르틴 루터

14세기에는 대규모 전염병(흑사병)이 돌면서 유럽 전역의 사회 조직이 해체되었다. 흑사병의 원인인 페스트균은 몽골 제국의 유목민들이

쥐와 접촉하면서 그 감염이 시작되었다. 사태 이전 세계 인구는 4억 5천만 명에 달했으나 대역병의 풍파가 지나간 후 15세기에는 3억 5천만으로 줄어들었다. 서민들은 끔찍한 삶을 살아야 했고 불만이 쌓여갔다. 잉글랜드와 프랑스에서는 농민들이 지주와 부호들에 맞서 들고 일어났다. 독일에서 일어난 농민 반란은 종교적인 색채까지 띠고 있었다.

인쇄술의 발달은 이러한 역사의 전개 과정에도 영향을 끼쳤다. 15세기 중반에 이르면 네덜란드와 이탈리아, 잉글랜드로 활판 인쇄술이 퍼졌다. 인쇄술이 보급되면서 성경 보급량이 증가하고 대중들은 논쟁을 나누기 수월해졌다. 과거 어느 사회에도 없었던 광범위 한 독자들이 나타난 것이다. 교회는 혼란스럽게 분열되어 자기 방어력을 잃었다. 게다가 많은 영주가 교회의 재산 지배권을 약화할 방안을 마련하고 있었다.

독일에서는 마르틴 루터Martin Luther (1483~1546)가 중심이 되어 교회를 공격했다. 루터는 1517년 교회의 교리와 관례에 대한 반박문을 내걸었다. 그는 로마 가톨릭교회가 면죄부를 판매하는 것을 비판하며 95개의 논제를 게시함으로써 종교개혁을 시작한다.

처음에 반박문은 당시 지식인의 언어인 라틴어로 적혀있었다. 하지만 때마침 50년 전 발명된 구텐베르크 인쇄술 덕분에 이 반박문의 번역문은 곧 일파만파 퍼져나간다. 종교개혁은 근대 독일어를 만들었다시피 할 수 있는 사건이었다. 루터가 번역한 성경은 독일 전역에 퍼졌다. 그러자 후스를 제거한 것과 같은 방식으로 루터를 진압하려는 시도가 이어졌다. 하지만 상황은 달라져 있었다. 지식이 확대되고 신앙

95개조 반박문을 게시하는 마르틴 루터

은 약화되던 시대였다. 많은 통치자가 자신의 백성과 로마 사이의 종교적 유대를 끊기 위한 절호의 기회가 찾아왔다고 생각했다. 그들은 국가 교회를 만들고 자신들이 그 교회의 수장이 되고자 했다. 잉글랜드, 스코틀랜드, 스웨덴, 노르웨이, 덴마크, 북부 독일, 보헤미아가 차례로 로마 가톨릭교회에서 떨어져 나갔다.

위에 언급한 여러 지역의 군주들이 자기 백성의 종교적 자유를 고려했던 것은 아니다. 그들은 로마에 맞서 자신들의 권력을 강화하기 위해 백성들 사이에 퍼진 종교적 의심과 반감을 이용했을 뿐이다. 로마와의 관계 단절이 이루어지고 세속 권력의 통제를 받는 국가 교회가 성립되자마자 군주는 민중의 움직임을 통제하려 들었다. 하지만 예수의 가르침에 깃든 신비로운 생명력은 변치 않았다. 평신도든 성직자든 그 어떤 종속관계보다 인간의 자존감을 우선시하라는 그의 가르침은 그대로 유지되었다.

03
합스부르크 가문

태양이 지지 않는 나라

신성로마 제국은 카를 5세$^{Charles\ V}$ (1500~1558) 때 전성기였다. 카를 5세는 유럽 역사에서 가장 비범한 군주 중 한 명이었다. 그는 중유럽과 서유럽, 남유럽을 넘어 아메리카 대륙과 필리핀 제도의 식민지까지 광활한 영토를 다스렸다. 그의 영토가 너무나도 넓은 나머지 그의 제국은 '태양이 지지 않는 나라'라고 불렸다. 그는 합스부르크 가문의 수장이자 신성 로마 제국의 황제, 스페인 국왕, 이탈리아의 군주 등 수많은 직함을 갖고 있는, 가장 많은 국가의 왕관을 쓴 인물이었다.

카를 5세의 위상은 할아버지 막시밀리안 1세$^{Maximilian\ I}$ (1459~1519)가 만들어준 것이었다. 카를 5세는 대단한 상속자였는데 당시는 몇몇 유력한 가문이 전쟁을 벌이거나 술책을 부려서 세상의 권력을 잡아가고 있을 때였다. 합스부르크 왕가가 권력을 잡기 위해 택한 방식은 정략결혼이었다. 합스부르크 가문은 독특한 전략인 '결혼 동맹'을 통해 점차 세력을 늘려갔다. 앞서 프리드리히 2세가 황위를 세습하지 못하고 사망하면서 공식적인 황제가 20년 넘게 뽑히지 않게 되는 일이 있었다. 그때 새로운 황제로 오르게 된 인물은 합스부르크 가문의 루돌프 1세였다. 합스부르크 가문은 유서 깊은 가문도 아니었고 세력의 힘이 매우 약했다. 그런데 선제후(예로부터 국왕 선거권을 가진 대주교들과 공작들)들이 권력을 견제하기 위하여 적당히 작은 가문을 찾다가 합스부르크 가문을 택한 것이었다.

루돌프 1세는 그것에 만족하지 않고 가문의 기틀을 다졌다. 합스부르크 가문은 그 후로 최대한 많은 가문과 결혼하고 전쟁은 되도록 피했다. 막시밀리안 1세는 일단 자신의 혼인을 통하여 네덜란드와 부르고뉴 지방을 손에 넣었다. 하지만 부인이 죽자 막시밀리안은 다시 결혼했고 이번에는 밀라노 공국을 획득했다. 그리고 자기 아들(카를 5세)을 페르난도 왕과 이사벨 여왕 사이에서 태어났으나 지적 장애인이었던 공주와 결혼시켰다. 페르난도 왕과 이사벨 여왕은 콜럼버스의 항해를 후원했던 스페인의 공동 통치자였다. 이사벨 여왕은 일찍 죽게 되었고 공주가 정신병으로 통치 능력을 인정받지 못하자 곧 카를 5세는 스페인을 비롯해 스페인이 개척하기 시작했던 식민지까지 차지하게 되었다.

이렇게 해서 막시밀리안의 손자 카를 5세는 유럽 대륙의 3분의 1에 달하는 영토에 아메리카 대륙까지 차지하게 될 상속자가 되었다. 마침내 1519년 할아버지 막시밀리안 1세가 죽자, 카를 5세는 스무 살의 나이에 신성로마 제국의 황제로 선출된다. 교황과 프랑스의 왕 프랑수아 1세Francis I 는 카를 5세가 독일 황제가 되는 것을 막으려고 했다. 그토

카를 5세

록 큰 권력이 한 사람의 손에 집중되는 것을 두려워했기 때문이다. 하지만 합스부르크 왕가에서 황제를 배출해온(1273년 이후 줄곧) 오랜 전통이 있는 데다가 뇌물이 주어진 탓에 결국 카를 5세가 황제로 선출되었다. 이 젊은 황제는 처음에는 대신들 손에 쥐어진 멋진 꼭두각시에 불과했지만, 서서히 지위를 확고히 하면서 권력을 틀어쥐는 법을 알아냈다. 물론 그는 높은 지위에는 위협적일 만큼 복잡한 문제들이 엮여있다는 사실도 깨달았다. 그의 자리는 화려한 만큼 불안했다.

교황 편에 선 카를 5세

카를 5세는 새 황제로 즉위하자마자 독일에서 마르틴 루터가 일으킨 종교 혁명에 직면했다. 카를 5세 입장에서는 자신이 황제로 선출되는 데 교황이 반대했으므로 개혁가의 편에 설 이유가 충분했다. 하지만 로마 가톨릭교회에 가장 충실한 국가인 스페인에서 성장한 카를 5세는 루터에게 맞서 교황의 편에 섰다. 그래서 그는 선제후(신성로마 제국 황제를 선출할 선거권을 가진 대주교들과 공작들)와 대립하게 되었다. 황제는 자신이 그리스도교 세계의 신, 구로 갈라진 틈에 끼어있다는 것을 곧 깨달았다.

독일의 광범위한 지역에서 일어난 농민 반란은 정치와 종교 갈등이 뒤섞인 것이었다. 제국 내부의 상황은 외부의 공격으로 더욱 복잡해졌다. 서쪽에는 경쟁자 발루아 왕가(프랑스)의 프랑수아 1세가 버티고 있었다. 동쪽에는 이미 헝가리까지 진출한 오스만제국이 프랑수아 1세와 동맹을 맺고 전진해왔다. 카를 5세는 스페인의 군대와 자금을 가지고 있었지만, 독일에서는 재정적 지원을 얻어내기가 매우 어려웠다.

이러한 재정난 때문에 그가 겪고 있던 사회적 문제와 정치적 곤경은 더욱 복잡해졌다. 재위 기간 동안 그는 라이벌인 프랑스의 왕 프랑수아 1세와 여러 차례 전쟁을 치러야 했다. 또한 프랑수아 1세의 아들 앙리 2세와도 전쟁을 치렀다. 주된 전투가 벌어진 곳은 북부 이탈리아였다. 전투력은 양쪽 다 시원치 않았다. 이렇게 혼란스러운 전쟁이 10년간 계속되자 온 유럽이 피폐해졌다.

이 와중에도 오스만제국은 전진을 계속해서 헝가리에 입성했다. 1526년에 헝가리 왕을 처형하고 부다페스트를 차지했으며, 1529년에는 오스트리아의 빈을 공략해 함락 직전까지 내몰았다. 오스만제국의 황제는 콘스탄티노폴리스를 점령하고 동로마 제국을 멸망시킨 후 자신을 '로마 황제'의 후계자로 칭했다. 카를 5세는 오스만제국을 몰아내기 위해 전력을 쏟았다. 그러나 이렇게 위협적인 적군이 바로 국경 앞에 당도해있음에도 독일의 제후들을 통합해 전장에 나가게 하는 일은 쉽지 않았다. 프랑수아 1세 또한 한동안 저항해 카를 5세는 결국 프랑스와 다시 전쟁을 해야 했다. 끝내, 마침내 이제는 프랑수아 1세도 카를 5세의 편에서 오스만제국에 맞서 싸웠다.

04
프로테스탄트의 등장

✥

  로마와 관계를 완전히 끊어버리기로 단단히 결심한 독일 지역의 제후들은 슈말칼덴 동맹을 맺어 황제에게 저항했다(1531). 슈말칸덴 동맹이란 1531년 독일 지방의 개신교 제후들과 도시들이 로마 가톨릭교회의 탄압에 저항하기 위해 결성한 동맹이다. 이로써 신성 로마 제국은 신교파와 구교파로 분열되었다. 카를 5세는 그리스도교 세계를 구하기 위해 독일 지역의 내부 투쟁에 힘을 쏟아야 했다. 이 내부 투쟁이란 권력의 우위를 확보하기 위해 제후들끼리 피를 흘리며 다투는 어리석은 싸움이었다. 제후들은 계속해서 싸움을 벌였고, 그 과정에서 중부 유럽이 폐허가 되는 일이 19세기까지 반복되었다. 때로는 전쟁과 파괴로 불타오르기도 했고, 때로는 정치적, 외교적 술책으로 잦아들기도 했다.

  종교적 갈등이 확산되던 당시 상황은 다른 군주들에게는 외교적 수완을 발휘하기 위해 고려해야 할 요소에 불과했다. 잉글랜드의 헨리 8세Henry Ⅷ는 이단을 비판하는 책을 쓰는 것으로 자신의 이력을 시작해서 교황으로부터 '신앙의 옹호자'라는 칭호까지 받았지만, 1530년에는 프로테스탄트 영주들 편에 섰다. 이는 헨리 8세가 그의 연인 앤 불린과 결혼하기 위해 왕비와 이혼하고자 했기 때문이며, 또한 잉글랜드 안에 있는 교회들의 엄청난 재산을 빼앗기 위해서였다. 16세기 유럽은 여전히 라틴 제국, 곧 로마 가톨릭교회 아래 하나로 통합된 신성로마제국에 대한 꿈에 젖어있었다. 하지만 현실에서는 잉글랜드의 헨리 8세와 마르틴 루터가 로마 가톨릭교회를 조각내고 있었다.

프로테스탄트는 16세기 초 종교개혁의 영향으로 로마 가톨릭에서 분리되어 나온 복음주의 성향을 지닌 기독교 교파를 일컫는 말이다. 마르틴 루터의 복음주의에 찬성하고 가톨릭교회를 비판하는 제국 도시의 대표들이 "Verbum Dei manet in æternum(하나님의 말씀은 영원하리라)"이라는 구호를 소매에 적으며 등장하자 이들을 가리켜 라틴어 Protestantes, 즉 항의자라 부르게 되었다. 스웨덴, 덴마크, 노르웨이는 이미 프로테스탄트 진영으로 넘어가 있었다. 하지만 1547년 마르틴 루터가 사망하면서 독일 개신교의 구심점이 흔들린다. 1546년 카를 5세는 개신교를 박멸할 목적으로 52,000명의 대군을 이끌고 전진한다. 전력에 있어 슈말칼덴 동맹군의 전력은 황제의 전력보다 열세에 있었다. 이해관계가 제각각 달랐기 때문에 지휘권도 명확하지 않았다. 그는 이 전쟁에서 대승을 거두고 그렇게 종교 전쟁의 최종 승자가 된다.

오스만제국이나 프랑스, 잉글랜드, 독일 어느 곳에서도 아직 아메리카나 아시아를 향한 항로에 관심을 보이지 않았다. 하지만 그러는 사이에도 아메리카 대륙에서는 엄청난 사건들이 일어나고 있었다. 스페인의 코르테스^{Hernán Cortés} 가 멕시코의 아즈텍 제국을 정복했다. 피사로^{Francisco Pizarro} 는 파나마 지협을 횡단하고 페루를 정복했다. 그러나 아직 유럽에서 보기에 이 모든 사건이 의미하는 것은 많은 양의 은이 유입되어 스페인 재정에 도움을 주고 있다는 데 지나지 않았다.

아스테카 문명

아스테카에서는 사람의 심장을 신에게 바쳐야 한다고 믿었으며 칼로 심장을 꺼내는 피의 의식을 하였다. 아스테카 제국(아즈텍 제국)은 대규모의 인신공양 및 식인 행위가 가장 근래까지 지속된 문명으로 알려져 있다. 이러한 의식은 스페인 정복자 코르테스가 아즈텍에 도착할 때까지(1519) 계속되었다. 코르테스는 피의 의식에서 희생제물로 확정된 자들의 강력한 지지를 얻어 그들을 쉽게 정복할 수 있었다. 이같은 사실은 당시 포로가 되었던 스페인 병사들의 기록에 묘사되어 있다. 또한 인신공양을 했던 유적들이 실제로 발굴되고 있다.

1556년, 오랜 통치와 전쟁에 지친 카를 5세는 퇴위를 결정한다. 그는 자신의 광활한 제국에 환멸과 권태를 느꼈다. 유럽 군주들 사이의 경쟁은 모두 헛된 것이었다. 그는 건강하지 못해서 말년에 통풍으로 극심한 고통을 겪고 있었다. 결국 그는 황제 자리에서 물러나고 자신이 가졌던 모든 독일에 대한 권한을 동생 페르디난트 1세^{Ferdinand I} 에게 양도한다. 스페인과 네덜란드는 아들 펠리페 2세^{Felipe II} 에게 물려준다. 이미 신경쇠약 기색을 보였던 카를 5세는 스페인의 수도원으로 거처를 옮겨 은둔 생활을 하였으며 1558년에 죽었다.

많은 이들이 카를 5세의 은퇴를 감상적으로 묘사하는 글을 썼다. 이 위대한 거인이 세상을 버리고 오직 가난과 고독 속에서 신과 함께하는 평화를 추구했다는 것이다. 하지만 그의 은퇴 생활은 고독하지도 않았고 궁핍하지도 않았다. 이름만 수도원이었을 뿐 그는 곁에 150명의 수행원을 두었다. 그가 머물던 숙소에서는 궁정의 권태로움만 빠졌을 뿐 온갖 사치와 도락을 누릴 수 있었다.

카를 5세 사후에 제국은 점점 쇠락하기 시작했으며 프랑스에 패권을 내주게 된다. 동생 페르디난트가 계승한 신성 로마 제국은 이후 30년 전쟁으로 유명무실해지다가 3세기 후 나폴레옹에 의해 멸망하고야 만다. 신성로마 제국은 나폴레옹 1세 때까지 유지되긴 하지만 이미 상처를 입고 죽어가고 있었다. 하지만 제국의 전통은 오늘까지도 유럽의 정치 환경에 영향을 미치고 있다.

05
지식의 성장과 정치 체제의 변화

✧

역사란 개인의 삶이 아니라 공동체의 이야기이기 때문에 역사에 가장 두드러지게 기록된 발명은 소통과 통신 수단에 관한 것이다. 16세기에 등장한 새로운 발명 중 우리가 주목해야 할 것은 인쇄용 종이와 대양을 항해하는 범선이다. 인쇄용 종이는 저렴해지고 널리 보급되어 정보 전달 및 토론, 정치 활동의 모습을 혁명적으로 바꾸어놓았다. 그리고 나침반을 사용하여 항해하는 새로운 범선들은 둥근 지구를 하나의 세계로 만들었다. 또한 13세기에 몽골인들이 처음 서방에 가지고 왔던 대포와 화약이 더 많이 사용되었고 그 질도 개선되었다. 도시 안에 성곽을 짓고 자신을 보호하던 지방 영주들의 방어 체계가 무너졌다. 대포가 봉건 제도를 부숴버린 것이다. 콘스탄티노폴리스도 대포 때문에 함락되었다. 멕시코와 페루 또한 스페인 정복자들의 대포 앞에서 항복했다.

세계를 탐험하며 지도를 제작하는 작업 또한 계속되고 있었다. 18세기 대영 제국에서는 석탄이 사용되기 시작하면서 철의 가격이 낮아졌고, 주물을 더 크게 만들 수 있게 되었다. 마침내 현대적 기계 문명의 새벽이 밝아오고 있었다. 19세기의 막이 오름과 동시에 증기기관이 등장했고 철강, 철도, 대형 증기선, 교량, 무한한 힘을 지닌 기계들이 뒤를 이었다. 인간의 모든 물질적 필요를 풍족히 채워줄 가능성이 열린 것이다. 그리고 그 뒤에 숨겨져 있던 전기 공학의 보물들이 인류에게 공개되었다.

1653 영국-네덜란드 해전 범선 그림

새로운 사회

16세기가 시작되자 사람들은 새로운 환경에 맞는 정부 형태를 찾아 어둠 속에서 길을 찾아 헤맸다. 당시 역사는 이들의 이야기로 채워진다. 고대 세계에서는 오랜 시간에 걸쳐 왕조가 바뀌고 때로는 지배 민족과 언어가 바뀌었다. 하지만 정부 형태는 바뀌지 않고 군주와 신전을 기반으로 매우 안정적으로 유지되었다. 보통 사람들의 생활 방식보다 정부 형태가 훨씬 더 안정적일 정도였다. 하지만 16세기 이후 근대 유럽에서 왕조의 변화는 더는 중요하지 않았다. 역사의 관심사는 정치와 사회 조직이었다.

16세기 이후 정치사는 인류가 정치와 사회 체계들을 새로운 환경에 맞게 조정하려는, 노력의 역사였다. 그런데 상황은 계속 바뀌고, 변화의 속도도 빨라져서 정치와 사회 체계 들을 조정하려는 노력은 그만큼 복잡해질 수밖에 없었다. 그리고 이러한 노력은 대체로 무의식적인 것이었다. 사람들은 대체로 새롭게 적응하는 자발적인 변화를 원하지 않으므로 시대의 변화를 따라잡지 못하고 점점 뒤처졌다. 16세기 이후 인류는 이전의 모든 경험과는 완전히 다른 새로운 필요성과 가능성을 마주하게 된다. 기존의 정치와 사회 제도는 새로운 환경에 맞지 않는 불편하고 성가신 것이 되었다. 그런데도 환경 변화에 맞추어 사회 체계 전체를 재구성해야 한다는 요구는 시간이 한참 흘러서야 실현되었다.

1만 년이 넘게 흘러온 구세계에서 인류의 역사는 제국, 사제, 농민, 상인이 이루고 있던 균형이 외부 민족의 침입 때문에 주기적으로 다시 정립되는, 일정하고 반복적인 리듬으로 진행되었다. 이러한 인류의 생활 조건에 어떤 변화가 일어났을까?

16세기에 일어난 변화는 아주 복합적이었다. 그러나 주된 변화는 한 가지 원인에서 발생한 것 같다. 바로 사물의 본성에 대한 지식이 성장하고 확장한 것이다. 지식의 확대는 처음에는 소수의 지식인 집단에서 시작되었다. 하지만 500년이란 세월이 흐르면서 그 속도가 빨라졌다. 지식이 증가하고 확장되면서 인간의 정신적 삶에서 일어난 변화 때문에 인간의 생활 조건 또한 크게 변했다. 기본적인 욕구 충족을 중시하는 삶뿐만 아니라 더 큰 목적에 헌신하려는 태도가 나타나기도 했다. 이러한 태도는 2,000여 년의 세월 동안 세계 전역으로 퍼져나간 불교, 그리스도교, 이슬람교와 같은 위대한 종교들의 공통적인 특성이다. 이제 세계 종교들은 점차 개인의 자존감을 높이고 보편 인류에 대한 참여와 책임 의식을 발전시켰다. 이러한 관념은 고대 문명에서 살았던 사람들에게는 존재하지 않았던 것들이다.

인류 역사상 큰 변화를 일으킨 첫 번째 요인은 인류가 글을 쓰게 되었다는 점이다. 여러 고대 문명에서 글쓰기 방식이 단순해졌고 점차 널리 보급되었다. 그 덕분에 제국의 규모가 커지고 사람들도 정치를 이해할 수 있게 되었다. 두 번째 요인은 교통의 발달이었다. 처음엔 탈것으로 말과 낙타가 차례로 도입되었고, 바퀴가 달린 탈것이 등장했다. 도로도 확장되었다.

그다음은 화폐의 발명이다. 화폐가 만들어지고 신용거래가 이루어지면서 초반에는 심각한 경제적 혼란을 야기하기도 했다. 하지만 곧이어 편리하지만 위험하기도한 제도 때문에 소유권이라는 개념이 생겨나고 교역이 발생했다. 제국들의 영토와 통치 범위가 커졌으며, 사람들도 이러한 변화에 상응하여 성장했다. 이제는 인간 스스로 자신의 심각한 무지를 깨닫고 체계적으로 지식의 발전을 추구하는 시대가 열린 것이다.

게르만족의 습격, 몽골인의 서진, 갑작스러운 교회의 분열, 전염병의 창궐 등이 이어지면서 그리스와 알렉산드리아에서 찬란하게 시작되었던 과학적 탐구 활동은 한동안 중단될 수밖에 없었다. 이 같은 분쟁과 혼란의 시기가 지나고 문명이 다시 부흥하게 되었을 때 노예 제도는 이제 경제생활의 기반이 아니었다. 16세기부터는 체계적 사고의 필연적인 부산물로써 새로운 기술과 발명이 꾸준히 이루어졌다. 하지만 사람들의 정신은 아직 그러한 변화에 적응할 준비가 되지 않았다. 새로운 발견과 발명은 늘어갔지만, 지적인 성찰은 더뎠다. 인류의 정신은 결국 20세기 초에 일어난 거대한 참사들이 벌어진 뒤에야 각성하였다. 16세기 이후 지난 4세기 동안의 인류 역사는 위험과 기회에 의식적으로 깨어있는 사람의 역사라기보다는 감옥에 갇혀 잠들어있는 역사에 가깝다. 잠든 인류를 가두어두는 동시에 보호해주기도 했던 감옥에 불이 났지만, 인류는 어색하고 불편한 듯 뒤척이기만 할 뿐이었다. 불의 열기와 바삭거리는 소리를 들으면서도 말이다.

정치 체제의 변화

17~18세기에 유럽의 꿈은 군주정으로 전환되었다. 이 시기의 역사는 군주 국가를 세우려는 세력과 이에 저항하는 세력에 관한 이야기이다. 군주들은 권력을 절대적인 것으로 만들어 확장하려 했다. 하지만 그 어느 세력도 압도적인 승리를 거머쥐지 못했다. 한 곳에서는 왕이 우위를 점했지만, 다른 곳에서는 재산가들이 왕을 제압했다. 어떤 나라에선 왕이 태양과 같은 존재가 되어 중심이 되었지만, 국경을 맞댄

이웃 나라에서는 상인 계층이 공화정을 유지하기도 했다. 이 시기에 등장한 정부의 형태가 그토록 다양해진 이유는 각각의 정부가 그 지역의 상황에 따라 실험적으로 생겨났기 때문이다.

이렇게 다양한 체제의 국가에서 공통으로 등장하는 인물은 국왕 위에 선 사람들, 재상이었다. 여전히 가톨릭 국가로 남아있던 곳에서는 고위 성직자가 왕의 뒤에 서서 왕을 섬기는 동시에 지배하는 경우가 많았다.

무역에 능한 네덜란드 사람들은 프로테스탄트가 되어 공화정을 수립하고 스페인의 통치에서 벗어났다. 잉글랜드에서는 헨리 8세와 그의 재상 토머스 울지가, 그리고 그 이후로는 엘리자베스 1세Elizabeth I 여왕이 절대왕정의 토대를 다졌다. 하지만 어리석은 제임스 1세와 찰스 1세는 어렵게 마련한 절대왕정을 무너뜨리고 말았다.

찰스 1세가 백성을 배신했다는 죄목으로 처형된 사건(1649)은 유럽 정치사에 새로운 전환점이 되었다. 그는 왕권신수설을 주장하며 전제군주로 통치하고자 했으나 의회는 동의 없는 징세 행위를 폭정으로 인식했다. 또한 프랑스의 공주를 왕비로 맞아 로마 가톨릭을 옹호한다는 소문이 돌며 개신교도들의 반감이 커졌다. 찰스 1세의 처형 이후 12년 동안(1649~1660) 잉글랜드는 공화정을 유지했다. 그 뒤에 왕정이 복귀하긴 했지만, 왕권은 불안정했다. 조지 3세(1760~1820 재위)가 부분적이나마 왕권 강화에 성공하기까지 잉글랜드의 왕은 의회의 그늘에 가려져 있어야 했다.

06
30년 전쟁과 러시아의 부상

군주정과 실험적인 여러 정부 형태가 등장하던 이 시대에도 독일인은 여전히 정치적으로 분열된 채 남아있었다. 공작이나 영주의 궁정에서는 제각기 베르사유의 화려함을 모방했다. 하지만 30년 전쟁(1618~1648) 때문에 독일은 한 세기 동안 모든 기력을 잃고 폐허로 남았다. 독일과 스웨덴, 보헤미아 사람들이 독일 땅에서 서로 뒤엉켜 싸우는 동안 피해는 엄청났다.

30년 전쟁은 유럽에서 로마 가톨릭교회를 지지하는 국가들과 프로테스탄트 교회를 지지하는 국가들 사이에서 벌어진 종교 전쟁이다. 유럽뿐 아니라 인류의 전쟁사에서 가장 잔혹했고 사망자가 많았다 30년 전쟁은 종교적 측면에서는 프로테스탄트 교회(개신교)와 로마 가톨릭교회의 대립으로, 정치적 측면에서는 전제 군주정과 봉건 제도의 대립으로 볼 수 있다.

신성 로마 제국과 제국에 반대하는 종교 정책을 지지하는 제후국 간의 다툼이었으나 대부분의 강대국이 개입하면서 규모가 커졌고 각국의 이해관계가 교차하는 전쟁으로 발전하였다. 갈수록 종교적 의미는 없어지고 유럽의 정치적 구도에서 합스부르크 가문과 프랑스 가문의 대결 구도로 바뀌었다. 이 전쟁을 끝맺은 베스트팔렌 조약에 따라 유럽은 조각조각 나뉘었다.

30년 전쟁 최초의 국제 전쟁

베스트팔렌 조약 Peace of Westphalia

최초의 근대적인 외교 회의를 통해 나온 것으로, 국가 주권 개념에 기반을 둔 국제 조약이다. 30년 전쟁은 로마 가톨릭교회와 개신교간의 대립이라는 종교적 문제를 명분으로 발발했지만, 이후 종교보다는 왕조와 국익을 앞세워 국가들의 정치적인 전쟁이 되었다. 이 조약을 통해서 종교의 자유가 허용되면서 개신교 국가들이 로마 가톨릭교회의 탄압에서 벗어났으며 역사에서 처음으로 프로이센이 왕국으로 등장하였다. 네덜란드와 스위스는 독립을 인정받았으며, 프랑스는 영토를 확장하였다.

당시 유럽의 지도는 터무니없을 만큼 복잡해 보인다. 여러 공국, 공작령, 자유 국가들이 어지럽게 얽혀있었다. 이들 중에는 신성로마 제국의 영역 안에 들어와 있는 나라들도 있었고, 아닌 나라들도 있었다. 이 조각보 같은 지도의 한가운데 놓인 프로이센 왕국(독일)이 꾸준히 성장하기 시작했다. 그리고 일련의 전쟁에서 계속 승리하면서 유럽의 주요 세력으로 부상했다. 카를 5세의 후손 중 오스트리아의 후손들은 계속 황제 직위를 지키고 있었고, 스페인의 후손들도 스페인 영역을 잘 유지하고 있었다.

그런데 다시 동유럽에서도 황제가 등장했다. 콘스탄티노폴리스 함락(1453) 이후, 모스크바 대공이었던 이반 대제(1462~1505 재위)가 비잔티움 제국 황제의 상속자임을 천명한다. 그의 손자이면서 폭군 이반이라 불린 이반 4세(1547~1584 재위)는 카이사르(차르)라는 황제 칭호를 사용하기 시작했다. 이반 4세는 이전까지 대공국 수준에 불과했던 러시아를 처음으로 국가의 지위에 올려놓았다.

그러나 다른 유럽인들에게 러시아는 17세기 후반까지도 외딴 오지처럼 느껴졌을 것이다. 그런 이미지가 바뀌게 된 것은 표트르 1세(러시아 제국의 초대 황제)가 러시아를 이끌었을 때부터였다. 그는 러시아를 정치적인 강국으로 만들었다. 러시아는 스웨덴과의 전쟁에서 대승하고 발트해를 점령하여 발트함대를 창설한다. 그는 러시아 해군의 토대를 마련하였으며 서구화를 통해 러시아를 행정적, 상업적으로 발전시켰다.

이반 대제 (이반 3세)

07
루이 14세

✛

프랑스의 왕 루이 14세Louis XIV 는 유럽의 왕 중에서 가장 성공적으로 군주정을 완성했다. 뛰어난 능력을 지닌 루이 14세(1643~1715 재위)가 장기간 통치하면서 절대왕정을 공고히 했다. 루이 14세는 유럽 국왕의 전형이었다. 그는 역사에 다시 없는 유능한 국왕이었다. 자신의 욕망을 위대한 야망으로 이룰 줄 알았던 그는 외교 정책들을 정교하게 기획하고 실행해 나갔다. 하지만 루이 14세는 결국 자신의 나라를 파산 상태에 빠뜨리고 만다. 그는 영토를 확장하면서 신성로마 제국을 상속받는 꿈을 꾸었다. 주요 인사들을 뇌물로 매수하는 일을 전쟁보다 더 중요한 국가 정책으로 여겼다. 잉글랜드의 찰스 2세를 비롯하여 주변국의 귀족 대부분이 루이

베르사유 궁전

14세의 뇌물을 받았다. 사실상 그의 돈, 아니 다시 말해 프랑스의 납세자들이 바친 세금이 닿지 않은 곳이 없을 지경이었다. 게다가 그는 사치에 몰두했다. 베르사유의 궁전 내부는 화려한 거울로 장식된 복도로 꾸며졌고, 멋진 전망의 테라스와 분수가 설치된 정원이 궁전 밖에 펼쳐져 있었다. 베르사유 궁은 세계적인 질투와 동경의 대상이 되었다.

루이 14세

곳곳에서 루이 14세를 따라 하려고 했다. 유럽의 모든 국왕과 약소국의 군주들조차 자국 백성들이 마련할 수 있는 돈을 훨씬 넘어설 정도로 무리해서 자신만의 베르사유 궁전을 짓고 있었다. 귀족들 역시 새로운 유행에 맞추어 성을 개축하거나 확장했다. 덕분에 아름답고 정교한 옷과 가구를 생산하는 제조업이 크게 발달했다. 또한 호화로운 예술 작품들이 꽃을 피웠다. 목공예, 금속 공예, 음악, 회화, 우아한 식기류, 질 좋은 포도주가 생산되었다. 루이 14세가 일으킨 전쟁과 호화로운 궁전은 국가를 파산시켜갔다. 그는 농민에게 더 많은 세금을 내도록 강요하였으나 귀족들과 성직자는 실질적으로 면세를 받았다. 프랑스는 다양한 재정가로부터 국채를 들었고 빚은 쌓였고 민중들은 점점 가난해졌다.

루이 14세는 키에 대한 콤플렉스로 하이힐을 최초로 신었고 귀족들이 그것을 따라 하여 유행처럼 번졌다. 신사들은 실크와 레이스로 장식한 옷을 입고, 하이힐을 신었다. 그리고 거울과 멋진 가구에 둘러싸여 경쟁을 펼쳤다. 숙녀들은 머리에 파우더를 뿌려 탑처럼 높이 세우고, 실크와 새틴 소재 드레스에 와이어를 넣어 커다랗게 부풀렸다. 루이 14세는 이 모든 아름다움과 진기함 한가운데에서 하늘의 태양처럼 서 있었다. 하지만 그는 햇빛도 들지 않는 저 낮고 어두운 곳에서 야윈 얼굴들이 고통과 불만에 찬 시선으로 그를 바라보고 있다는 사실을 알지 못했다.

18세기 유럽 정세

불행하게도 오스트리아와 프로이센, 그리고 러시아 사이에 있는 폴란드 왕국에서는 거대한 토지를 소유한 지주들이 서로 과시하고 경쟁하기에 바빴다. 그들은 자신들이 선출한 군주에게 명목상의 왕위 말고는 어떤 것도 주려고 하지 않았다. 그 때문에 폴란드는 국가 조직이 제대로 갖추어지지 않은 상태에 머물러 있었다. 이런 상황에서 폴란드가 맞이한 운명은 결국 주변 세 나라에 의해 분할되는 것이었다. 폴란드의 영토는 18세기에 세 차례에 걸쳐 프로이센 왕국, 러시아 제국, 오스트리아 합스부르크 세 주변국에 의해 분할된다.

한편, 스위스는 공화정 형태의 여러 주(州)가 모여 집합체를 이루고 있었다. 베네치아는 하나의 공화국이었고, 이탈리아는 독일 대부분 지역과 마찬가지로 작은 공작들과 영주들 때문에 분할되어 있었다. 교황

폴란드 분할 풍자화 분할에 참여한 세 나라의 통치자들이
폴란드 지도를 찢는 모습이다.

또한 한 명의 영주로서 교황령 영토를 다스리고 있었다. 교황은 가톨
릭교회 안에 조금이라도 남아있는 영주들의 충성을 잃게 될까 봐 두려
웠지만, 그렇다고 해서 그리스도교 세계를 다시 상기시키는 일은 더는
할 수 없었다. 이제 유럽에 공통된 정치적 이상이란 남아있지 않았다.
유럽 전체가 다양성의 시대에 접어든 것이다.

　독립된 주권을 갖게 된 영주들과 공화국들은 서로에게 맞설 계획을
추진해나갔다. 이웃 나라를 공격하고, 동맹을 형성하는 외교 정책을
펼쳤다. 18세기에는 당시 사회와 정책들에 대해 근본적으로 의심하고
비판하는 문학이 등장했다. 볼테르Voltaire의 풍자 소설 《캉디드》와 같
은 작품은 방향을 잃고 혼란에 빠진 유럽 세계에 대한 피로감을 드러
냈다. 그의 사상은 프랑스 혁명으로 이어진다.

08
식민지 정복 전쟁

신대륙을 둘러싼 유럽 강대국

중부 유럽이 분열과 혼란을 겪는 동안 서유럽, 특히 네덜란드, 스페인, 포르투갈, 프랑스, 영국은 그들의 싸움터를 바다 건너 세계로 확장하고 있었다. 네덜란드인을 비롯한 북대서양 연안 유럽인들이 해외에 처음 정착하기 시작한 것은 식민지 개척 때문이 아니라 무역과 자원을 얻기 위해서였다. 처음 나선 것은 스페인이었다. 스페인은 아메리카라는 신세계 전체에 대한 지배권을 주장했지만, 곧이어 포르투갈도 참전하여 자기 몫을 요구했다.

이렇게 스페인과 포르투갈 사이에 '신대륙'의 소유권을 둘러싸고 분쟁이 일어나게 되면서 두 나라를 중재하려고 교황이 나섰다. 로마의 교황이 세계의 주인으로서 내린 마지막 결정이었다. 교황은 오래 고민하지 않고 신대륙의 지도를 가져오게 해서 선 하나를 긋고 이 선을 기준으로 서쪽 땅은 스페인에, 동쪽 땅은 포르투갈에 속한다고 선언했다 (토르데시야스 조약). 스페인은 이를 근거로 19세기까지 라틴 아메리

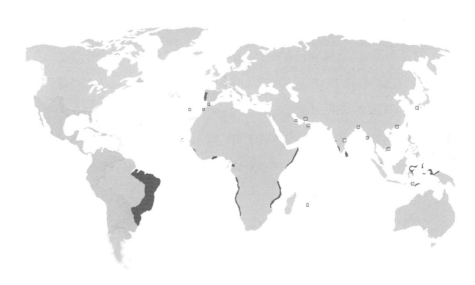

스페인과 포르투갈의 식민지 영역 1600년경 (노란색: 스페인 | 초록색: 포르투갈)

카의 식민지를 유지하는 데 성공했다. 전 세계에서 쓰이는 언어 중 3위가 스페인어인 이유는 식민 통치 시기 중남미에 스페인어, 포르투갈어가 가톨릭과 함께 정착했기 때문이다.

이 당시 포르투갈인은 남쪽과 동쪽으로 해외 사업을 확장해나가고 있었다. 1497년 바스쿠 다 가마는 리스본에서 출항하여 희망봉을 돌아 잔지바르를 거쳐 인도로 향하는 항로를 개척했다. 그는 1488년 희망봉을 발견한 이후 포르투갈의 숙원이었던 인도 항로를 개척한다. 1515년에는 인도네시아에도 포르투갈 선박들이 정박해있었다. 포르투갈인은 인도양의 해안을 따라 무역 거점을 세웠다. 모잠비크(1975년 독립), 동티모르(1975년 독립), 중국의 마카오(1999년 중국에 이양)는 한때 포르투갈령이었다.

그런데 잉글랜드와 덴마크, 스웨덴 그리고 네덜란드가 합세하여 북아메리카와 서인도 제도에 대한 권리를 주장하고 나섰다. 프랑스마저 다른 프로테스탄트 국가들처럼 교황의 결정에 주의를 기울이지 않았다. 유럽 국가들의 전쟁은 이제 신대륙에서의 영토 소유 문제로 확대되었다. 영토 확보 경쟁에서 가장 성공한 나라는 영국이었다. 영국은 영국 해협을 사이에 두고 유럽과 떨어져 있었기 때문에 유리한 점이 많았다. 유럽 전체를 로마 가톨릭교회 아래로 통일하려는 오랜 꿈에 얽히지 않을 수 있었다.

동아시아에서는 영국, 네덜란드, 프랑스가 경쟁을 벌였고 아메리카에서는 영국, 프랑스, 스페인이 다투었다. 영국과 달리 프랑스는 언제나 유럽에 신경을 곤두세웠다. 프랑스는 18세기 내내 유럽 안에서 스페인과 이탈리아를 제압하고 독일을 평정하느라 동쪽과 서쪽으로 뻗어나갈 기회를 놓쳤다. 17세기 영국에서는 종교와 정치 갈등 때문에 본토를 떠나 아메리카에 정착하려는 이들이 많았다. 아메리카 대륙에 정착하는 영국인 이민자가 늘어나자 영국은 아메리카 대륙을 둘러싼 경쟁에서 크게 앞설 수 있었다.

영국 동인도회사의 인도 장악

몇 년 뒤 영국의 무역회사는 프랑스, 네덜란드, 포르투갈의 경쟁자들을 제치고 인도에서 우위를 점했다. 위대했던 무굴 제국은 쇠퇴해 있었다. 런던의 무역회사인 영국 동인도회사가 이 제국을 실질적으로 함락한 이야기는 어떤 정복사에서도 볼 수 없는 기이한 것이었다.

영국 동인도회사는 엘리자베스 여왕 때 설립되었다. 처음에는 단순

동인도 회사 영국 본사

한 해양 탐험 회사에 지나지 않았지만, 차츰 동인도회사만의 군단을 만들고 선박을 늘려 대형 무역회사로 변모했다. 이제 동인도회사는 영역을 확장하여 향신료, 차와 보석을 다루는 데 그치지 않고 인도의 조세 제도와 영토 관리에서부터 인도 전체의 운명까지 좌우하게 되었다. 처음에는 그저 물건을 사고팔기 위해 인도에 왔지만, 그 후 광범위한 해적질을 하고 있었던 셈이다. 동인도회사의 이러한 행위를 제지할 수 있는 상대는 아무도 없었다. 동인도회사의 사령관이나 장교는 물론 일반 직원이나 병사들까지도 한몫을 단단히 챙겨 영국으로 돌아왔다.

거대하고 풍요로운 땅을 마음대로 지배할 수 있게 된 상황에서 영국인들은 무엇은 해도 되고, 무엇은 하면 안 되는지 판단할 수 없었다. 낯설고 신비로운 사원들이 지키고 있던 규율들은 기이하게만 보였다.

동인도회사

이름은 무역회사였지만 현대의 무역회사와는 성격이 다르다. 즉, 식민지 총독과 다름없었다. 특히 아시아 지역의 무역을 독점하고 사법 및 치안권은 물론, 제한적인 외교권 및 군사 행동권까지 가진 사실상의 총독부였다. 일본에서도 이들을 본떠 1908년 조선과의 무역을 독점하는 동양척식주식회사를 세웠다.

인도에서 돌아온 장군과 장교들이 재물을 강탈하고 잔인한 행위를 한 것에 대해 서로를 비난하는 것을 보고 본국의 영국인들은 당황했다. 로버트 클라이브Robert Clive는 영국이 인도를 식민지화시키는 토대를 마련한 인물이다. 하지만 영국 동인도회사의 실태를 조사하던

영국령 인도 영역

중 클라이브가 지나치게 막대한 부를 챙겼다는 점을 지적하며 그가 부정부패를 저질렀다는 의혹을 제기한다. 그는 1773년 인도 총독 자리에 올라 영국 농토로서 인도를 빼앗는 데 성공한다. 하지만 인도를 매우 가혹하게 다스려 영국인들에게도 비난을 받게 된다. 영국 의회는 동인도회사를 지휘한 로버트 클라이브에 대한 불신임 투표를 통과시켰고, 1774년 클라이브는 우울증과 아편 중독에 시달려 자살했다.

영국 의회는 런던의 한 무역회사를 경영하고 있었지만, 이 무역회사

는 영국 국왕의 영토보다 더 넓고 인구도 많은 제국을 지배하고 있었다. 다수의 영국인에게 인도는 아주 멀리 떨어진, 닿을 수 없는 신비의 땅으로 여겨졌다. 다만 가난한 젊은이들이 모험심에 가득 차서 인도로 떠났고, 수십 년이 지난 뒤에 부자 노신사가 되어 돌아오곤 했다.

서유럽 열강들이 해외 영토를 차지하기 위해 세계의 모든 바다에서 싸우고 있는 동안 아시아에서는 새로운 정복전이 펼쳐지고 있었다. 중국은 1360년에 이미 몽골의 굴레에서 벗어났고 1644년까지 명나라의 통치 아래 번영을 누렸다. 그 뒤에는 만주족(여진족)이 점령하는 청나라가 1912년까지 중국의 지배자로 남았다. 1691년쯤에는 남아있던 몽골 부족들도 모두 청나라에 정복되면서 몽골도 만주족의 통치 아래에 들어갔다.

한편 러시아가 이제는 주요 세력으로 떠올랐다. 구세계 중앙에서 발흥하여 서방과 동방 어느 쪽에도 속하지 않았던 러시아는 이제 지배 세력을 넓혀 가면서 주요 세력으로 성장했다. 러시아의 세력 확장은 카자크(오늘날 우크라이나 일대)집단이 부상한 데 따른 것이었다. 이들은 폴란드와 헝가리의 봉건 농민들과 경계를 이뤘다. 이유 없이 박해받던 사람들, 반항적인 농노들, 다른 종파의 교회에 속한 사람들, 도둑, 부랑자 같은 종류의 사람들이 러시아 남부의 스텝 지대에서 피신처를 마련하고 새 삶을 시작하고자 했다.

새로운 땅을 찾아서

18세기 후반으로 접어들자 유럽에서 놀랄 만한 움직임이 일었다. 하나의 유럽이라는 이상도 더는 존재하지 않았다. 유럽인들은 이제 세계의 모든 해안을 지배할 수 있는 능력을 갖추게 되었다. 하지만 그것을 추진한 방식에 질서는 없고 분쟁의 소지는 많았다. 운이 좋게 짧은 시간에 나머지 인류보다 갑자기 우월해진 덕분에, 유럽인들은 계획 없는 진취적 모험심에 불타올랐다. 주로 서유럽에서 건너간 사람들이 그때까지 대부분 비어있던 아메리카 대륙에 정착하기 시작했고 남아프리카, 호주, 뉴질랜드도 유럽인들의 미래 식민지로 선정되었다.

콜럼버스가 아메리카에 가고, 바스쿠 다 가마가 인도에 가게 된 동기는 무역이었다. 이는 항해에 나서는 모든 사람의 공통적인 동기였다. 유럽인들은 무역의 거점이 되는 항구에서 체류했다가 고향으로 돌아가 번 돈을 쓰고 싶어 했다. 그런데 아메리카는 생산 수준이 매우 낮아서 거래할 것이 없다 보니 금과 은을 찾으려는 유럽인들만 쉼 없이 밀려들었다. 특히 스페인령 아메리카에 있는 광산은 은 채굴량이 많았다. 그래서 아메리카로 건너간 유럽인들 중에는 무장한 상인뿐만 아니라, 광산 업자와 광부가 많았다. 몇몇 사람들은 아메리카에서 농장을 경영하기도 했다. 북부 지방에서는 모피를 얻기 위해 사냥도 했다. 광산이나 농장을 경영하려면 상주하는 인력이 필요했다. 사람들은 바다 멀리 신대륙으로 건너가 정착지를 이루어 살게 되었다.

17세기 초 영국의 청교도들은 종교 박해를 피하고자 뉴잉글랜드 지방으로 가서 정착했다. 18세기 오글소프 장군James Edward Oglethorpe 은 영국에서 빚을 지고 감옥에 갇힌 이들을 조지아로 보냈다. 18세기 말 네덜란드인들은 고아들을 모아 희망봉으로 보냈다. 유럽인들은 새로운 집을 찾아 바다를 건너갔다. 19세기에 증기선이 등장한 이후 수십 년 동안 아메리카와 호주의 비어있는 땅으로 향하는 유럽 이민 인구가 점점 늘어났다.

신대륙에 영구적으로 정착하는 유럽인 수가 늘자, 유럽의 문화 역시 훨씬 더 넓은 지역에 전파되었다. 그리고 이민 공동체들도 성장해나갔다. 이들 공동체가 처음부터 어떤 계획이나 정체성을 가졌던 것은 아니다. 유럽 각국은 이러한 공동체들이 성장하리라 예상하지 못했다. 본국에서는 이 공동체들을 신대륙 탐험을 위한 수단이나 새로운 수입원, 혹은 점령지로 인식했다. 하지만 이미 오래전에 신대륙으로 이주한 사람들은 차츰 유럽과는 분리된 자기들만의 독립적인 사회를 발전시켰다. 본국에서는 신대륙 이주자들을 본국에 종속될 수밖에 없는 자국 백성으로 여겼지만 내륙 멀리까지 퍼져나간 이주민들을 병력으로 더는 통제할 수 없었다.

19세기가 시작될 때까지만 해도 신대륙을 연결한 유일한 수단은 범선밖에 없었다. 지상에서는 여전히 말이 가장 빠른 교통수단이었으며, 말을 이용한 교통 통신의 한계가 곧 정치 체계의 응집력과 통일성의 한계로 작용했다.

8장

시민혁명과
산업혁명

《알프스를 넘는 나폴레옹》 자크 루이 다비드

01
미국의 독립 전쟁

보스턴 차 사건

18세기 말로 접어들 즈음 북아메리카 북부 지방의 3분의 2는 영국의 지배 아래 놓여있었다. 프랑스는 이미 아메리카를 포기한 상태였다. 포르투갈이 차지한 브라질과 프랑스, 영국, 덴마크, 네덜란드가 나누어 가진 작은 섬들을 제외하고 플로리다, 루이지애나, 캘리포니아, 그리고 나머지 남아메리카 전부가 스페인의 차지였다. 해외 영토가 넓어짐에 따라 해외 이주민들을 하나의 정치 체계 아래 예속시킬 수 없다는 사실이 드러났다. 문제가 시작된 곳은 메인주(미국)와 온타리오주(캐나다)에 있던 영국 식민지였다.

영국의 이주민들은 출신지도 서로 다르고 각자 고유한 특성을 지닌 사람들이었다. 영국뿐만 아니라 프랑스, 스웨덴, 덴마크 출신 사람들도 많았다. 메릴랜드주에는 영국인 가톨릭 신자들이 많았고, 뉴잉글랜드주에는 과격한 프로테스탄트들이 자리 잡았다. 직접 땅을 갈아 농사를 짓고 살았던 뉴잉글랜드 주민들은 노예제를 비난했지만, 버지니아와 남쪽에 정착하여 대규모 플랜테이션 농장을 경영한 영국인들은 점점 더 많은 흑인 노예를 수입했다. 이런 식으로 각 식민지 사이에는 공통된 통일성이 존재하지 않았다. 한 식민지에서 다른 식민지로 이동하는 것은 대서양을 건너오는 것만큼이나 머나먼 여정이었다.

자연적인 조건도 다르고 출신도 모두 달랐던 여러 식민지를 강제로 하나로 묶으려고 한 것은 런던에 있는 영국 정부의 이기심과 무지 때문이었다. 식민지 주민들은 영국 정부에 세금을 내야 했지만, 정부의 세금 집행 방식에 대해서는 아무런 의견을 낼 수 없었다. 또한 식민지 주민들은 무역을 할 때도 영국의 이익을 위해 자신의 이익을 희생해야 했다. 영국 정부는 수익성 좋은 이 사업을 그만둘 생각이 전혀 없었다.

군주정을 강화하고 있었던 고집스러운 성격의 조지 3세(1760~1820 재위)는 본국과 식민지 정부들 사이의 갈등을 강제력으로 해결하려 했다. 이러한 갈등이 결국 터져 나오게 된 것은 런던의 본국 정부가 아메리카의 해운업을 희생시키면서까지 동인도회사에 유리한 법률을 통과시켰을 때였다. 영국의 세금 징수에 반발한 북아메리카의 식민지 주민들은 인디언으로 변장한 후 1773년 12월, 보스턴 항에 정박한 배에 실려 있던 홍차 상자들을 바다에 버린다. 그들은 청나라에서 수입된 차를 바다에 모두 던졌다. 그 이전에도 식민지의 반발을 무릅쓰고 세금을 부과하였으나 영국은 전쟁 때문에 진 빚이 너무 많았다. 세수가 부족해지자 영국 의회에서는 홍차 조례를 제정하였는데 세수 확대 법안은 모두 영국 의회 독단으로 이루어졌고 직접세를 부과한다는 것을 식민지 자치에 대한 도전으로 간주했다. 1775년 영국 정부가 보스턴 근교의 렉싱턴에서 이 사건의 주동자 두 명을 체포하려 하자 결국 양측 사이에 충돌이 벌어졌다. 영국군이 렉싱턴에서 첫 번째 총성을 울렸고, 콩코드에서 첫 전투가 벌어졌다(렉싱턴-콩코드 전투).

보스턴 차 사건 (Boston Tea Party)

미국의 독립선언

이렇게 해서 미국 독립전쟁(1775~1783)American Revolutionary War 이 시작되었다. 처음에는 이 사건 하나 때문에 독립선언을 하자는 움직임이 일어난 것은 아니다. 영국의 식민지(대영제국은 1607년에 버지니아 식민지를 시작으로, 1732년에 조지아 식민지에 이르는 북아메리카 대륙 동해안에 13개의 식민지를 조성하였다) 상태에 있던 13개 주(州)의 식민지 주민들이 원했던 것은 본국과의 관계를 끊는 것이 아니라 식민지의 자치권을 보장해주고 영국 정부의 간섭을 최소화 하는 것이었다. 본격적으로 독립의 의견이 불붙기 시작한 것은 군주제 자체의 모순과 저항권, 천부인권

사상이 심화되면서였다. 본국 정부에 맞서 들고 일어난 13개의 주(州)들이 의회를 구성하고 '독립선언문'을 발표한 것은 1776년 중반의 일이다. 독립 전쟁을 지휘할 총사령관 자리에는 조지 워싱턴이 선출되었다. 그는 당시 식민지 지도자 대부분이 그랬던 것처럼 프랑스와의 전쟁에 참여하여 군사 훈련을 받은 이력이 있었다.

델라웨어 강을 건너는 워싱턴 Emanuel Gottlieb Leutze

제2차 대륙회의(1776) 벤자민 프랭클린, 로저 셔먼, 로버트 리빙스턴, 존 애덤스, 토머스 제퍼슨이 독립선언서 초안을 제출하고 있다.

1777년 영국의 버고인 장군은 캐나다에서부터 뉴욕에 진입하려고 시도하던 중에 전투에서 참패하여 결국 식민지군에 항복했다. 같은 해에 프랑스와 스페인은 영국에 선전포고하고 영국 정부의 해상 무역을 방해했다. 콘 월리스 장군이 이끌고 온 두 번째 영국 군대는 버지니아의 요크타운 반도에서 미국 프랑스 연합군에 붙잡혀 오랫동안 저항했지만 1781년 항복했다. 이 싸움으로 미국 독립 전쟁의 식민지군은 승리를 확정 짓고, 독립전쟁은 사실상 끝나게 되었다. 결국 1783년 파리에서 조약이 체결되었고, 메인에서 조지아에 이르는 13개 주가 연합하여 독립했다. 이로써 미합중국이 역사에 처음으로 등장했다. 한편 캐나다는 여전히 대영 제국의 깃발 아래 남아있었다.

새롭게 독립한 13개의 주는 처음 4년 동안은 연방 규약에 따라 매우 나약한 중앙 정부를 두고 있었기 때문에 결국 제각각 독립할 게 분명한 듯 보였다. 하지만 영국의 적대감과 프랑스의 공세 때문에 분리 독립은 계속 미뤄질 뿐 일어나지 않았다. 분열하게 될 경우 당장 위험이 닥칠 상황이었던 것이다. 결국 대통령을 수반으로 하는 연방정부를 구성하는 미합중국 헌법 초안이 작성되어 1788년 비준되었다. 그리고 1812년 영국과의 두 번째 전쟁이 발발하자 통일국가에 대한 인식이 한층 강화되었다.

하지만 당시에도 각 주의 영역이 매우 넓었고 이해관계도 무척 다양했다. 당시의 교통, 통신 수단만으로는 연방이 분리되어 유럽처럼 여러 개의 독립 국가가 들어설 것처럼 보였다. 변방 지역의 의원들이 워싱턴에 있는 연방의회에 참석하기 위해서는 매우 긴, 위험하기까지 한 여정을 감수해야 했다. 더욱이 공통된 교육, 공통된 지성을 공유하는 데는 셀 수 없이 많은 장애물이 놓여있었다.

하지만 다행히도 그 시기 분열을 막아줄 새로운 방안들이 발명되었다. 미합중국이 조각나지 않고 하나의 국가로 유지될 수 있었던 것은 새로운 교통 통신 수단이 등장 덕분이었다. 증기선과 철도, 전신은 널리 흩어진 사람들을 연결하여 위대한 근대 국가의 국민으로 엮어주었다. 미국의 13개 주가 독립한 이후 22년이 지나자 아메리카에 남아있던 스페인의 식민지들 또한 선례를 따라 유럽에 대한 종속관계를 끊어버렸다. 하지만 훨씬 더 넓은 지역에 분산되어있었고 높은 산맥과 사막, 삼림으로 가로막혀 있었던 탓에 미국처럼 한 나라를 이루지는 못했다. 또 중간에는 포르투갈령 브라질이 있어서 서로 떨어져 있던 스페인의 식민지들은 서로 분리된 채 여러 개의 공화국으로 나뉘어 독립했다. 그리고 독립 초기에는 자신들끼리 서로 전쟁을 벌이거나 혁명에 시달려야 했다.

브라질은 조금 다른 경로를 거쳐 독립에 이르렀다. 1807년 포르투갈 본국이 나폴레옹의 프랑스군에 점령당하자 포르투갈 왕과 그 정부가 브라질로 피신하는 일이 벌어졌다. 이때부터 브라질은 포르투갈 연합왕국의 일원이 되었으나 포르투갈 왕실은 본토로 복귀할 수 없었다. 그런데 1820년 리스본에서 왕실 복귀를 요구하는 봉기가 일어나자 포르투갈 왕실은 황급히 리스본으로 복귀해야 했다. 1822년 브라질은 독립된 제국이 되었음을 선포했고, 포르투갈 왕의 아들 페드로 1세가 황제로 즉위했다. 하지만 1889년 브라질 황제가 조용히 유럽으로 건너가 버리자 브라질 합중국 역시 아메리카 대륙의 다른 공화국들과 같은 수순을 밟게 되었다.

02
프랑스 혁명

✦

　영국이 아메리카에 있던 13개 주를 잃고 난 뒤 유럽에서 가장 강력한 군주 국가인 프랑스에서도 미국의 독립 소식을 듣고 격변이 일어났다. 이 세상의 정치 질서라는 것이 그 본질부터 일시적인 것임을 온 유럽에 일깨워주는 사건이었다.

　프랑스는 유럽에서 가장 성공한 왕정을 유지하고 있었다. 프랑스의 궁정은 유럽 다른 궁정들의 꿈의 모델이자 부러움의 대상이었다. 그러나 프랑스 왕실은 정의롭지 못한 기반 위에서 꽃을 피웠고 결국 극적인 파국을 맞는다. 프랑스 국왕은 개인적인 능력이 뛰어났지만, 사치와 낭비로 서민들의 삶과 나라의 근간을 흔들어놓았다. 루이 16세Louis XVI 는 계속되는 적자에도 오히려 미국의 독립전쟁을 지원했다. 고위 성직자와 귀족 계층은 세금 징수에서 면제되었으므로 그 부담은 중간층과 하위층이 고스란히 짊어져야 했다. 조세 체계의 가장 밑바닥에 놓인 농민들은 고통받아야 했다.

　1787년 프랑스 왕실은 결국 파산했다. 부족한 세수와 과도한 세출 문제를 논의하고자 각 계층의 국민대표를 소집했다. 귀족, 성직자, 평민 대표가 모이는 이른바 '삼부회의'가 베르사유에서 개최되었다. 드디어

루이 16세의 왕비 마리 앙투아네트

백성들이 불만을 표출할 기회가 생긴 것이다. 회의가 열리자마자 제3신분, 즉 평민 대표들은 회의를 장악하려 했다. 이에 다른 계층의 대표들이 반발했고 분쟁이 일어났다. 평민 대표들은 삼부회의를 국민의회로 전환하여 영국 의회처럼 국왕을 통제하려 했다. 그 결과 프랑스는 혁명에 돌입했다.

절대왕정은 빠르게 몰락했다. 분노한 시민들이 바스티유 감옥을 습격하자 순식간에 프랑스 전역이 봉기했다. 프랑스 동부와 북서부에서는 농민들이 귀족들의 성에 불을 질렀다. 땅문서가 파괴되었고, 지주들은 살해되거나 추방되었다. 한 달 만에 오래되고 부패한 귀족 지배 체제가 무너졌다. 왕족이나 고위 대신들은 나라 밖으로 달아났다. 새로운 무장 단체인 국민군이 결성되어 남아있는 왕실 세력을 소탕했다. 미국의 독립은 왕의 직접 통치에서 떨어진 식민지에서 일어난 것이었다. 하지만 프랑스 혁명(1789~1799)은 군주국인

바스티유 함락

프랑스 본토에서 일어난 사건이며 이는 곧 프랑스 왕정 폐지로 이어질 수 밖에 없었다. 프랑스 시민들은 군주가 없는 새로운 형태의 나라를 유럽에 건국한 것이다.

국민의회

국민의회는 새 시대에 맞는 새로운 정치, 사회 체제를 창조해야 하는 소명이 있었다. 새로운 체제를 만드는 것은 국민의회의 능력을 시험하는 과업이었다. 국민의회는 절대왕정에서 벌어진 불공정한 일들을 모두 없앴다. 귀족과 성직자들의 세금 면제 조항은 물론, 귀족들의 작위와 여러 가지 특권이 폐지되고 농노들은 해방되었다. 국민의회의 목표는 파리에서 입헌군주정을 수립하는 것이었다. 이제 루이 16세는 베르사유의 화려한 궁전과 그 모든 사치품을 포기하고 파리의 작은 튀일리 궁으로 옮겨져 그 지위만을 유지할 수 있었다.

국민의회는 어려운 상황 속에서도 효율적인 근대 정부를 구성할 수 있었다. 국민의회의 실험적인 정책 중에는 무척 건전한 정책도 있었다. 일부는 지금까지 시행되고 있기도 하지만 대부분은 제대로 효과를 거두지 못했고 결국 원래대로 돌아갔다.

국민의회는 기존의 형법을 폐지하고, 이단에 대한 박해를 금했다. 군대에서는 출신에 상관없이 최고 자리까지 진급할 수 있는 길이 열렸다. 사법 체계도 마련되었지만, 판사를 대중이 선출한다는 점과 그 임기가 매우 짧다는 점에서 한계가 있었다. 판사는 국회의원과 마찬가지로 대중의 인기를 좇았다.

또한 교회의 막대한 재산을 전부 몰수해서 국가에서 관리했다. 교육이나 자선활동을 하지 않는 종교 시설은 사라졌으며 성직자들의 봉급도 국가에서 지급했다. 사실 이러한 조치는 하위 성직자들에게는 그리 나쁜 일이 아니었다. 그들은 부유한 고위 성직자들과 비교했을 때 부끄러울 만큼 적은 봉급을 받고 있었다. 사제와 주교를 선거로 뽑게 한 것은 로마 가톨릭교회의 근간을 흔드는 조치였다.

루이 16세와 마리 앙투아네트Marie Antoinette 는 국외에 도피한 귀족과 왕당파와 협력하여 절대왕정의 회복을 도모했다. 프랑스의 동쪽 국경 밖에는 외국 군대들이 집결하고 있었다. 그러던 6월의 어느 날 밤 왕과 왕비는 자녀들을 데리고 튀일리궁을 몰래 빠져나갔다. 그들은 마차를 타고 도주했지만 국경을 넘지 못하고 프랑스 소도시 바렌에서 발각되어 파리로 송환되었다(바렌 도주 사건). 이 사건으로 온 프랑스는

바렌으로 도주했다가 송환되는 루이 16세와 마리 앙투아네트

공화주의 열망으로 들끓었다. 결국 프랑스에서는 공화국이 선포되었다. 국왕 루이 16세와 마리 앙투아네트는 재판을 받고 국민에 대한 반역죄로 단두대에 처형되었다.

18세기 프랑스 풍자화

마리 앙투아네트의 처형

로베스피에르의 공포 정치

혁명은 이제 로베스피에르(1758~1794)라는 광적인 지도자의 손에 놓이게 되었다. 로베스피에르는 왕당파를 학살하고 국왕을 처형해야만 공화국의 정신을 굳건히 할 수 있다고 믿었다. 프랑스 내에서는 계속해서 반란이 일어났다. 프랑스 서부 방데에서는 사제들과 귀족들이 징병제와 성직자 재산 몰수에 반대하여 봉기했다(방데의 반란). 프랑스 남부의 항구 도시 툴롱의 왕당파들은 영국과 스페인 군대를 불러들였다. 왕당파를 죽이는 것 말고는 더 효과적인 대응 방안이 있을 것 같지 않았다. 혁명 재판소가 등장했고 로베스피에르의 정적들은 대부분 단두대에서 처형되었다. 로베스피에르의 공포정치는 날이 갈수록 더 많은 피를 원했다. 단두대는 시간이 갈수록 더 많은 사람의 목을 베었다.

공화파의 주도권 장악

프랑스에서는 공화국을 향한 거대한 열정이 타올랐다. 프랑스의 젊은이들은 공화국 군대에 대거 입대했다. 그리고 오늘날까지도 와인처럼 사람들의 피를 뜨겁게 만드는 《라 마르세예즈 La Marseillaise》라는 경이로운 노래가 프랑스 전역에 울려 퍼졌다. 이 노래는 본래 프랑스 혁명 시기의 혁명가로 지금은 프랑스의 국가가 되었다. 1792년이 저물기도 전에 프랑스 군대는 루이 14세 때의 최대 영토를 넘어섰으며, 모든 전선에서 승리했다. 프랑스 혁명군은 브뤼셀에도 도달했고, 마인츠를 공격했으며 네덜란드의 스헬더 강 일대를 점령했다.

이후 몇 년 동안 프랑스와 프랑스에 맞선 유럽 동맹에서 전쟁이 일어나던 중에 나폴레옹 보나파르트Napoleon Bonaparte (1769~1821)라는 새로운 장군이 등장했다. 그는 승전을 거듭하여 이탈리아 북서부의 피에몬테를 넘어 만토바와 베로나까지 진군했다.

지치고 힘들어도 열정에 가득 차서 조국을 위해 싸우는 동안 프랑스 병사들은 자신이 정복한 나라들을 약탈하고 있는 것인지, 해방하고 있는 것인지 정확히 알지 못했다. 그러는 동안에 파리에서 타오른 공화국에 대한 열정도 그다지 영광스럽지 않은 방식으로 소진되고 있었다.

03
나폴레옹

하지만 혁명을 주도한 로베스피에르르Maximilien Robespierre도 단두대를 피할 수 없었다. 1794년 여름, 공포 정치를 펼쳤던 로베스피에르도 권좌에서 밀려나 단두대에서 처형당하고 그 뒤를 이어 5인의 총재로 구성되는 총재정부가 들어섰다. 혁명의 선동자로서 열정에 가득 찬 프랑스 군대는 네덜란드, 벨기에, 스위스, 남부 독일과 북부 이탈리아까지 진격했다. 이 모든 곳에서 왕은 축출되고 공화국이 수립되었다. 하지만 그렇다고 해서 그 열정 때문에 자신들이 해방시킨 다른 나라의 국민에게서 재산을 빼앗지 않은 것은 아니다. 프랑스 정부는 어떻게든 재정난을 극복해야 했다. 결국 프랑스의 전쟁은 자유를 향한 성스러운 전쟁과는 거리가 멀었고, 침략 전쟁에 더 가까웠다. 프랑스가 끝까지 포기하지 못한 절대왕정의 요소는 바로 절대왕정의 전통적인 외교 정책이었다. 총재정부 역시 이러한 외교 정책을 추진했다. 이 점에서만 보면 혁명은 일어난 적이 없던 것처럼 느껴질 정도였다.

총재정부가 집권한 5년 동안 나폴레옹은 이탈리아에서 대승을 거둔

나폴레옹 보나파르트 (1769~1821)

다. 하지만 그는 당시 유럽에서 일고 있던 새로운 흐름을 파악하지 못했다. 그가 꿈꾼 정치는 서유럽 제국의 부활이었다. 시대에 한참 뒤떨어진 꿈이었다. 그는 파리를 중심으로 새로운 제국을 건설했다. 빈에 있던 황제는 신성 로마 제국 황제 자리를 내놓고 그저 오스트리아의 황제로만 남게 되었다. 나폴레옹은 오스트리아 공주와 결혼하기 위해 프랑스인 부인과 이혼했다. 1804년에는 카롤루스를 모방하여 스스로 대관식을 치르고 황제가 되었다. 나폴레옹은 권좌에 오른 뒤 몇 해 동안 계속해서 승리를 거두었다. 이탈리아와 스페인 대부분을 정복했고 프로이센과 오스트리아를 격파했으며 러시아 서쪽의 유럽 전역을 지배했다. 그러나 영국의 해상 지배권을 빼앗는 데는 실패했다. 프랑스의 함대는 트라팔가르 해전(1805)에서 영국의 넬슨 장군에게 결정적으로 패하고 말았다.

1811년 나폴레옹은 러시아의 차르 알렉산더 1세와 대립하기 시작했으며, 이듬해인 1812년 60만 대군을 이끌고 러시아를 침공했다. 하지만 그와 군대는 러시아인들과 러시아의 겨울에 패배하고 말았다. 이에 독일까지 맞서 일어났으며 프랑스군은 퇴각했다. 나폴레옹은 퇴위당

모스크바에서 퇴각하는 나폴레옹

한 뒤(1814), 엘바섬에 유배되었다. 그는 재기를 노리고 1815년 유배지에서 탈출하여 프랑스로 돌아왔다. 하지만 결국 워털루에서 영국, 벨기에, 프로이센 동맹군에게 패하여 영국의 포로가 되고 세인트헬레나섬으로 보내졌다. 1821년, 그는 그곳에서 사망했다.

프랑스 혁명의 기운은 결국 이렇게 소진되고 말았다. 승리를 거둔 동맹군의 국가 대표들이 빈에 모여서 회의를 열고, 이 거대한 폭풍이 휩쓸고 지나가며 바꾸어놓은 모든 것을 이전 상태로 복구할 것을 의결했다. 1814년에서 1815년까지 열린 이 회의의 목적은 나폴레옹 전쟁의 혼란을 수습하고 유럽의 상태를 전쟁 전으로 되돌리는 것이었다. 프랑스 혁명 이전의 유럽의 왕정 체제로 다시 복귀하는 것이 목표였다. 이때 모든 힘이 소진된 덕분에 이후 40년간 유럽에는 평화가 지속되었다.

나폴레옹 몰락 이후 비교적 조용했던 40년 동안 유럽에 완전한 평화가 찾아온 것은 아니었다. 사실상 이 시기는 1854년에서 1871년까지 이어진 전쟁을 준비하는 기간에 지나지 않았다. 이렇게 된 데에는 두 가지 원인이 있었다. 첫째로 각국이 왕정으로 복귀하자 지난날의 불공정한 특권이 다시 생겨났고 자유는 억압당했다. 둘째로 외교관들이 빈에 모여 그려놓은 국경선이 실현 불가능한 것이었다.

군주정으로 돌아가려는 성향이 가장 명백히 드러난 곳은 종교재판까지 부활한 스페인이었다. 1810년 나폴레옹은 동생인 조제 프랑스를 스페인 왕으로 앉혔다. 그러자 대서양 건너 스페인의 식민지들은 미국처럼 유럽 열강에 맞서 봉기했다. 미국에서 조지 워싱턴이 했던 역할을 남아메리카에서 맡은 사람은 볼리바르 장군이었다. 그는 무장투쟁을 통하여 식민지였던 에콰도르, 콜롬비아, 베네수엘라, 페루, 볼리비아 등을 스페인으로부터 독립시켰다. 스페인은 이들의 반란을 진압할 수가 없었고 사태는 미국 독립전쟁 때처럼 답답하게 이어졌다.

결국 오스트리아가 나서서 신성동맹의 정신에 따라 유럽의 군주들이 곤경에 처한 스페인을 도와야 한다고 제안했다. 신성동맹은 러시아, 프로이센, 오스트리아 간에 체결된 것으로 유럽 정치 질서를 기독교의 원칙에 따라 재건하는 것이 목표였다. 유럽 국가 중에서는 영국이 참가에 반대했다.

하지만 군주정으로 복귀하려는 이들에게 아메리카에 대한 접근금지 조처를 내린 것은 미국의 먼로 대통령이었다. 먼로 독트린Monroe Doctrine 으로 불리는 그의 외교 선언은 더는 아메리카 외부의 어떤 나라도 아메리카로 세력을 확장해서는 안 된다는 것이었다. 강제력이 없는 일방적인 외교적 방침의 선언이었지만 외교상 실질적인 효과를 불러왔다. 이에 따라 이후 거의 100년 동안 유럽 열강들은 아메리카에 손을 댈 수 없었다.

스페인의 군주정은 아메리카에서 식민지를 잃긴 했지만, 유럽 안에서는 원하는 대로 할 수 있었다. 유럽의 군주정 협의체가 각국의 왕실을 보호했기 때문이다. 1823년 스페인에서 일어난 민중봉기는 프랑스군이 진압했으며, 같은 시기에 나폴리에서 일어난 혁명은 오스트리아군이 진압했다.

1824년, 프랑스 혁명 당시 해외로 도주했다가 돌아온 루이 18세(루이 16세의 남동생)가 죽자 샤를 10세(루이 16세와 루이 18세의 남동생)가 왕위를 이었다. 샤를은 절대왕정으로 복귀하기 위해 노력했다. 귀족들에게는 혁명 기간에 몰수된 재산과 불타버린 성과 저택에 대한 보상금이 지급되었다. 1830년 파리 시민은 다시 봉기했고, 결국 샤를 10세는 퇴위당했다. 이번에는 독일과 오스트리아를 비롯한 유럽의 다른 군주들이 프랑스 사태에 개입할 여유가 없었다. 이들 나라에서도 자유주의 봉기가 강력하게 일어나고 있었기 때문이었다.

04
증기기관과 과학의 시대

자연과학의 시대

18세기에 물리학적인 물질과 운동 개념이 정의되었다. 또한 이 시기에 광학 렌즈를 사용하여 현미경과 망원경을 만드는 방식이 발달했다. 자연과학의 연구가 다시 활발해지는 한편, 해부학 또한 크게 발전했다. 레오나르도 다 빈치Leonardo da Vinci (1452~1519)가 연구했던 지질학이 발달하여 암석 기록을 해석할 수 있게 되었다. 물리학의 발전은 야금술의 발전을 가져왔다. 야금술이 발전하자 금속 및 여타 물질들을 다루는 것이 가능해졌다. 실용적인 발명들이 뒤를 이었다. 이것이 결국 근대 산업에 혁명을 일으키는 계기가 되었다.

1804년 트레비식은 와트의 증기기관(1765)을 교통수단에 적용하여 최초의 증기 기관차를 만들었다. 1825년 최초의 철도가 개통되었고, 철도 이용은 빠르게 확산하였다. 19세기 중반에는 유럽 전역에 철도망이 깔렸다. 러시아에서 대참사를 겪은 나폴레옹이 빌뉴스(리투아니아) 근처에서 출발하여 파리까지 가는 데 걸린 시간은 312시간이었다. 평균 전진 속도는 시속 8km에도 못 미쳤다. 일반적인 여행자라면 그 시간의 두 배가 걸려도 도착하지 못했을 것이다. 나폴레옹이 낼 수 있었던 최고 속도는 1세기에 로마에서 진군하던 이들의 속도보다 조금도 빨라지지 않았다.

그런데 갑자기 엄청난 변화가 일어났다. 철도가 놓이자 여행자들도 이 거리를 48시간 안에 갈 수 있게 되었다. 유럽의 거리가 10분의 1로 줄어들게 된 것이다. 이는 정부의 행정권이 미칠 수 있는 범위가 이전보다 열 배나 확장되었음을 의미한다.

미국에서는 그 효과가 즉각 나타났다. 서부로 영토를 확장하고 있던 미국에서 철도는 곧 대륙 너머 먼 곳이라도 도달할 수 있음을 의미했다. 이제까지 어떤 교통수단으로도 달성할 수 없었던 규모의 통일국가를 유지할 수 있게 되었다. 증기선은 증기 기관차보다 조금 앞서서 등장했다. 이제 역사상 처음으로 도착 날짜를 정해두고서 바다를 건너갈 수 있게 되었다. 과거에 대서양을 횡단하는 여행은 많게는 여러 달이 걸릴 수도 있는 위험한 모험이었다. 하지만 1910년에는 빠른 배를 타면 5일이 채 걸리지 않았다. 게다가 도착 시각까지도 미리 알 수 있는 편안한 여행이었다.

새로운 통신 수단도 개발되었다. 패러데이 같은 사람들이 밝혀낸 연구 결과를 바탕으로 이뤄낸 성과였다. 1835년 전신 기술이 등장했고, 1850년에는 프랑스와 영국 사이에 첫 해저 케이블이 놓였다.(지구 반대편을 실시간으로 연결해 주는 인터넷 데이터는 대부분 해저케이블을 따라 이동한다. 해저케이블은 대륙과 대륙, 육지와 섬을 연결해 데이터와 전기를 주고받는다.) 곧이어 전신 체계가 전 세계로 퍼져나갔다. 이전에는 천천히 전달되던 새로운 소식도 사실상 거의 동시에 지구 전역으로 전송할 수 있게 되었다.

증기 기관차와 전신 기술은 혁명적인 발명이었다. 하지만 앞으로 발전하게 될 기술의 미래를 생각할 때는, 여전히 서툴기만 한 결과물에 불과했다.

증기기관과 새로운 발명

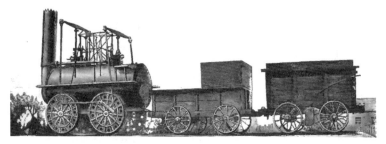

1825년 영국 스톡턴-달링턴 철도 세계 최초의 상업철도 노선

18세기 중반까지는 철을 광석으로부터 제련했다. 철은 숙련자의 능력으로 다루는 물질이었다. 철을 다루는 방식과 상품의 질은 대장장이 한 사람의 경험과 역량에 따라 달려있었다. 시대마다 철로 만들 수 있는 물건의 최대 크기를 한눈에 확인할 수 있는 방법이 있는데, 바로 각 시대에 만들어진 대포의 크기이다. 18세기에 등장한 용광로는 코크스를 사용하게 되면서 더욱 발전했다. 철근 및 철골(1738)이 등장한 것도 18세기였다.

초기 증기 기관들은 한심한 철물 조각으로 보이겠지만 당시의 기술로 이룰 수 있었던 최고의 성과물이었다. 1856년에 배서머법(녹은 선철에서 강철을 대량 생산하는 세계 최초의 저렴한 제법)이 개발되면서, 이전에는 상상할 수도 없던 규모로 강철을 대량 생산할 수 있게 되었다. 인류는 유례없는 문명의 진보를 이루었다. 이제는 어마어마한 규모의 건축물이 강철로 지어지고 있다. 이런 식의 발전에 대해 단지 크기가 커진 것에 불과하다고 말하는 사람들도 있다. 하지만 대형 선박이나 철골 건축물은 단지 과거의 소형 선박이나 건축물의 크기만 늘려놓은 것이 아니라 완전히 다른 선박이고 건축물이다. 현대의 선박과 건물은 더 섬세하고 강력한 재료를 사용하여 더 가볍고 튼튼하게 만들어진다. 예전처럼 어림짐작으로 진행되던 제작과정이 이제는 복잡한 계산과정으로 대체되었다.

옛날에 집을 짓고 배를 만들 때는 그 자재가 모든 것을 결정했다. 재료와 그 재료의 생리를 사람이 무조건 따라야만 했다. 그런데 이제는 사람이 재료를 손에 쥐고 원하는 대로 변화시키는 일이 가능해졌다. 철광석을 채굴하고 모래를 채취한 뒤 가공하고 녹여서 원하는 모양의 강철과 유리로 만들어낸 다음, 복잡한 도시 위로 고층 빌딩을 만들어낸다는 사실은 생각만 해도 놀랍다.

1880년대에 이르면 전기 공학의 연구 성과들이 결과물을 내놓기 시작한다. 어느 날 갑자기 사람들은 전기로 불을 밝히고 동력을 생산할 수 있게 되었다. 이전에는 인류에게 알려지지도 않았던 니켈이나 알루미늄 같은 금속을 제련하는 기술도 발달했다. 우리에겐 힘이 생겼지만, 그 힘을 사용하는 방법에 관해서는 배울 것이 많다. 과학이 가져다준 선물들을 몹시 저열하고 어리석고 끔찍한 방법으로 사용하는 일들이 벌어지곤 한다. 또한 과학의 발전에 따라 우리의 정치, 경제, 사회 운영 방식도 대대적으로 조정될 필요가 있을 것이다.

자연과학의 산실이 된 독일

영국과 프랑스는 소규모의 연구와 실험만으로도 막대한 부와 힘을 가질 수 있었다. 하지만 그런 연구와 실험을 수행했던 과학자들이 부와 권력을 가지게 된 것은 아니었다. 진정한 과학자에게는 세속에 물들지 않은 순수함이 있기 마련이다. 자신의 연구 활동에 매진하다 보니 그것을 이용하여 돈을 벌 계획은 세울 수조차 없는 것이다. 따라서 새로운 과학적 사실을 응용하여 얻는 경제적 이득은 자연스럽게 소유욕이 더 강한 이들의 것이었다.

과학과 기술이 발달할 때마다 영국에서는 새로운 부유층이 등장했다. 황금알을 낳아주는 거위가 굶어 죽을 상황인데도 신경 쓰지 않고 자기들끼리 만족하고 있었다. 새로운 사실을 발견하고 새로운 물건을 발명하는 이들은 원래부터 더 영리한 사람들의 돈벌이를 위해 존재한다는 게 그들의 생각이었다. 게다가 기존의 성직자들은 오히려 이 거위를 죽이지 못해 안달이었다.

독일인들은 이런 문제를 좀 더 현명하게 다루었다. 그들은 상대적으로 더 많은 공공자금을 과학 연구에 지출했고, 더 풍성한 성과를 거둘 수 있었다. 독일이 1860~70년대에 과학에 쏟아부은 노력은 1880년대부터 성과를 드러내기 시작했다. 기술과 산업 측면에서 독일은 번창했다.

비행기의 등장

1830년대에 새로운 유형의 엔진이 실용화되면서 발명의 역사에 새로운 장이 열렸다. 증기 대신 폭발성 물질을 사용하여 팽창력을 얻는 새로운 엔진이 나온 것이다. 이에 따라 가벼우면서도 효율성이 높은 엔진을 이용하여 자동차를 만들 수 있게 되었다. 뿐만 아니라 더 가볍고 더 효율적인 엔진이 계속 개발되면서 오랜 세월 이론적으로만 가능하다고 알려졌던 비행기를 마침내 만들 수 있게 되었다.

처음으로 사람을 태운 비행기가 하늘을 날았다(라이트 형제). 비행기가 등장함으로써 다시 한번 지구상의 거리가 줄어들었다. 하지만 이동 속도의 향상은 인류가 지닌 잠재력이 실현되는 한 단면일 뿐이다. 농학과 농화학 또한 19세기에 그에 상응하는 발전을 이룩했다. 사람들은 토지를 비옥하게 만드는 법을 알게 되었으며, 같은 농지에서 17세기에 거두어들이던 생산량의 4~5배가량을 수확할 수 있게 되었다. 의학의 발전으로 인간의 수명이 늘었고, 질병으로 인한 사망은 감소했다.

이제 인류는 역사의 새로운 국면에 들어섰다. 한 세기가 조금 넘는 시간 안에 기계혁명이 일어났다. 이러한 변화는 구석기 시대에서 농경 시대로 접어들게 된 변화나, 이집트의 파라오 시대에서 프랑스 혁명 시대에 이르는 변화보다도 훨씬 더 큰 것이었다.

05
기계혁명과 산업혁명

'기계혁명'은 인류 역사에서 완전히 새로운 경험이었으며, 농업의 '발명'이나 금속의 '발견'과 같은 도약을 의미한다. 그런데 많은 역사서에서 이 기계혁명을 '산업혁명'과 혼동하고 있다고 생각한다. 산업혁명은 그 기원이 기계혁명과는 다르고, 이미 역사에 전례가 있는 사회와 경제의 발전 현상이었다. 이 두 가지 혁명은 나란히 함께 진행되며 서로 계속해서 영향을 주고받기는 했지만, 그 본질은 서로 다르다. 석탄, 증기, 기계가 등장하지 않았더라도 산업혁명은 어떤 형태로든 일어났을 것이다. 그렇게 일어난 산업혁명은 고대 로마 공화정 후기에 일어났던 사회 경제의 변천 궤도를 따라갔다. 즉, 자영농과 노동자들은 재산을 잃고 재산가들은 더 큰 토지와 더 많은 부를 소유하게 되는, 파괴의 과정이 되풀이되었을 것이다.

공장은 새로운 동력이나 기계의 발명보다 먼저 등장했다. 공장은 '노동의 분업'에 따른 결과였다. 착취당하는 노동자들은 산업용 기계가 가동되기 이전부터 모자 보관용 골판지 상자나 가구, 채색된 지도와 도서 삽화 등을 만들고 있었다. 아우구스투스 황제 시대에도 로마에는 공장이 많았다. 예를 들어, 새로운 책을 만들 때는 도서 상인의 공장에서 필경사들이 줄지어 앉아서 내용을 받아 적고 필사했다. 다니엘 디포(로빈슨 크루소의 저자)의 작품을 주의 깊게 살펴보면, 17세기 영국에서는 이미 가난한 사람들을 건물 속에 몰아넣고 그저 생계를 위해 집단 노동을 시켰다. 이런 생각은 토머스 모어Thomas More (1478~1535)의 《유토피아》에도 들어있다. 이러한 변화는 사회적 변화이지 기계의 발전과는 다른 것이다.

18세기 중반까지 서유럽의 사회와 경제는 사실상 기원전 3세기 말에 로마 공화정이 밟아간 길을 그대로 따라가고 있었다. 그러다가 갑자기 새로운 길을 가게 된 데는 여러 가지 원인이 작용했다. 유럽은 정치적으로 분열되었고 군주정에 맞서 정치적 봉기가 일어났다. 기계에 대한 새로운 발상을 할 수 있는 기회가 늘어났다. 평화와 자유, 인권과 같은 인류 보편적 가치는 사람들의 마음속에 스며들었다. 정치 권력이 더는 과도하게 집중화되지 않았다. 부자가 되고 싶었던 사람들은 노예가 아닌, 기계를 이용한 노동을 선택했다.

기계의 등장으로 대체되는 노동력

막대한 부가 축적되고 소규모 자영농과 상공인은 소멸하여 부의 규모가 커지는 현상은 로마 공화정 후기에도 나타났다. 이와 비슷한 자본 집중화 현상이 18세기와 19세기 유럽에도 나타났다. 하지만 이 시기에 일어난 변화가 이전의 변화와 근본적으로 다른 점 기계혁명이 가져온 노동 형태의 변화였다. 구시대의 동력은 사람의 힘이었다. 모든 것이 궁극적으로는 사람의 근육 즉, 노예의 힘에 의지했다. 여기에 소나 말과 같은 동물이 힘을 보탰을 뿐이다. 채석장에서 돌을 캘 때도 사람이 바위를 쪼았다. 밭을 갈아야 할 때면 사람이 소를 이용해서 쟁기질했다. 로마 시대의 갤리선은 수많은 사람이 힘들게 노를 저어 움직였다. 초기 문명의 인구 대부분은 단순 노동에 많은 시간을 할애해야 했다.

동력에 의해 움직이는 기계가 처음 등장했을 때만 해도 기계가 사람들을 노동에서 해방시켜줄 것처럼 보이지 않았다. 오히려 당장은 더 많은 노동자가 운하를 건설하고 철도를 놓는 일에 고용되었다. 광부의 수는 엄청나게 증가했다. 그러나 시간이 흘러감에 따라 더는 무차별적이고 단순한 힘의 원천으로 사람이 필요하지 않게 되었다. 사람이 기계적으로 했던 일을 기계가 더 빨리, 훌륭하게 해낼 수 있게 된 것이다. 인간은 이제 의사결정 능력과 지성이 발휘되어야 하는 곳에서만 필요했다. 이전의 모든 문명은 단순히 복종만 하면 되는 노동자에게 의존했지만 이제 그들은 인류의 안녕에 필요 없는 존재가 되었다.

이러한 현상은 최신식 공장뿐 아니라 농업 및 광업과 같은 오래된 산업에서도 마찬가지였다. 밭을 갈고, 씨를 뿌리고, 거두어들이는 일에도 기계가 도입되어 사람을 대신했다. 로마 문명은 사람의 노동력을 딛고 지어졌지만, 현대 문명은 기계의 동력 위에 세워지고 있다. 지난 100년 동안 기계의 값은 점점 더 저렴해졌고 노동력은 더 비싸졌다. 광산에서 기계를 사용하기까지 100년이 걸린 것은 단지 그동안 사람의 노동력이 기계보다 더 쌌기 때문이다.

단순 노동에서 지식 노동으로

옛 문명에서는 노동자를 꾸준히 공급할 수 있는지가 부자와 통치자의 주된 고민거리였다. 하지만 19세기가 되자 산업 효율성을 확보하기 위해 모든 사람은 교육을 받아야 하고 자신이 무엇이 될지 고민해야 하는 시대가 되었다.

유럽에서는 일찍이 그리스도교가 생겨나 사람들에게 포교할 때 처음으로 대중 교육에 대한 욕구가 생겼다. 신자들에게 교리를 이해시키고, 그 믿음을 전하는 경전을 읽게 할 필요가 있었다. 그리스도교 안에서는 계속해서 신학을 둘러싼 논쟁이 일어났고, 논쟁에 참여한 사람들은 자기주장을 지지해줄 지지자들을 확보하기 위해 경쟁해야만 했다. 그러한 과정에서 대중 교육의 토대가 마련되었다.

예를 들어, 1840년대 영국에서는 종파마다 새로운 신자를 확보하려고 경쟁적으로 교육 기관을 설립했다. 그 결과 영국 국교회의 국립 학교, 이에 맞서는 다른 프로테스탄트 교회들의 학교, 로마 가톨릭 학교까지 수많은 교육 기관이 등장했다. 이전에는 글을 읽는 소수와 그렇지 못한 다수의 대중 사이에 격차가 컸다. 이제 그 둘의 거리는 교육 수준 차이 정도로 줄어들었다. 문맹 층도 사라지고 있었다.

공화정 로마에서 일어난 경제혁명을 로마 시민들은 제대로 이해하지 못했다. 그들은 자신이 겪고 있던 변화를 오늘날 우리가 바라보는 것처럼 명료하고 종합적으로 바라볼 능력이 없었다. 그러나 19세기 말 산업혁명의 영향을 경험한 사람들은 지금 일어나고 있는 산업혁명이 사회 전체의 변화 과정임을 명확히 인지하고 있었다.

06
근대 정치·사회사상의 발전

고대 문명의 제도와 관습 그리고 사상은 여러 세대를 거치며 서서히 형성되었기 때문에 누구 한 명이 그것을 계획하거나 예측할 수 없었다. 처음에는 주로 사물에 대한 물리적 지식이 늘어났다. 인간에 관한 학문은 더디게 발전했다. 이 분야는 발전 과정에서 커다란 반대에 부딪히기도 했다. 인간관계에 관한 과학적 연구나 개인 또는 사회의 심리학, 교육학이나 경제학 같은 학문은 그 자체로 복잡할 뿐 아니라 인간의 감정 문제와도 긴밀하게 연결되기 때문이다. 항성이나 분자에 관한 다양한 의견은 사람들의 감정을 배제한 채 전달되고 수용될 수 있지만, 삶의 방식에 관한 생각은 우리 모두의 마음에 자극을 주고 영향을 끼치기 마련이다.

고대 그리스에서 플라톤의 대담한 사유가 먼저 등장하고 그 뒤에 현실을 추구하는 아리스토텔레스의 학문이 나왔다. 마찬가지로 근대 유럽에서도 플라톤의 《국가》와 《법률》을 기반으로 실재하지 않는 이상향인 '유토피아'에 대해 이야기하는 새로운 정치적 연구 활동이 시작되었다.

자유주의

17세기가 끝나갈 무렵에는 정치와 사회 과학 분야에 많은 문헌이 생겨났고 존 로크(1632~1704)는 이 분야의 개척자였다. 프랑스에는 몽테스키외(1689~1755)가 있었다. 그는 사회 정치, 종교 제도를 근원적으로 조사하고 분석했다. 그렇게 함으로써 프랑스의 절대왕정의 명성을 모두 벗겨버렸다. 18세기 중, 후반에 등장하는 사상가들은 더욱 과감한 사유를 전개했다. 근대 경제학자들은 재화의 생산 및 분배에 대해 대담한 연구를 이어나갔다.

존 로크 John Locke

정부의 정당성은 '사유 재산권'과 '동의'에 있으며, 이를 해치는 정부는 사람들이 무력으로 뒤집어엎어야 한다는 '저항권'을 주장하였다.

몽테스키외 Montesquieu

《법의 정신》에서 삼권분립을 최초로 주장하여 공화주의 이론과 법 제도에 이바지하였다. 미국 헌법 초안을 작성하는 데 큰 영향을 끼쳤다.

경제학자 애덤 스미스Adam Smith (1723~1790) 이후, 사람들은 세계적 번영을 위해서는 전 세계를 무대로 하는 자유로운 무역이 이루어져야 한다는 사실을 깨닫게 되었다. 애덤 스미스는 '국부론'을 발표하여 국가가 여러 경제 활동에 간섭하지 않는 자유 경쟁 상태에서도 '보이지 않는 손'에 의해 사회의 질서가 유지되고 발전된다고 주장하였다. 국

가에 대해 반감이 있는 개인주의자들은 국경과 관세를 비롯하여 자유
로운 거래를 제한하는 모든 제약에 대해 반대했다.

> 우리가 매일 식사를 마련할 수 있는 것은 푸줏간 주인과 양조장 주인,
> 그리고 빵집 주인의 자비심 때문이 아니라, 그들 자신의 이익을 위한
> 그들의 고려 때문이다.
>
> 애덤 스미스 《국부론》

사회주의

사회주의에 대한 정의는 백 가지나 되고, 사회주의 분파는 천 가지
나 될 것이다. 그러나 사회주의의 핵심은 공공재라는 관점에서 사유재
산이라는 개념을 비판하는 것이나. 여기서는 아주 간단하게나마 시대
에 따라 변하는 사회주의 사상의 역사를 훑어보려고 한다. 사회주의는
현대 정치의 방향을 돌려놓은 주요한 사상이었기 때문이다.

인류의 조상인 유인원들도 자신의 것을 '소유'했다. 초기 구석기 시
대에는 씨족의 족장이 그의 눈에 들어오는 전부에 대한 소유권을 주장
했다. 다른 어떤 누구라도 그의 영역에서 어슬렁거리고 있다면 족장
은 그와 맞서 싸웠고, 할 수 있다면 그를 죽였다. 원시 씨족사회가 성
장해나간 것은 시간이 흐름에 따라 족장이 차츰 관용을 베풀었기 때문
이다. 젊은 청년들이 족장과 함께 씨족 안에서 살아가면서 그들이 만
든 도구와 장식품, 그리고 사냥한 짐승에 대한 소유권을 인정받게 된

것이다. 사회는 서로의 소유권을 타협하면서 성장했다. 숲, 강물은 너의 것이거나 나의 것이 될 수 없고 우리의 것이 되어야 하기 때문이다. 우리 모두는 그것을 나만의 것으로 소유하고 싶겠지만 그렇게 해서는 사회가 작동할 수 없다. 그러므로 사회는 소유권의 완화에서부터 시작된다. 짐승이나 원시 인류의 소유권은 오늘날의 소유권보다 훨씬 더 강렬한 것이었다.

자연 상태의 원시인이 지닌 소유 의식에는 한계가 없다. 내가 싸워서 얻어낼 수 있는 것은 무엇이든지 소유할 수 있었다. 포로, 사냥한 짐승, 숲, 광산 등 소유할 수 없는 것은 없다. 공동체가 성장함에 따라 공동체 안에서 벌어지는 갈등을 줄이기 위해 일종의 법률이 만들어졌고, 사람들은 소유권 문제에 대한 절충 방안을 발전시켰다. 예를 들면, 사람들은 자신이 처음 만들었거나 혹은 자기 것으로 가장 먼저 선언한 것을 소유할 수 있었다. 빌린 것을 갚지 못하는 사람이 빌려준 이의 소유가 되는 것은 자연스러워 보였다. 마찬가지로 땅을 자기 것으로 만든 사람이 그 땅을 이용하려는 사람에게서 대가를 받는 것도 당연했다.

인류는 사회생활을 시작하면서 제한 없는 소유가 문제를 일으킬 수 있음을 인식하기 시작했다. 사람들은 자신이 무엇이든 소유할 수 있는 권리를 지닌 세상에 태어났다고 생각했지만 오히려 자신이 누군가에게 소유되고 의무를 져야 할 운명에 처했음을 알았다. 로마 공화정에서도 사람들은 부채가 공공의 문제가 될 수 있다는 것과 제한 없는 토지 소유가 문제가 될 수 있다는 것을 깨달았다. 실제로 후기 바빌로니아에서는 노예 소유권을 엄격하게 제한했다.

그러나 18세기가 끝나가던 무렵에는 이러한 문제에 대해서 의문만 제기하는 수준에 머물러 있었다. 당시에 우선시되었던 문제는 국왕의 탐욕과 낭비 그리고 귀족들의 착취에 맞서 개인의 사유재산을 보호하는 일이었다. 프랑스 혁명은 세금 징수로부터 사유재산을 보호하려는 데서 시작되었다. 그러나 혁명의 평등주의 사상은 오히려 원래 보호하고자 했던 사유재산 제도를 비판하는 방향으로 나아갔다. 많은 사람이 살아갈 땅도, 먹을 것도 없는 상황이었다. 이런 상황에서 어떻게 온 인류가 자유롭고 평등해질 수 있겠는가? 사람들은 가혹한 현실을 불평했다.

한 정치 집단에서는 이러한 현실의 문제 상황에 대해 모든 것을 '나누어 갖자'라는 대안을 제시했다. 그들은 사적 소유권을 강화하되 모두가 똑같이 소유하기를 원했다. 이와 같은 목표를 새로운 방법을 통해 추구했던 사람들이 바로 초기의 사회주의자들, 혹은 정확하게는 공산주의자들이었다. 이들은 사적 소유에 반대했다.

공산주의는 마르크스의 이름을 달고 전 세계로 퍼져나갔다. 마르크스의 이론은 사람의 정신이 경제적 필요에 의해 한정된다는 믿음에 기반한다. 현대 문명에서는 고용주 계급과 다수의 피고용자 계급 사이에 이해관계가 상충하므로 갈등이 발생할 수밖에 없다. 그리고 사회의 다수를 이루는 피고용자들이 사회적 계급을 의식하게 되고 소수의 지배 계층에 대한 적대감을 공유하며 연대하리라는 것이 그의 이론이다.

마르크스는 계급의식을 지닌 노동자들이 권력을 잡고 새로운 사회주의 정부를 수립하리라 예언했다. 적대 관계가 심화되어 반란과 혁명이 일어나리라는 것은 충분히 예측할 만하다. 하지만 현실에서는 반란과 혁명이 새로운 사회주의 정부를 수립하는 것이 아닌, 사회 자체를 파괴하는 과정이 수반되었다. 러시아에서는 마르크스주의를 현실화한 바 있다. 이에 대해서는 뒤에서 다시 살펴보겠다.

사유재산 제도

자유와 평등이라는 같은 목표를 지향하면서도 한쪽에선 사유재산을 절대적인 가치로 지키려고 하고, 다른 한쪽에서는 그것을 폐지해야 한다고 제안한다면 이는 모순이다. 하지만 현실에선 그런 일이 일어나고 있었다. 이러한 모순이 발생하게 된 원인은 소유권이란 것이 하나의 개념이 아니라 복합적 개념이기 때문이다.

19세기가 되어서야 사람들은 소유 제도가 그렇게 단순한 것만은 아니라는 사실을 깨닫기 시작했다. 서로 다른 가치와 중요성을 지닌 다양한 소유권이 복잡하게 소유 제도를 구성하고 있었다. 철도나 기계, 주택, 농경지 같은 것은 개인 소유를 얼마나 허용해야 하고 그것들이 공공에 속하는 범위는 얼만큼인지 결정해야 한다. 그리고 그 결정에 따라 국가의 관리 아래 두거나 자유방임에 맡겨야 한다.

현실적인 측면에서 이러한 결정은 정치, 곧 효율적인 국가 행정 체계를 만들고 유지하는 문제로 귀결된다. 한편에는 우리가 소유한 것을 마음대로 할 수 있는 자유를 보호하고 확장하려는 개인주의자들이 있다. 또 다른 한편에는 많은 것을 공동으로 소유하고 사적인 소유권 행사를 제한하려는 사회주의자들이 있다. 양극단에는 사유재산에 세금 징수를 거부하거나 어떤 종류의 정부도 지지하지 않는 극단적 개인주의자들(아나키스트)과 공산주의자들이 있다.

국제주의

국제주의란 모두의 이익을 위해 국가들 사이의 더 큰 경제적, 정치적 협업을 지향하는 사상이다. 마르크스는 계급 투쟁 운동을 위하여 국제적인 단위의 사회주의 조직인 국제노동자협회(제1인터내셔널)를 결성했다. 공산주의뿐만 아니라 개인주의 사상에서도 국제주의 사상에 이르는 것이 가능했다. 추구하는 정신이 완전히 다른 두 사상 모두 기존 국가의 경계와 한계를 뛰어넘어 전 세계 차원에서 인류사를 다루려 했다. 사회주의는 마르크스주의자들의 계급 갈등에 기초했던 데 반해, 개인주의는 자유무역 철학을 주장했다.

개인주의 이론과 사회주의 이론 모두 인류가 함께 일하기 위한 토대가 되는 더욱 포괄적인 사회, 정치사상을 찾는 방향으로 나아간다. 인간은 언제나 오래된 전통과 새로운 사상 사이에서 흔들리지만 대체로 전통에 기울기 마련이다. 그러나 한 세대 이전과 비교해보면 변화하는 질서의 모습을 분명히 느낄 수 있다.

VOL. XXXIX. No. 989. PUCK BUILDING, New York, February 19th, 1896. PRICE 10 CENTS

Copyright, 1896, by Keppler & Schwarzmann.

Entered at N. Y. P. O. as Second-class Mail Matter

GREEDY JOHNNIE.

He Has Got a Lot of Good Things, — But How Long Can He Keep Them to Himself?

9장

제국주의와
세계대전

제국주의 영국 – 존 불(John Bull) 풍자화
Puck cover (1896 February 19)

01
미국의 역사

꽃

새로운 교통수단을 활용해서 가장 즉각적인 성과를 거둔 곳은 북아메리카였다. 이 새로운 발명들은 매우 적절한 시기에 등장하여 미국이 통일된 국가로 남을 수 있게 해주었다. 미국은 18세기 중반의 자유주의 사상을 정치적으로 구체화하여 실현했다. 미국의 헌법은 자유주의 사상의 정수를 표현한 것이었다. 미국은 국교나 왕위도 없애버렸고, 귀족 직위도 폐지했다. 그리고 자유를 실현하는 방법으로 사유재산을 철저하게 보호했다.

오늘날의 미국을 만든 것은 첫째가 증기선이고, 그다음이 철도이다. 이 두 가지가 없었다면, 광활한 대륙 국가인 미국은 하나의 나라로 유지되지 못했을 것이다. 서부를 향한 대규모 이주도 더디게 진행되었을 것이다. 사람들은 중앙 대평원을 가로지르지도 못했을 것이다. 이주민들의 정착 지역이 동부 해안 지방에서 미주리(미국 중서부)까지 확장되기까지 거의 200년이 걸렸지만, 대륙 전체를 가로질러 확장되는 데는 그 절반도 걸리지 않았다. 미시시피강 건너편에 첫 번째 주(州)인 미주리 주가 생긴 것이 1821년이었는데, 그로부터 불과 몇십 년 뒤에는 태평양 연안까지 진출할 수 있었다.

미국의 성장은 세계사에 전례가 없던 과정이었으며, 이전에는 그 같은 공동체가 존재하는 것 자체가 불가능했다. 만약 존재했다 하더라도 얼마 가지 못해 해체되었을 것이다. 철도나 전보가 없었더라면 워싱턴에서보다 베이징에서 캘리포니아를 다스리기가 더 쉬웠을지도 모른다.

새로운 연맹 공동체

미국의 인구는 단지 그 수만 폭발적으로 증가한 것이 아니다. 그럼에도 미국인들은 동질성을 잃지 않았다. 아니, 오히려 동질성이 점점 더 커졌다. 한 세기 전, 버지니아 사람과 뉴잉글랜드 사람 사이의 동질성보다 오늘날 샌프란시스코 사람과 뉴욕 사람 사이의 동질성이 더 클 것이다. 미국인들은 언어, 사고, 행동이 서로 조화를 이루는 거대한 통일체가 되어가고 있었다.

이전에도 인구 1억 명이 넘는 거대한 제국이 등장하긴 했지만, 이들은 모두 서로 다른 민족들이 연합을 이룬 형국이었다. 이만한 규모의 동질적인 국민이 등장한 적은 없었다. 미국은 유럽에 있는 개별 국가와 전 세계 국가들이 형성하는 연합체의 중간에 위치해 있다.

그러나 미국도 사회의 안정을 이루는 과정에서 끔찍한 분쟁을 피할 수 없었다. 남부와 북부의 이해관계와 사고의 차이에서 발생하는 갈등을 막을 수 있을 만큼 기술의 발전이 빠르게 보급되지는 못했다. 남부에서는 노예제를 유지하고 있었지만, 북부에서는 모든 이가 자유로웠다. 미국 전체의 통일성이 증대되자 남부와 북부 어느 쪽의 정신이 미국 전체를 지배해야 하는지가 과제로 떠올랐다. 타협의 여지는 없었다. 북부의 정신은 자유주의와 개인주의였지만 남부의 정신은 거대한 영지를 소유한 상류층이 하층민을 다스려야 한다는 주의였다.

수많은 사람이 서부로 이동하면서 새로운 영토들도 주(州)로 조직되었다. 이때 새로 탄생한 주들은 자유로운 시민들로 구성된 주가 될 것인지, 아니면 영주와 노예 제도가 바탕을 이루는 주가 될 것인지 선택해야 했다. 이를 둘러싼 갈등은 텍사스가 미국의 새로운 주로 편입되는 과정에서 공개적으로 터져 나왔다. 텍사스는 원래 멕시코 공화국의 한 부분이었지만, 미국인들이 식민지로 개발했다. 텍사스를 개발한 사람들은 대체로 남부 출신이었다. 1835년 텍사스는 멕시코에서 분리되어 독립 국가가 되었다가, 1844년 미국에 합병되었다. 텍사스가 멕시코의 지배를 받던 동안에는 노예제가 금지되었다. 하지만 이제 남부 미국인들이 텍사스에서 노예제 허용을 선언한 것이다.

이 와중에도 유럽의 이민자들은 물밀듯 밀려왔다. 이들은 주로 북부에 정착했으므로 북부 인구가 빠른 속도로 늘었다. 그 결과 이제까지 북부의 넓은 농장으로만 남아있던 아이오와, 위스콘신, 미네소타, 오리건이 각각 하나의 주가 될 수준에 이르렀다. 이에 따라 노예제에 반대하는 북부 출신 의원들이 미국 의회에서 다수의 의석을 차지할 가능성이 커졌다. 노예제 폐지 운동이 가해오는 위협에 따라 남부 전체를 연방으로부터 독립시키자는 방안이 논의되기 시작했다.

남북전쟁

에이브러햄 링컨 미국 16대 대통령

1860년에 노예제 폐지를 주장하는 에이브러햄 링컨Abraham Lincoln (1809~1865)이 대통령에 재선되자 마침내 남부는 미국 연방을 둘로 쪼개기로 한다. 사우스캐롤라이나에서 먼저 '연방 탈퇴령'을 통과시키고 전쟁 준비를 시작했다. 앨라배마주 몽고메리에서 열린 회합에서 남부 '연맹'의 대통령을 선출하고, '흑인 노예 제도'를 옹호하는 헌법을 채택했다.

에이브러햄 링컨은 어린 시절 미개척지에 지은 오막살이 통나무집에 살았고 학교에서 받은 교육도 변변치 못했다. 하지만 그의 어머니는 일찍부터 그에게 읽는 법을 가르쳤고, 그는 열렬한 독서가가 되었다. 한동안 가게 점원으로 일하기도 했고, 창고 관리자로 일하며 술주정뱅이 동업자와 함께 사업을 해보기도 했다. 그러다가 15년이 지나도록 다 갚지 못할 빚을 지기도 했다.

1834년, 링컨의 나이가 아직 스물다섯 살밖에 되지 않았을 때 그는 일리노이주의 하원 의원으로 선출되었다. 일리노이에서는 당시 노예제 논쟁이 거셌다. 일리노이 출신의 더글러스 상원의원이 미국 의회에서 노예제 찬성파를 이끌고 있었기 때문이다. 더글러스는 능력이 뛰어나고 명망이 높은 사람이었다. 당시 이슈는 새로 미연방에 편입되는 주들에게 노예제를 금지할 것이냐 말 것이냐였다. 더글러스는 해당 주의 거주민들이 스스로 결정하게 해야 한다는 입장이었고 링컨은 투표를 통하더라도 노예제를 허용해서는 안 된다는 입장이었다. 링컨은 몇 년에 걸쳐 맞서며 꾸준히 성장했다. 그리고 그의 가장 위협적인 적수가 되었으며 최종적으로 승리를 거둔다. 두 사람 사이의 경쟁은 1860년 대통령 선거 유세에서 절정을 이루었는데 결국 링컨이 당선되었다. 하지만 1861년 3월 4일 링컨이 대통령에 취임할 당시, 남부의 주들은 이미 워싱턴에 있는 연방정부로부터 실제로 독립을 한 상태였고 전쟁 의지를 다지고 있었다.

결국 미국에서 내전이 발발했다. 임시방편으로 급조된 군대가 전투를 벌여야 했다. 참전 군인의 수는 처음에는 얼마 안 됐지만 이후 꾸준히 늘어나 수십만 명에 이르렀다. 나중에는 북부 연방군의 병사만 100만 명을 넘어섰다. 양쪽의 수도인 워싱턴과 리치먼드가 주요 타켓이 되었지만, 전투는 뉴멕시코에서 동부 해안에 이르는 광활한 지역에 걸쳐 벌어졌다.

남북 전쟁 American Civil War – 채터누가 전투

대서사시에 가까운 전쟁 이야기를 이 책에서 모두 다루는 것은 이 책의 한계를 넘어서는 일일 것이다. 남부 연합군과 북부 연방군이 서로 전세를 계속 뒤집고 있었다. 끔찍한 살상이 벌어졌고, 공격에는 반드시 반격이 따라왔다. 희망은 절망에 자리를 내주었다가 다시 돌아오곤 했고 때로는 워싱턴이 남부 연합에게 점령당할 것 같은 순간들도 있었다. 하지만 곧 북부 연방의 군대가 리치먼드를 향해 진격해 들어갔다.

남부 연합은 병사도 적고 물자도 훨씬 부족했지만 탁월한 장수 로버트 리 장군이 이끌고 있었다. 그와 비교하면 북부 장군들은 능력이 훨씬 떨어졌다. 계속해서 장군들이 해임되고 새로운 장군들이 임명되었다. 결국 셔먼 장군과 그랜트 장군 휘하에서 북부 연방은 남부 연합에 승리를 거두기 시작했다. 1864년 셔먼 장군이 이끄는 북부 연방군이 남아있던 남부 연합군을 격파한 뒤 테네시에서 조지아를 거쳐 동부 해안까지 남부 연합의 영토를 가로질러 신군했다. 마침내 셔먼 장군이 로버트 리 장군의 진영을 포위했고, 1865년 4월 9일 로버트 리 장군과 그의 군대는 애퍼매턱스 법원 건물에서 항복했다. 그것이 남부 연합의 종말이었다.

이 사람 저 사람이니, 이 인종 저 인종이니, 다른 인종은 열등하므로 열등한 위치에 놓여야 한다는 등의 이 모든 궤변은 이제 버립시다. 이 모든 걸 버리고 이 땅 전역에서 한 국민으로 단결해 다시 한 번 일어서서 모든 인간은 평등하게 태어났다고 선언합시다.

에이브러햄 링컨

링컨, 미합중국을 이루다

4년 동안의 전쟁(남북전쟁, 1861~1865)으로 미국인들은 어마어마한 육체적, 정신적 피해를 받았다. 각 주가 자율성을 갖는다는 원칙을 대다수 사람이 소중히 여기고 있었지만, 실제로 북부에서는 남부의 주들을 향해 노예제 폐지를 강요했다. 북부 연방에서는 자신들의 명분이 옳다고 느꼈지만, 그것이 누구도 도전해서는 안 되는 완전한 의로움은 아니었다. 그러나 링컨에게는 한 치의 의심도 없었다. 그는 대혼란 속에서도 신념을 지킬 수 있는 사람이었다. 그는 미국이 하나가 되기를 원했으며 아메리카 전체의 평화를 주장했다. 1865년 1월, 헌법 수정을 통해 노예제를 전면 폐지하는 법안을 제안할 수 있을 만큼 분위기가 무르익었다. 하지만 수정안이 각 주에서 비준되기 전에 전쟁이 먼저 끝나고 말았다.

링컨은 결국 미국을 하나로 묶어냈다. 그가 자신의 목표를 두고 흔들렸다는 기록은 전혀 없다. 할 수 있는 것이 아무것도 없던 순간들이 있었고, 백악관에서 결의를 다져야 하는 순간들도 있었다. 하지만 그는 때로는 마음을 풀고 농담을 하며 흥미로운 일화들을 남기기도 했다.

링컨은 결국 북부 연방이 승리하는 것을 보았다. 그는 리치먼드가 함락된 다음 날 로버트 리 장군이 항복 문서를 읽어내려가는 모습을 지켜본다. 그리고 워싱턴으로 돌아와 1865년 4월 11일 평화를 위한 연설을 했다. 이 연설에서 그는 남부에 미국 연방에 충실한 정부를 재건해야 한다고 말했다. 4월 14일 저녁 워싱턴에 있는 포드 극장에서 무대를 바라보며 앉아있던 그는 총을 맞고 암살당한다. 링컨 대통령은 연설에서 흑인의 참정권을 보장할 생각이 있다는 발언을 했고 당시 남부 출신의 유명 배우였던 존 월크스 부스는 링컨이 앉아있던 박스석까지 몰래 들어가서 총을 쏜다. 그러나 링컨이 이루려던 과업은 이미 완수된 뒤였다. 미국 연방은 살아남았다. 이렇게 만들어진 미합중국은 세상에 실재하는 가장 큰 공동체였다.

링컨 대통령 암살 사건

02
제국주의 시대

유럽은 프랑스 혁명과 나폴레옹 전쟁으로 격변을 겪은 뒤에 한동안 위태롭지만 잠잠한 시기를 보내며 안정을 되찾은 듯했다. 이 시기에는 50년 전의 왕정 정치 체제가 근대화된 방식으로 부활했다. 새로운 기술이 세상을 바꾸어놓았지만 정작 정치에서는 눈에 띄는 변화가 나타나지 않았다. 그러나 도시의 산업화가 진행되면서 사회적 긴장감은 이전보다 더 커졌다.

이때까지도 프랑스는 매우 불안정한 국가였다. 1830년에 이어 1848년에도 혁명이 일어났고, 나폴레옹 보나파르트의 조카인 나폴레옹 3세가 첫 대통령이 되었다가 곧 황제로 즉위했다(1852).

나폴레옹 3세는 파리 재건 사업을 시작했다. 나폴레옹 3세는 프랑스를 재건하여 화려하고 근대적인 제국으로 바꾸어놓았다. 또한 그는 17~18세기 내내 헛된 전쟁에 몰두해있던 유럽 열강들의 경쟁 관계를 되살려냈다. 이때 러시아의 차르 니콜라이 1세(1825~1855 재위) 역시 점점 공격적인 태도를 보였다. 러시아는 콘스탄티노폴리스를 노리고 오스만제국에 압박을 가하며 남쪽으로 내려왔다.

유럽은 이제 새로운 전쟁에 진입했다. 이때는 주로 힘의 균형과 패권 확보를 위해 여러 나라가 전쟁을 벌였다. 크림 전쟁(1853~1856)이 벌어지자 영국, 프랑스, 사르데냐 왕국은 오스만제국 편에 서서 러시아를 공격했다. 프로이센은 오스트리아에 맞서 이탈리아와 연합하여 독일 지역의 주도권을 위해 싸웠다.

프랑스는 사부아 지방을 얻는 대신 북부 이탈리아를 오스트리아의 지배에서 해방시켜주었다. 이탈리아는 단계적으로 통일을 이루어 하나의 왕국이 되었다. 나폴레옹 3세는 미국이 남북전쟁을 벌이고 있는 동안에 멕시코 원정을 감행했다. 그는 페르디난드 막시밀리안(1864~1867 재위)을 멕시코의 황제로 옹립했다. 하지만 미국 연방정부가 압력을 가하자 서둘러 그를 포기해버렸다. 결국 막시밀리안은 멕시코인들에게 총살당했다.

1870년, 오랫동안 유럽의 주도권을 두고 다투어온 프랑스와 프로이센 두 나라 사이에 마침내 전쟁이 발발했다(프로이센-프랑스 전쟁, 보불전쟁). 프로이센은 전쟁을 예상하고 대비했지만, 재정 악화로 이미 끔찍한 상황에 놓여있던 프랑스는 그럴 수 없었다. 프랑스의 패배는 당연한 것이었다. 프로이센이 프랑스 침공을 개시한 것이 8월이었는데, 9월에 나폴레옹 3세의 프랑스 부대가 항복했으며, 10월에는 또 다른 프랑스 부대가 투항했다. 이듬해 1월에는 파리가 프로이센의 수중에 들어갔다. 두 나라는 프랑크푸르트에서 평화 협정을 맺었고, 프랑스는 알자스와 로렌 지방을 프로이센에 넘겨주었다. 이로써 오스트리아까지 포함하여 독일 전역을 통일한 독일 제국이 탄생했다(1871~1918). 이제 프로이센의 왕도 독일 황제로서 역사상 유럽 황제들의 반열에 오를 수 있게 되었다. 이후 43년 동안 독일은 유럽 대륙의 주도권을 장악했다. 1877~1878년에 러시아와 오스만제국이 전쟁을 벌였고, 그 뒤에 발칸 지역에서 국경선이 약간 조정되긴 했지만, 30년 동안 유럽 국가들의 경계는 불안 속에서도 안정을 유지했다.

팽창주의의 한계

18세기 말, 제국들은 분열되었고 팽창주의자들의 환상은 깨졌다. 영국과 스페인은 해외 식민지를 많이 갖고 있었다. 하지만 식민지까지 가려면 길고 지루한 여행을 해야 했으므로 본국과 식민지 사이에 자유로운 왕래가 힘들었다. 그래서 식민지들은 점차 본국과 분리된 공동체가 되어갔다. 식민지 공동체에는 그곳 사람들만의 삶이 있었다. 심지어 언어가 달라지기도 했다. 캐나다에 있던 프랑스의 식민지들처럼 황야에 세워진 무역 거점이나 인도에 있던 영국의 식민지처럼 완전히 이질적인 공동체 속에 세워진 무역 시설들만 본국 정부에 단단히 결속되어 있었다. 본국의 지원이 없으면 독립적으로 존재할 수 없었기 때문이었다.

19세기 전반, 유럽 제국들의 해외 영토는 이제 그 한계에 이르러 더는 확장될 수 없을 것 같았다. 오직 러시아만이 아시아를 가로질러 그 어느 때보다 크게 뻗어가고 있었다. 아시아에서는 영국 동인도회사가 인도 반도의 3분의 1을 지배하고 있었다. 아프리카에서는 희망봉과 인근 해안 지역을 영국이 점유했다. 이곳에는 흑인 원주민과 네덜란드 이주민들이 주로 살았는데, 네덜란드인들은 영국의 지배에 저항하고 있었다. 지구 반대편 오스트레일리아에는 죄수 유배지가 있었다. 스페인은 쿠바를 지배하고 있고 필리핀 제도에 식민지를 가지고 있었다. 포르투갈은 아프리카에 오래전에 점유한 흔적들만 남겨놓은 정도였다. 네덜란드는 동인도 제도에, 덴마크는 서인도 제도에 섬을 갖고 있었다. 프랑스 또한 서인도 제도에 섬 한두 개와 프랑스령 기아나를 갖고 있었다. 이 정도가 유럽 열강들이 유지할 영토의 한계로 보였다.

영국의 인도 식민지 지배

유럽 전체가 나폴레옹 전쟁에 몰두해있는 동안, 동인도회사는 총독들의 지도 아래, 이전에 부르키스탄을 비롯해 북방에서 내려온 침략자들이 인도에서 했던 것과 같은 일을 반복하고 있었다. 동인도회사는 계속해서 세금을 징수하고, 전쟁을 벌이고, 아시아의 열강들에 대사를 파견하는 등 반쯤 독립된 국가처럼 기능했다. 하지만 동인도회사의 기본 성격은 해외에서 벌어들인 부를 서방으로 다시 보내는 것이었다.

인도는 본래의 주들과 영국이 지배하는 주들이 서로 섞여서 또 다른 조각보 모양의 땅이 되었다. 1858년 일어난 세포이 항쟁을 진압하면서 무굴 제국의 왕실과 동인도회사도 함께 폐지되었고 그렇게 영국은 동인도회사가 지배하던 영역을 영국 국왕의 영토로 편입시킨다. 1877년에는 영국령 인도제국으로 굳혀진다. 인도와 영국은 이러한 고리를 통해 오늘날에도 연결되어있다. 인도는 전제군주가 없는 전제 군주국이다. 인도의 식민지 통치 방식은 절대왕정의 문제점에 민주주의 관료 집단의 무책임함, 비 인격성을 결합해 놓은 것이다. 인도 사람들에게는 불만이 있어도 토로할 군주가 없었다. 불만을 말하고 싶다면 영국에서 전단을 돌리거나 영국 하원에 문제를 제기해야 했다. 영국 의회가 국내의 문제에 몰두해있을수록 영국 정부가 인도에 쏟는 관심은 적었다. 그렇게 되면 인도는 더더욱 고위 관료들로 이루어진 소수 집단의 재량에 맡겨졌다.

인도의 독립

인도는 저자가 세상을 떠나고 1년 후 독립한다. 그러나 이 과정에서 무슬림과 비무슬림간 종교 내전이 일어나면서 수십만 명이 사망하는 가운데 무슬림 다수 지역이 파키스탄 자치령으로, 나머지 지역이 인도 자치령으로 분리 독립하게 된다.

유럽 열강의 영토 확장

철도와 증기선이 운영되자 인도 외의 지역에서도 유럽의 제국들이 크게 확장하기 시작했다. 식민지가 차지하는 경제적 중요성은 더욱 커졌다. 오스트레일리아에서 1842년 구리 광산이 발견되고, 1851년에는 금광이 발견되면서 골드러시가 시작되었다. 캐나다는 1849년에 이르러서야 눈에 띄게 발전하기 시작했다. 하지만 프랑스인 주민들과 영국인 주민들 간의 갈등으로 어려움이 많았다. 두 집단 사이에 몇 차례 충돌이 일어난 다음에야 1867년 새로운 헌법이 제정되어 캐나다 자치령 연방이 성립되었다. 미국에서와 마찬가지로, 철도 덕분에 캐나다의 영토도 확장되었고 옥수수를 비롯한 여러 생산품을 유럽에 팔 수 있었다.

뉴질랜드에서도 영국인들이 정착하기 시작했고, 1840년 뉴질랜드는 영국 국왕의 식민지 중 하나로 편입되었다. 여러 개의 공화국으로 분리 독립한 남아메리카, 그중에서도 아르헨티나에서는 유럽 시장에 대한 접근성이 향상됨에 따라 축산무역과 커피 재배가 늘어나기 시작했다.

처음에 유럽 열강이 사람이 살지 않는 지역까지 찾아갔던 것은 금을 비롯한 광물이나, 향신료, 상아, 노예와 같은 것들 때문이었다. 하지만 19세기의 말에는 늘어난 자국 인구 때문에 식량을 구하기 위해 해외로 눈을 돌려야 했다. 그리고 과학 기술이 발전하면서 기름, 고무 등 이전에는 필요 없었던 재료들에 대한 수요가 생겨났다. 영국, 네덜란드, 포르투갈이 열대 지역 생산물 대부분을 통제하고 있었고 그 수익은 상당했다.

1871년 이후에는 독일, 프랑스, 이탈리아가 아직 식민지화되지 않은 원자재 생산 지역 혹은 수익성 있는 동양 국가들을 찾아 나섰다. 정치적으로 힘이 없고, 문명화가 덜 된 원주민 공동체들은 명목상 유럽 국가들의 보호령이었다. 다만 먼로 독트린에 따라 영토를 정복하는 것이 금지된 아메리카 대륙만이 예외였다.

아프리카 대륙은 유럽에 가까웠지만 어떤 가능성이 잠재되어있는

지 분명하게 알려지지 않았다. 1850년까지도 아프리카는 신비의 대륙일 뿐이었다. 오직 이집트와 해안 지역만 알려져 있었다. 그러나 여러 탐험가와 모험가들이 아프리카의 어둠 속을 처음으로 뚫고 들어갔고, 이들이 내어놓은 길을 따라 정치인, 행정가, 무역 상인, 과학자들이 그곳에 도착했다. 경이로운 부족들, 낯선 짐승들, 경이로운 과일과 꽃과 곤충들, 끔찍한 질병들, 거대한 강과 폭포가 유럽인의 눈앞에 드러났다. 그것은 완전히 새로운 세계였다. 고대인들이 이 남쪽 땅에 이룩해놓았지만, 기록도 없이 사라진 짐바브웨 문명의 잔해들도 발견되었다.(백인 이주민들과 학자들은 발견 당시 우월주의에 따라 짐바브웨가 이 지역 원주민인 흑인들에 의해 건설되었다는 생각은 전혀 하지 않았다.) 유럽인들이 이 새로운 세계에 들어왔을 때는 이미 총을 가진 아랍의 노예 상인들이 그곳에서 활동하고 있었고 흑인들은 혼란에 빠져있었다.

반세기가 흘러 1900년에 이르렀을 때는 아프리카 전역에 탐험과 측

1913년 아프리카 식민지 지도

량이 이루어져 지도가 제작되었다. 유럽 열강은 이 지도를 이용해 아프리카를 나누어 가졌다. 아프리카 쟁탈전이 벌어졌지만, 원주민에게 돌아간 것은 거의 없었다. 벨기에령 콩고에서는 천연고무를 생산하는 원주민들을 둘러싸고 잔혹 행위가 벌어지기도 했다. 이런 문제를 일으킨 책임에서 유럽의 어느 나라도 자유로울 수 없다.

약 25년 만에 유럽 열강은 아프리카 분할을 마무리 지었다. 병합되지 않은 곳은 비교적 소규모의 나라인 라이베리아, 모로코, 에티오피아밖에 없었다. 서부 해안의 라이베리아는 해방된 흑인 노예들이 정착한 곳이었다. 모로코는 무슬림 술탄의 지배 아래 있었으며, 고대의 독특한 그리스도교가 남아있던 에티오피아는 1896년 아두와 전투에서 이탈리아에 승리함으로써 독립을 지켰다.

03
아시아 침략

———

유럽 각국은 서둘러 자신들의 색깔로 아프리카 지도를 색칠해 버렸다. 믿기 어렵지만 많은 사람이 이러한 상황을 당연하게 받아들였다. 유럽 열강이 아프리카를 분할 점령하는 것이 세계를 안정시켜줄 방안이라 여겼다. 믿기지 않는 사실이라 하더라도 많은 사람이 그런 식으로 상황을 받아들였다는 사실을 기록하는 것이 역사가의 의무이다.

19세기 유럽인들에게 날카로운 비판은 익숙하지 않았다. 유럽인들은 기계혁명 덕분에 일시적으로 세계에서 우위를 점하게 된 것을 가지고, 이전에 몽골인들이 세계를 정복했던 일 따위는 까맣게 잊어버리고 자신들이 앞으로 영원히 인류를 이끌어가리라 확신했다. 유럽인들은 과학의 결실이 다른 여러 나라로 옮겨갈 수 있다는 사실을 알지 못했고, 동양인들 또한 연구 활동을 수행할 능력이 있음을 알지 못했다. 동양인은 보수적인 탓에 세상은 영원히 유럽인이 지배하리라 믿었다.

이러한 자기도취의 결과, 유럽 각국은 지구에서 아직 개발되지 않은 지역을 쟁탈하기 위해 다투었을 뿐만 아니라, 인구가 많고 문명화한 아시아 국가까지도 분할하여 점령하기 시작했다. 인도를 침략한 영국의 제국주의는 내부에서는 위태로웠지만, 유럽의 다른 나라들 눈에는 화려해 보였다. 이를 본 유럽 열강은 비슷한 꿈을 꾸면서 페르시아를 차지하기 위해 경쟁을 벌였으며 오스만제국을 분할하고 동남아시아, 중국, 일본까지 진출했다.

1898년 독일은 청나라와 조약을 맺고 중국의 자오저우만(칭다오시)을 점령했다. 이에 대응하여 영국은 웨이하이웨이(산둥반도의 동쪽 끝)을 점령했고, 이듬해 러시아는 뤼순 지역을 차지했다. 유럽인을 향한 증오의 불꽃이 중국 전역에서 타올랐다. 유럽인과 그리스도교 개종자에 대한 학살이 이어지고, 1900년에는 베이징에 있는 유럽 공사관들이 공격당하는 일까지 벌어졌다. 이에 대한 보복으로 유럽 각국의 연합군이 베이징 원정을 감행하여 엄청난 재산을 약탈했다. 러시아는 만주를 장악했고, 1904년 영국은 티베트를 침공했다.

일본의 강제 개항

서구 열강이 겨루는 사이, 일본이 새로운 세력으로 떠올랐다. 이제까지 일본이 역사에서 맡아온 역할은 미미했다. 외부로부터 격리된 일본 문명은 외부로부터 받은 것은 많았지만 내어준 것은 별로 없었다. 일본의 글자, 문학, 예술 등 그들의 문명을 이루는 요소들은 중국에 많은 영향을 받았다. 그들의 역사는 흥미롭고도 낭만적이다. 중세 시대 유럽처럼 일본에서도 봉건 제도와 무사 제도가 발달했다. 일본이 한국과 중국을 공격했던 일은 영국이 프랑스에서 전쟁을 벌였던 것과 비슷했다.

일본이 유럽과 처음 접촉한 것은 16세기였다. 1542년 포르투갈 선원들이 일본에 도착했으며, 1549년에는 예수회 전도사가 일본에 가서 포교했다. 한동안 일본은 유럽과의 교류를 환영했다. 윌리엄 애덤스가 (도쿠가와 이에야스의 지시로) 일본에 조선 기술을 가르쳐주었고, 곧이어 일본인이 만든 배가 인도와 페루까지 항해하는 데 사용되었다.

하지만 포르투갈에서 온 예수회에 이어 가톨릭교도들이 들어왔고, 영국과 네덜란드의 프로테스탄트들까지 일본에 와서 다투기 시작했다. 당시 개신교를 믿는 네덜란드와 잉글랜드, 가톨릭을 믿는 에스파냐와 포르투갈이 서로 대립하고 있었다. 그들은 각자 자기들 말고 다른 유럽 세력은 정치적 야심이 있으니 믿어서는 안 된다고 충고했다. 결국 일본인들은 유럽인들이 더는 견딜 수 없을 만큼 성가시다고 생각했다. 그리고 특히 가톨릭교회는 교황과 스페인 군주의 정치적 야망을 감추기 위한 것에 지나지 않는다는 결론을 내렸다. 당시 스페인은 이미 필리핀을 점유하고 있었다.

이후 일본은 대대적으로 그리스도교인들을 박해했고, 200년 동안 나라의 문을 걸어 잠근 채 통상 거부정책을 고수했다. 그 200년의 세월이 흐르는 동안 일본인들은 마치 다른 행성에 사는 듯 바깥 세계로부터 완전히 단절되었다. 연안을 항해하는 선박보다 큰 배를 만드는 것은 금지되었으며, 일본인 누구도 해외에 나갈 수 없고 유럽인 누구도 일본에 들어갈 수 없었다.

독특한 봉건 제도를 유지해온 일본에서는 전체 인구의 5%에 불과한 사무라이라고 하는 무사와 귀족 계층이 나머지 사람들 위에 군림했다. 그러는 동안 낯선 선박들이 더욱 자주 나타나 일본의 곳을 지나갔다. 때로는 배들이 난파되어 외국인 선원들이 해안에 이르곤 했다. 이 당시 일본을 바깥 세계와 이어준 유일한 연결고리는 데지마에 체류한 네덜란드인들이었다. 네덜란드인들은 선교 없는 교역을 내세워 막부를 설득하고 1641년 포르투갈이 떠난 데지마에 네덜란드 무역 거주 지역을 차린다. 이후 일본과 유럽 사이의 교역은 네덜란드가 독점했다. 이들은 일본이 이제는 서구 세력들과 평화롭게 지낼 수만은 없을 것이라고 경고했다.

1852년, 페리 제독이 쇄국을 하고 있던 일본의 에도 막부에 함대를 이끌고 내항한다. 증기기관으로 움직이며 커다란 대포를 장착하고 있던 이 배들을 보고 일본인들은 무척 놀랐다.

우라가에 내항한 흑선들

페리 제독은 무역과 교류를 제안했고 일본은 이에 저항할 힘이 없었다. 그는 부하 500명의 호위를 받으며 상륙하여 일본 정부와 조약을 맺었다. 그는 미일 화친조약(1854)과 미일 수호 통상조약(1858)을 통해 일본을 개항하게끔 만든다.

　러시아, 네덜란드, 영국이 미국의 뒤를 이어 일본을 찾아왔다. 시모노세키 해협 근방에 영지를 소유하고 있던 귀족은 외국 선박에 공격을 가하려고 했다. 하지만 영국, 프랑스, 네덜란드, 미국의 전함들이 포격을 가하여 이 귀족의 포대를 파괴하고 무사들을 물리쳤다. 결국 연합 함대가 교토 외항에 정박한 채, 일본의 문호를 세계에 개방한다는 내용의 조약을 비준하게 하였다.

　일본인들은 매우 굴욕스러워했다. 하지만 그들은 놀라운 저력으로 문화와 조직을 유럽 열강의 수준으로 올려놓기 위한 작업에 착수했다. 일본은 한꺼번에 큰 발전을 이루었다. 1866년까지 일본은 여전히 낭만적 봉건주의(에도 막부)를 그대로 유지하고 있던 중세 국가였다. 하지만 1900년의 일본은 가장 발전한 유럽 열강들과 어깨를 나란히 했다. 오히려 일본과 비교하면 유럽의 발전이 지지부진해 보일 정도였다.

04
청일전쟁과 러일 전쟁

1894~1895년에 일본은 중국(청나라)과 조선 땅에서 전쟁을 벌였다. 이 전쟁을 통해 일본이 어느 정도까지 발전했는지가 드러났다. 일본은 서구화된 군대와 함대를 보유하고 있었다. 일본의 부흥을 영국과 미국은 이미 제대로 평가하고 있었다. 하지만 유럽의 다른 열강들은 아시아에서 새로운 인도를 찾느라 일본의 발전이 어떤 의미인지 정확히 이해하지 못했다. 러시아는 중국에 압박을 가하며 조선까지 내려오려 했다. 프랑스는 이미 베트남에 자리를 잡았다. 독일도 식민지를 찾는 일에 혈안이었다. 이 세 강대국은 서로 연합하여 일본에 압력을 가했다.

삼국간섭

청일전쟁에서 승리한 일본이 시모노세키 조약(1895)을 통해 청나라에게서 요동(랴오둥) 반도를 할양받게 되자 러시아, 독일, 프랑스의 3국이 일본에 외교적 압력을 행사한 사건이다. 일본은 어쩔 수 없이 랴오둥 반도를 다시 청나라에 반환한다. 한편 청일전쟁의 결과 청나라는 조선에 대한 패권을 포기하고 일본의 국제적 위치를 확립시켜 주었다. 조선은 일본의 압박으로 종전의 청나라 연호를 폐지한다. 대외로는 삼국 간섭 이후에 러시아의 힘을 빌려 일본 세력을 몰아내고자 하였다.

한동안 일본은 고개를 숙이고 힘을 모았다. 그리고 10년 후 러시아와 싸울 준비가 되었다(러일 전쟁 1904). 러시아의 보통 사람들은 지구를 반 바퀴나 돌아야 닿을 수 있는 곳에서 일어난 분쟁에 대해 잘 알지 못했다. 더욱 현명한 러시아의 정치인들은 이 어리석은 아시아 진출 계획에 반대했다. 그러나 차르(러시아의 군주)의 주변을 둘러싸고 있던 사람들은 전쟁을 통해 얻을 수 있는 돈과 전리품에 큰 기대를 걸고 투자했다. 일본은 대규모 병사들을 바다 건너 여순항과 조선으로 수송하기 시작했다. 그리고 시베리아 철도를 따라 끝도 없이 이어지는 기차에 실려 온 러시아 농민들은 전쟁터에서 죽어갔다.

제대로 지휘를 받지 못하고, 충분한 배급도 받지 못한 러시아 군대는 바다와 육지 양쪽에서 패배했다. 러시아의 발트함대는 아프리카를 돌아 먼 길을 왔지만 쓰시마 해협에서 완전히 파괴되었다. 먼 땅에서 일어난 이해할 수 없는 참사에 분노한 러시아의 민중들 사이에 혁명의 기운이 감돌았다. 결국 차르는 전쟁을 끝낼 수밖에 없었다(1905). 차르는 러시아가 1875년에 점령했던 사할린섬의 남쪽 절반을 일본에 돌려주고 만주에서도 철수했으며 조선에 대한 우위 권도 일본에 넘겨주었다.

05
제1차 세계대전

유럽 국가들은 시대는 바뀌었지만 말을 타고 달리던 시대 때부터 정해져 있었던 국경 안에 머물러 있어야 한다는 사실이 답답해졌다. 동쪽으로 진출할 수 있는 자유를 누린 나라는 러시아밖에 없었다. 러시아는 시베리아를 가로지르는 철도를 건설하고 동아시아까지 진출하여 일본과 전쟁을 치르면서 곤욕을 치르기도 했다. 그리고 남쪽으로도 밀고 내려가 인도의 국경선에 닿으면서 영국의 심기를 불편하게 했다.

그 무렵 여러 나라가 복잡하게 얽히고 부대끼면서 유럽의 과밀 상태는 더욱 심해졌다. 문명의 발전이 가져다준 가능성을 완전히 실현하기 위해서는 더 넓은 땅 위에서, 각 나라가 자발적으로 혹은 강제하여 연합을 이루고 당면한 문제를 해결해야 했다. 근대 사상은 자발적 연합을 유도하는 쪽이었다. 하지만 전통적 정치 세력들은 모두 힘으로 연합을 강제하는 쪽으로 유럽을 몰아갔다. 나폴레옹 3세의 프랑스 제국이 무너지고 새로운 독일 제국이 세워졌다. 36년 동안 불안한 평화가 이어지는 가운데 유럽의 정치는 새로운 가능성에 주목했다. 유럽의 패권을 두고 독일과 항상 경쟁해온 프랑스는 약세를 면하고자 러시아와 연합했다. 이에 맞서 독일은 오스트리아 제국과 동맹을 맺었고, 완벽하지는 않지만 이탈리아 왕국과도 연대했다.

영국은 처음에는 중립적인 태도를 보였다. 그러나 독일 해군이 발전함에 따라 차츰 프랑스-러시아 연합 쪽으로 기울어 연대하게 되었다. 원대한 꿈을 가졌던 독일 황제 빌헬름 2세(1888~1918 재위)는 이른 단계에서 해외 원정을 무리하게 추진했고, 일본과 미국까지도 적으로 만들고 말았다.

제1차 세계 대전 당시의 군사 동맹 지도

이제 모든 국가가 군비를 갖추었다. 대포와 전함 등을 생산하는 군수산업의 비중이 시간이 갈수록 높아졌다. 열강들 사이에 맞춰진 세력 균형이 위태로워지자 유럽은 전쟁을 향해 나아가는 듯 보였다. 하지만 이때까지만 해도 의지만 있었다면 전쟁을 피할 수 있었을 것이다. 그러나 결국 전쟁은 일어났다. 독일과 오스트리아는 프랑스, 러시아, 세르비아를 공격했다. 독일군이 벨기에를 침공하자 영국은 벨기에 편에 서서 전쟁에 뛰어들었다. 곧이어 동맹국들이 연쇄적으로 참전했다. 일본도 영국에 연합하여 전쟁에 참여했다. 오스만제국은 독일 편에 섰다. 1915년 이탈리아는 독일과의 동맹을 깨고 오스트리아에 전쟁을 일으켰다. 불가리아도 동맹국(독일, 오스트리아)에 가담했다. 1916년에는 루마니아가, 1917년에는 미국이 어쩔 수 없이 독일에 맞서 전쟁에 뛰어들었다.

이렇게 제1차 세계대전의 원인은 100년 간의 평화 시대 속에 지속적인 팽창을 이룬 유럽 열강들의 제국주의 팽창 정책과 그 과정 속에서의 갈등 요소들이 복합적으로 섞여있다. 이 과정에서 영국, 프랑스, 러시아 제국을 중심으로 한 삼국 협상과 독일 제국, 오스트리아-헝가리 제국, 이탈리아 왕국을 중심으로 한 삼국 동맹이 형성되었고 이 두 동맹체 간의 대립, 그리고 사라예보 사건(사라예보에서 오스트리아-헝가리 제국의 황위 계승자가 암살된 사건)이 직접적인 배경이 되었다.

이 거대한 참사의 책임을 어디에 얼마나 물어야 하는지 결정하는 것은 이 책의 한계를 넘어서는 일이다. 사실 세계대전이 왜 시작되었는지가 아니라 왜 세계대전을 예방하지 못했는지가 더 궁금하다. 유럽의 통일을 이루려던 사람들이 있긴 했지만 소수에 불과했다. 나머지 수천만 명은 지나치게 '애국자'이거나 너무 어리석었거나 무관심했으므로 세계대전이라는 참사를 막지 못했다. 전쟁이라는 현실은 인류에게 훨씬 더 심각한 문제로 다가왔다.

불과 몇 달 만에 현대 기술의 발달이 전쟁의 모습을 얼마나 근본적으로 바꾸어놓았는지 확연하게 드러났다. 자연과학은 인류에게 준 힘을 올바로 사용하는지, 아니면 그릇되게 사용하는지는 인류의 윤리 의식에 달려있다. 그런데 모든 것을 파괴할 강한 힘을 손에 쥐게 된 각국은 여전히 과거의 태도를 벗지 못하고 증오와 의심에 가득 찬 정책들을 펴고 있었다.

전쟁의 새로운 국면

1917년, 독일군의 공격을 기다리는 참호의 러시아군

이제 전쟁은 전 세계의 소모전으로 바뀌었다. 승자와 패자 모두 엄청난 손실을 감내해야 했다. 독일군이 파리를 향해 맹공을 퍼부었고, 러시아가 동프로이센을 침공했다. 양쪽 공격 모두 대단한 반격을 받았다. 전쟁의 양상은 빠르게 참호전으로 전환되었다. 대치 중인 양측 군대가 유럽을 가로지르는 긴 전선을 따라 참호를 파고 몸을 숨긴 채 한동안 버텼다.

수백만 명의 강인한 병사들이 있었고, 그들 뒤에는 온 국민이 동원되어 전시 식량과 군수품을 조달했다. 군사 작전에 도움이 되지 않는 생산 활동은 모두 중단되었다. 사지 멀쩡한 유럽 남자들은 모두 징병되었고, 그렇지 않으면 군수품 생산 공장으로 징발되었다. 전쟁을 치르는 동안 유럽 인구 절반 이상이 직업을 바꾸었을 것이다. 이들은 사회적으로 뿌리가 뽑혀 전혀 다른 곳으로 옮겨 심어졌다. 과학적인 활동은 군사적 용도로 전환되었으며, 뉴스는 통제와 선전 활동에 따라 왜곡되었다.

제1차 세계대전 당시 영국의 무기 생산

전쟁은 서서히 새로운 국면으로 전환되었다. 이제는 식량 공급 시설을 파괴하고 전투기로 공습을 가함으로써 교전의 후방에 있던 주민들을 공격했다. 1차 세계대전이 발발한 해는 라이트 형제가 처음 하늘을 난 지 겨우 11년 밖에 되지 않았을 때였지만 인간은 이미 비행기를 전쟁의 도구로 사용하고 있었다. 전쟁 중에도 화기의 크기가 커지고 새로운 종류의 화기들이 개발되었다.

참호 안에 숨은 군대까지 무력화시킬 길이 열렸다. 전투기를 이용한 공습은 모든 것을 바꾸어놓았다. 전쟁은 2차원에서 3차원으로 전환되었다. 이제까지 인류 역사에서 전쟁이란 양측 군대가 행진하여 마주치는 곳에서만 벌어졌다. 그런데 모든 곳이 전쟁터가 된 것이다. 전쟁은 전선 너머 모든 민간 지역으로까지 확대되었다.

우리 형제는 세계의 번영을 가져다줄 발명품을 원했으나 우리가 틀린 것 같다. 물론 나는 우리 형제의 항공기 발명을 절대 후회하지 않지만 그 누구도 그것이 초래한 파괴의 원인 중 하나인 나보다 슬플 수는 없을 것이다. 비행기는 '불'의 발명과 같다. 나는 내가 발명한 '불'로 인한 피해에 대해서는 후회하지만, 그 '불'로써 할 수 있는 수천 가지 좋은 일을 생각하면 인류 전체에게는 이득이라고 생각한다.

– 2차 대전의 대규모 폭격을 목격한 라이트 형제의 동생 오빌 라이트

폐허가 된 유럽, 그리고 종전

이전 문명 세계의 전쟁에서는 구분되었던 민간인과 군인 사이의 구분이 사라졌다. 식량이나 의복을 생산하는 사람, 나무를 베거나 집을 고치는 사람, 기차역과 창고 모두 파괴 대상이 되었다. 공습의 범위는 점점 확장되어 결국 유럽의 광범위한 지역이 전시 비상 체제에 들어갔고 야간 공습에 시달렸다. 런던과 파리와 같이 위험에 노출된 도시에서는 잠들 수 없는 밤이 이어졌다. 폭탄의 참을 수 없는 소음이 이어졌고, 소방차와 구급차는 사이렌을 울리며 폐허가 된 어두운 거리를 돌아다녔다. 특히 노인과 어린아이들은 정신적, 육체적으로 큰 피해를 보았다.

전쟁에 따라오기 마련인 전염병은 종전 무렵인 1918년에 나타났다.

심각한 독감(스페인 독감)이 전 세계를 강타했고 수백만 명이 죽었다. 그리고 유럽 전역이 기아 상태에 빠졌다. 농민들을 징발하여 전선으로 보냈기 때문에 세계 전역의 식량 생산량이 급격히 감소했다. 게다가 잠수함 공격에 해로가 막히고, 전선 폐쇄 때문에 육상 경로도 차단된 데다 교통 체계가 와해하면서 생산된 식량조차 유통하기 어려웠다. 전쟁 4년 차에는 의복과 식량을 비롯한 생활용품까지 모자라 사람들은 어려움을 겪었다. 경제는 근본적으로 무너졌다. 대부분이 낯선 환경에서 불행한 삶을 살아야 했다. 전쟁이 모두 끝난 것은 1918년 11월이었다. 결국 독일을 포함한 동맹군은 무너졌다. 그들은 이미 사기와 재원이 바닥난 상태였다.

06
러시아 혁명

비잔티움 제국을 계승한다고 선언하고 동방의 전제군주 체제를 유지하고 있던 러시아 제국은 동맹국 진영이 몰락하기 1년 전에 먼저 무너졌다. 러시아 제국은 제1차 세계대전 도중인 1917년 러시아 혁명으로 붕괴한다. 차르 체제는 전쟁 전부터 이미 여러 해 동안 붕괴의 징후를 보였다. 차르의 궁정은 라스푸틴이라는 기이한 사기꾼 간신이 좌지우지하는 상황이었고, 공공 행정은 민간에서나 군대에서나 극도로 비효율적이고 부패한 상태였다. 그런데도 전쟁이 발발하자 러시아 전역에서 대규모의 병력이 징집되었다. 하지만 그에 맞는 군사 장비도 없었고, 유능한 장교들도 없었다. 결국 이 거대한 군대는 제대로 된 장비와 지휘관도 없이 독일과 오스트리아 전선에 내던져졌다.

1914년 9월 러시아 군대가 처음 동프로이센에 등장하자 독일은 후퇴할 수밖에 없었다. 프랑스는 개전 초기 전복될 위기에 처했는데 제대로 훈련도 받지 못한 러시아 농민 수만 명이 목숨을 잃은 덕분에 위기에서 벗어날 수 있었다. 모든 서유럽 국가가 이 비극적인 러시아 농민들에게 큰 빚을 지게 된 셈이다.

당시 러시아는 전쟁의 무게를 감당할 수 있는 상황이 아니었다. 러시아의 일반 병사들은 무기 지원도 없고, 탄약마저 떨어진 채로 전쟁터로 보내졌다. 그런데도 군사들이 열광할 것이라는 망상에 빠져있던 장교와 장군들 아래에서 이들은 희생되었다. 한동안 병사들은 말도 못하고 참고 견디는 것처럼 보였다. 그러나 아무리 무지하다고 하더라도 인내에는 한계가 있는 법이다. 버려지고 배신당한 병사들 사이에서 차르 체제에 대한 근본적 반감이 퍼져나가고 있었다. 1915년 말 이후 러시아는 오히려 서구 연합국 진영의 근심거리가 되었다.

1916년 12월 29일, 상트페테르부르크에서 열린 저녁 파티에서 라스푸틴이 살해당했다. 이듬해 3월이 되면서 상트페테르부르크에서는 식량 때문에 일어난 폭동이 혁명으로 발전했다. 정부에서는 자유주의 지도자들을 체포하려고 했다. 결국 게오르기 리보프(러시아 임시정부 초대 총리)가 임시 정부를 수립하고 차르가 퇴위했다.

볼셰비키 혁명과 러시아 내전

러시아 민중은 유럽의 구체제와 차르, 전쟁 이 모든 것에 진저리가 났다. 그들은 이 모든 것에서 벗어나 안정을 누리고 싶었다. 그러나 연합국에서는 러시아의 현실을 전혀 알지 못했다. 연합국의 외교관들은 러시아 민중에 대해 무지했다. 외교관들은 러시아 국민이 아니라 러시아의 궁정에만 주의를 기울였다. 외교관들은 러시아에 공화정이

들어서는 것에 별로 호의적이지 않았다.

러시아 공화국 정부의 수반은 알렉산드르 케렌스키였다(제2대 러시아 공화국 총리). 그는 국내와 국외 양쪽에서 공격을 받았다. 국내에서는 더욱 근본적인 혁명, 즉 '사회주의 혁명'을 일으키려는 세력들로부터 공격을 받았고, 국외로부터는 연합국 정부들로부터 차가운 대접을 받았다. 결국 그는 1917년 볼셰비키의 혁명으로 쫓겨난다. 1917년 11월 7일 케렌스키 정부가 전복되고 소비에트(혁명 위원회)가 정권을 잡았다. 러시아 혁명으로 인해 러시아에서는 마르크스주의에 입각한 세계 최초의 사회주의 국가인 소련 정권이 수립되었다. 마르크스의 사상을 발전시킨 블라디미르 레닌이 인솔하는 볼셰비키파 사회주의자들이 지배하고 있던 소비에트는 서구 열강들과 상관없이 전쟁을 끝내는 화의를 맺겠다고 맹세했다. 그리고 1918년 3월 2일 마침내 러시아와 독일 사이에 단독 강화 조약이 체결되었다.

볼셰비키 사회주의자들은 마르크스를 신봉하는 공산주의자들이었다. 러시아에서 권력을 획득한 것은 다만 전 세계에서 일어날 사회혁명의 시작에 불과하다고 생각했다. 그들은 절대적 믿음을 갖고 사회와 경제 질서를 바꾸어나가는 작업에 착수했다.

서유럽 국가들과 미국 정부는 이들에 대한 정보가 거의 없었고 또 능력도 없었다. 언론에서는 이들이 권력을 강탈했다고 비난하며 신뢰를 떨어뜨리려 애를 썼다. 지배층은 어떤 대가를 치르더라도 이들을 좌절시키려 했다. 날조된 선전물들이 아무런 제재도 받지 않고 전 세계 언론에 실렸다. 볼셰비키 지도자들은 피를 마시고 약탈을 일삼는 호색한으로 표현되었다. 볼셰비키 정권의 적들은 공포에 질려있었고,

1919년 볼셰비키 정권은 다시 외국 군대의 침략에 맞서 싸워야 했다. 서쪽에서는 영국 원정대가 공격했으며, 동쪽에서는 일본군이 시베리아를 침략했다. 남쪽에서도 프랑스와 그리스 부대의 지원을 받은 루마니아 군대가 올라왔다. 한편, 내부의 적들도 많았다. 곳곳에서 장군들은 볼셰비키 정권을 공격하고 반란을 일으켰다.

레닌을 수반으로 하는 볼셰비키 정권은 이 모든 공격을 견디고 살아남았다. 러시아 민중도 정부를 지지했다. 1921년이 끝나갈 무렵에는 마침내 영국과 이탈리아가 러시아 공산 정권을 인정해주었다. 하지만 볼셰비키 정권은 공산주의 사상에 기초하여 새로운 사회 질서를 정립하는 데 만족할 만한 성공을 거두지는 못했다. 러시아 농민들은 소규모 지주들이었다. 혁명은 그들에게 대지주들의 땅을 나누어주었지만, 농민들이 돈이 아닌 다른 어떤 것을 위해 농사를 짓도록 만드는 것은 어려웠다. 그런데 혁명은 돈의 가치를 실제로 파괴해버렸다.

전쟁 때문에 철도 체계가 붕괴하면서 혼란 상태에 빠져있던 농업 산업은 농민들의 자급자족을 위한 식량 생산 정도로 축소되었다. 도시는 굶주릴 수밖에 없었다. 그 후 러시아에서는 공산주의 사상에 맞추어 산업을 농업에서 공업으로 전환하려는 시도들이 있었지만 성공적이지는 못했다. 철도는 녹슬어 사용할 수 없게 되었으며, 도시는 폐허가 되고, 수많은 사람이 죽어갔다. 심각한 가뭄이 닥쳤고, 이 때문에 이미 전쟁으로 폐허가 된 농민들이 최악의 기아를 견뎌야 했다. 수백만 명이 굶어 죽었다.

10장

전쟁을 끝내기 위한 전쟁

고의로 전쟁을 일으키며 사람의 생명을 놓고 도박을 하는 사람이 자신의 생명을 걸지 않는다는 것은 이치에 맞지 않는 일이다. 제1차 세계대전이라는 끔찍한 전쟁이 끝났지만, 그 어떤 것도 종결되지 않았고 시작되지도 않았으며 해결된 것도 없었다. 모든 전쟁을 끝내고자 전쟁을 시작했지만 전쟁을 끝내기 위한 또 다른 전쟁이 생겨났을 뿐이다. 수백만 명이 죽었다. 세계는 폐허가 되고 빈곤해졌다. 아무리 좋게 평가하려 해도 전쟁은 우리가 동정 없는 세상 속에서 위태롭게 살고 있었음을 상기시켜줄 뿐이다. 민족과 제국을 향한 인간의 탐욕이 이런 비극을 낳았지만, 전쟁이 끝난 뒤에도 상황은 변하지 않았다.

　　세상은 전쟁의 폐허가 조금이라도 회복된다면 곧바로 비슷한 참사를 다시 일으킬 것 같다. 전쟁과 혁명이 인류에게 주는 좋은 일이라고는 낡고 방해가 되는 것들도 함께 파괴된다는 것뿐이다. 하지만 그마저도 너무나 고통스러운 과정을 통해 이루어진다. 세계대전을 통해 독일의 제국주의와 러시아의 제국주의가 파괴되었다. 군주정도 무너졌다. 하지만 유럽에는 아직도 수많은 국기가 펄럭이고 있다. 국경에서는 분쟁이 끊이지 않고, 각국의 군대는 새로운 무기들을 비축하고 있다.

1919년, 베르사유 궁전 '거울의 방'에서 열린 평화 회담(베르사유 조약)은 당사국들의 입장을 제대로 조율하지 못하고 전쟁의 논리에 따라 결론을 내렸다. 전쟁에서 패전한 독일, 오스트리아, 오스만제국, 불가리아는 그저 회담에서 결정된 사항을 받아들여야만 했다. 1871년 프랑스-프로이센 전쟁에서 승리한 프로이센은 베르사유 궁전 '거울의 방'에서 황제 대관식을 연 적이 있었다. 프랑스는 이 치욕을 되갚을 목적으로 독일과의 종전 협약의 서명 장소로 이 베르사유 거울의 방을 선택했다. 베르사유 평화 회담은 1871년 '거울의 방'에서 있었던 일을 그대로 되갚는 복수극 같았다.

베르사유 궁전 거울의 방

승전국 국민은 그들이 당한 손실과 고난만 생각할 뿐 패전국 국민도 똑같은 대가를 치렀음은 고려하지 않았다. 또한 전쟁은 지나치게 좁은 지역 안에서, 강력한 무기를 지닌 다수의 주권 국가들이 존재하는 한 일어날 수밖에 없는 결과였다. 어떤 형태로든 전쟁은 불가피했다. 마찬가지로, 전쟁을 예측하고 예방할 수 있는 정치적 통합이 이루어지지 않는다면 약 20년 뒤에는 훨씬 더 큰 규모의 전쟁이 반드시 일어나고 말 것이다. (실제로 1918년 제1차 세계대전이 끝나고 1939년 제2차 세계대전이 일어나게 된다.)

승전국은 그들이 입은 모든 피해에 대한 도덕적, 물질적 책임이 모두 패전국에 있다고 여겼다. 만약 전쟁이 다른 방향으로 종결되었다면 지금의 패전국도 승전국을 그런 식으로 다루었을 것이 분명하다. 프랑스와 영국은 독일이 비난받아야 한다고 생각했고 독일은 러시아, 프랑스, 영국이 비난받아야 한다고 생각했다. 베르사유 조약은 처벌과 보복이 목적이었다. 조약에 따라 패전국에는 엄청난 대가가 뒤따랐다. 패자는 보상금을 지급해야 했으며, 이는 이미 파산한 국가에 거대한 채무를 물리는 꼴이었다.

윌슨의 국제연맹, 어설픈 구원

미국의 윌슨 대통령은 국제연맹을 창설하자고 국제정치 무대에 제안한다. 시대적 요청이 생긴 것이다. 유럽은 어떤 희생을 치르더라도 전쟁의 재발을 막을 방안을 마련하려 했다. 하지만 모순적이게도 이 목적을 이루기 위해 자국의 주권을 조금이나마 양보하려는 정부는 어디에도 없었다. 결국 국제연합기구를 만들자는 주장에 국제연맹이 창설되었지만 정작 미국은 당시 고립주의를 주장하는 야당 등 상당수 의원의 반대로 찬성을 얻지 못해 국제연맹에 가입도 못 하게 되는 사태를 겪게 된다. 오히려 국제연맹이 만들어지지 않았더라면 당시 직면한 문제가 더 명확히 드러났을 것이다. 그러나 처음에 윌슨의 계획을 전 세계가 열광적으로 환영했다는 것, 인류가 국제연맹의 창설에 기뻐했다는 사실은 분명히 강조되어야 한다.

그 이후 계속해서 국제회의가 열렸다. 세계대전과 같은 학살을 막기 위해서는 인류가 함께 대규모의 재건 사업을 해야 한다. 갑자기 급조된 국제연맹이나, 이런저런 국가들끼리 짜깁기하듯 만든 회담으로는 아무것도 바꿀 수 없다.

이 시대에 인간에게 몰려오는 위험과 혼란과 재난이 과거에 경험했던 그 어떤 것보다 거대해진 까닭은 인류가 과학의 발전을 통해 이제껏 가져보지 못한 거대한 힘을 갖게 되었기 때문이다. 그 힘을 통제할 수 있으리라는 희망을 품게 되는 것 또한 꼼꼼하게 검증된 계획을 통해서 가능할 것이다. (국제 질서를 조정하는 역할을 수행하던 국제 연맹은 국제 사회 내 영향력을 서서히 잃어갔고 결국 세계 대전이 다시 일어나는 것을 막지 못했다. 이에 제2차 세계대전 이후 유엔United Nations 이 출범하여 국제 연맹을 계승한다.)

인류 공동체를 향하여

지구 전체가 이제는 하나의 경제 공동체가 되었다. 세계가 하나가 되어 해결해야 하는 문제도 더 많아졌다. 자원을 적절히 개발하기 위해서는 지구 차원의 종합적인 통제 체계가 필요하다. 과학의 발전은 인류에게 더 많은 힘을 안겨주었다. 현재의 단편적이고 지극히 경쟁적인 관리 방식을 계속 유지한다면 자원을 낭비할 뿐 아니라 인류를 위험에 빠뜨릴 수 있다. 이러한 점들이 현실에서 점점 더 뚜렷하게 드러나고 있다.

재정과 통화를 조절하는 방식 또한 세계적 관심사가 되고 있다. 전염성 질병과 인구의 증가 및 이동 역시 전 세계 차원에서 다루어야 할 사안이 되었다. 인간의 활동력이 커지고 그 영역이 넓어지는 것만큼 전쟁도 더 파괴적이고 복잡해졌다. 전쟁은 이제 정부와 정부, 민족과 민족 사이의 문제와 갈등을 해결하는 방식으로 놓고 봐도 비효율적인 수단이 되었다. 포괄적인 통제력을 발휘할 수 있는 권위 있는 기관이 필요해졌다.

처음에 사람들은 기존의 기관으로부터 유추하여 세계 의회, 또는 세계 대통령 따위를 떠올렸다. 하지만 반세기 동안 여러 가지 방안을 시도해본 결과, 이를 실제로 구현하는 일은 불가능했다. 하나의 세계를 만드는 계획에는 큰 저항이 따를 수밖에 없다. 그리고 세상에 이미 존재하는 정부들이 권력을 양도하여 특별위원회나 기구 등과 같은 국제 조직을 만드는 방향으로 생각이 기울었다. 이제 인류 공동의 문제를 세계가 하나의 관심사로 함께 다루는 일이 실현되고 있다. 무엇보다도 온 인류가 하나의 가족이라는 생각이 바탕이 되어야 할 것이다. 그런 뒤에야 국제적 합의사항들이 개별 국가의 애국심에서 비롯된 욕심보다 우위에 놓일 것이다.

수십 세기 동안 세계의 종교들은 인류애 사상을 확장하기 위해 노력했다. 그러나 오늘날에 이르러 민족, 인종 간의 원한과 분노, 불신이 자라나 인류애에 대한 관대함을 가로막고 있다. 모든 인류가 형제라는 사상으로 애쓰는 모습은 6~7세기에 혼란과 무질서에 빠진 유럽인의 영혼을 사로잡기 위하여 그리스도교 사상을 설파하던 것을 떠올리게 한다. 하지만 우리 모두의 진정한 국적은 '인류'이다.

앞으로도 얼마나 많은 세대가 전쟁과 폐허, 불안과 곤궁 속에서 살아가야 하는지. 또 언제쯤 그러한 불행에서 벗어나 위대한 평화의 새벽에 이르게 될지 예측하기란 불가능하다. 하지만 인류의 역사는 분명히 바로 그러한 평화, 곧 마음의 평화와 세계의 평화, 목저도 의미도 없는 싸움을 종식시켜줄 평화를 향해 가고 있다. 그리고 이 훌륭한 과업은 반드시 완수될 것이다.

인류는 이제 겨우 청소년기에 도달했을 뿐이다. 지금 겪고 있는 문제들은 인류가 늙고 쇠약해져서 겪는 문제가 아니라, 강해진 힘을 아직 길들이지 못한 데서 온 것이다. 이 책에서 제시한 것처럼 새로운 비전을 향해 꾸준히 진보하는 인류의 투쟁이라는 관점에서 역사를 바라본다면 오늘날 우리가 가진 희망과 위험을 제대로 가늠할 수 있을 것이다. 우리는 이제 겨우 인류의 위대함에 동이 트는 이른 새벽녘에 이르렀을 뿐이다. 우리는 일몰의 아름다움을 보면서, 자연의 완벽한 움직임을 보면서, 수없이 다양한 풍경들을 보면서 삶이 우리에게 줄 수 있는 것들을 슬며시 알게 된다. 마찬가지로 예술 작품에서, 위대한 음악에서, 우아한 건축물에서 우리는 인간의 가능성이 얼마나 무궁무진한지 깨닫게 된다.

이제 우리 인류가 더 대담한 상상들을 실현해 내리라는 것을 누가 의심할 수 있을까? 우리가 평화를 성취하리라는 것을, 우리의 후손들이 더 멋지고 아름다운 세상에서 살게 되리라는 것을, 모험과 성취가 확장되는 가운데 인류가 나날이 강해지리라는 것을 누가 의심할 수 있을까? 과거는 시작의 시작일 뿐이다. 그리고 과거로부터 지금까지 있어 온 모든 것들은 앞으로 올 새벽의 여명일 뿐이다. 오늘날까지 인류가 해온 것, 현재까지 이룩한 성취들, 그리고 이제까지 이 책에서 이야기한 이 모든 역사는 인류가 앞으로 이루어야 할 일들의 서막에 불과하다.

		메소포타미아 문명 발생	BC 3500
		이집트 문명	BC 3000
		기자의 피라미드	BC 2500
BC 2333	고조선 건국	인더스, 황하 문명	BC 2500
BC 2000	청동기 보급	아시리아 제국	BC 2450
~1500년경		바빌로니아 함무라비 법전	BC 1800
		히타이트족 철기 사용	BC 1300
		그리스 폴리스 형성	BC 800
		호메로스	BC 800
		중국 춘추전국시대	BC 770
		페르시아 전쟁	BC 492
		소크라테스	BC 470
BC 400년경	철기 보급	펠로폰네소스 전쟁	BC 431
		알렉산더 동방원정	BC 334
		포에니전쟁	BC 264
BC 194	위만 조선	스파르타쿠스의 반란	BC 73
BC 57	신라 건국	로마 제정	BC 27
BC 37	고구려 건국		
BC 18	백제 건국	예수 그리스도 탄생	AD 4
AD 53	고구려 태조왕		
		사산 왕조 페르시아	226
372	고구려 태학 설치	로마 군인 황제 시대	280

1359	홍건적 침입	프랑스 삼부회 성립	1302
1363	문익점 목화씨 가져옴	교황 아비뇽유수	1309
1377	화통도감 설치	단테, 신곡완성	1321
	직지심체요절 인쇄	백년전쟁 발발	1338
1388	이성계 위화도 회군	유럽 흑사병 발생	1347
1392	고려멸망, 조선건국	정화의 항해	1405
1394	조선 한양 천도	콘스탄츠 공의회	1414
1418	세종 즉위	잔다르크, 영국군 격파	1429
1443	훈민정음 창제	구텐베르크 인쇄술	1450
1485	경국대전 완성	동로마 제국 멸망	1453
		콜럼버스 아메리카항로발견	1492
1498	무오사화	마르틴 루터 95개조	1517
1504	갑자사화	마젤란 세계일주	1519
1554	비변사 설치	인도 무굴 제국 창건	1526
		잉카 제국 멸망	1533
1592	임진왜란	영국 무적 함대 격파	1588
1597	이순신 명량해전	영국 동인도 회사 창설	1600
1610	동의보감 완성	에도 막부 수립	1603
1636	병자호란	독일, 30년 전쟁 발발	1618
1653	하멜 표류	명나라 멸망	1644
1678	상평통보 주조	베스트팔렌 조약	1648
1680	경신환국	뉴턴 만유인력 발견	1666

1876	강화도 조약		
1884	갑신정변	청일 톈진 조약 체결	1885
1894	동학농민운동, 갑오개혁	청일 전쟁 발발	1894
1895	을미사변	미국-스페인 전쟁	1898
1896	아관파천	노벨상 제정	1901
1897	대한제국 성립	라이트 형제 비행기	1903
1905	을사조약	러일 전쟁	1904
1907	고종 황제 퇴위	아인슈타인 상대성이론	1905
	안중근	삼국 협상 성립	1907
1909	이토히로부미 사살	제1차 세계 대전 발발	1914
1910	일제강점기	러시아 혁명	1917
1919	3.1 운동	베르사유조약	1919
1919	대한민국 임시정부 수립	국제 연맹 창설	1920
1920	김좌진 청산리 대첩	중국 공산당 창당	1921
	조선, 동아일보 창간		
		소련 창설	1922
1926	6.10 만세운동	세계 경제 공황	1929
1936	손기정 마라톤 우승	미국 뉴딜정책	1933
1938	민족말살정책	제2차 세계대전	1939
1940	한국 광복군 창설		
1945	8.15 광복	일본항복	1945

찾아보기

ㄱ

ㄴ

옮긴이 **육혜원**

이화여자대학교 정치외교학과를 졸업한 뒤, 독일 베를린자유대학교에서 정치외교학 석사, 박사 학위를 받았다. 이화여자대학교, 고려대학교, 경희대학교 등에서 강의했다. 저서로는 『왜 소크라테스는 독배를 마셨을까?』, 『보편주의』, 『좋은 삶의 정치사상』 등이 있다. 옮긴 책으로는 『니체』, 『미래전쟁』, 『영웅본색』 등이 있다.

인류의 세계사

A Short History of the World

초판 발행	2024년 03월 04일
초판 3쇄	2024년 12월 23일
지은이	허버트 조지 웰스
옮긴이	육혜원
발행처	이화북스
주소	서울시 마포구 월드컵북로 98 202호
대표전화	02-2691-3864
팩스	02-307-1225
이메일	ewhabooks@naver.com
ISBN	979-11-906-2627-9 03900

인스타그램 @ewhabooks
블로그 https://blog.naver.com/ewhabooks